영원한 젊음

장수의 문화사

A Cultural History of Longevity

FOREVER YOUNG

루시안 보이아 지음

신현승 옮김

대원사

차례

서론

인간은 자신의 운명으로 인해 결코 행복하지 못하다. 더욱이 실존적 질문에서 인간은 혼자이다, 적어도 이 지구상에서는. 우리의 지성은 이런 질문을 하기에 충분할지 모르지만 대답을 찾기에는 턱없이 부족하다. 기쁨은 너무나 자주 슬픔으로 가라앉아버리고 마침내 죽음에 이르는 짧은 삶을 우리는 어떻게 받아들여야 할까? 이런 불만족스런 현실에 직면하여 세 가지 방법을 선택할 수 있다.

첫번째는 죽음과 함께 끝나는 것은 없다는 전통 종교의 메시지이다. 즉 다양한 방식으로 삶은 계속되지만 다른 세계가 있다는 것이다. 물리적 육체의 '또 다른 존재' —불멸로 간주되는 존재—는 내세로 옮겨가거나 일련의 다른 형상으로 환생한다. 진정한 삶이 시작되는 것은 어쩌면 '내세' 뿐인지도 모른다.

두 번째는 공동체 속으로 개인의 존재를 녹아들게 하는 것이다. 우리들 각자는 죽을 운명이지만, 인류는 언제까지나 살아남을 것이다. 우리의 삶에 의미를 부여하는 유일한 방법은 위대한 집단적 계획에 헌신하는 것이다. 이런 식으로 우리의 덧없는 삶은 이 세상에서 영속할 수 있는 것이다('나는 완전히 죽지는 않을 것이다'—호라티우스 인용). 궁극적으로 중요한 것은 개인의 성공이 아니라 인간 종족(또는 특정한 공동체나 민족, 국가)의 잠재력을 실현하는 것이다. 이런 시각은 종교계와 별반 다르지 않다. '세속화된 종교'의 형태로 인간이 신을 대신했을 뿐이다. 특히 현대에는 국민성, 민주주의, 진보, 과학 또는 '밝은 미래'와 같은 강력한 원리에 기반을 둔 종교의 확산이 목격되고 있다.

세 번째이자 마지막 방법은 구조적으로 인간이 취약한 부분들을 해결함으로써 문제의 근원을 직접 파고드는 것이다. 이 방법은 우리 인간의 조건을 근본적으로 변화시켜 오늘날의 나약하고 덧없는 존재와 판이하게 다른 진정 '새로운 인간 존재'의 창조를 목표로 하고 있다. 그 중에서도 가장 야심적인 목표는 불멸을 획득하거나 혹은 그것에 근접하는 것이다.

이 세 가지 방법은 항상 공존해 왔지만 그 중 하나가 각기 다른 시대와 문명 속에서 전면으로 부상했다. 오랫동안 전통 종교들이 구원의 형태로 유일한 해법을 제공하는 것처럼 보였다. 그러다가 18, 19세기 들어 서구에서는 종교적 신앙과 실천이 점차 퇴색하고, 이와 병행하여 인간 스스로 자신의 운명을 개척할 수 있다는 믿음이 생겨났다. 그 결과 이데올로기로 세속화된 종교들에 의해 전적으로 '사회적인' 계획들이 속속 등장했다. 이러한 종교들의 목적은 내세가 아닌 현세의 삶에서 완벽성과 행복을 획득하는 것이었다.

오늘날에는 이 두 번째 방식 또한 진부해 보인다. 서구 세계는 사회적으로나 정치적으로 제 역할을 다하고 상당한 정도의 복지를 제공하는 등 일정 수준에 도달했지만 진보의 주창자들이 상상하는 완벽성과는 한참 거리가 멀다. 그 결과 현재 '위대한 계획들'은 거의 자취를 감추었다. 그렇다면 이것이 바로 몇몇 사람들이 예측한 역사의 종말일까? 우리는 점점 더 현재에 안주하며 살아가고 있다. 또한 과거의 사후세계처럼 미래도 호소력을 잃어가고 있다. 물론 천상에 초점을 두는 믿음과 공동체의 가치에 비중을 두는 믿음, 이 두 가지 믿음은 지금껏 지속되어 왔고 앞으로도 그럴 것이다. 하지만 이런 믿음으로 살아가는 사람들은 꾸준히 줄어드는 추세를 보이고 있다.

인간은 항상 무언가를 믿어야 하는 존재다. 미래가 없이 단순히 현재의 삶을 살아가는 데 결코 만족하지 못하며 절대자를 염원한다. 처음 두 시나리오의 효력이 약화되자 세 번째 시나리오가 부상했다. 수명의 연장이 그것이다. 이런 바람은 먼 과거에 시작되었지만 오늘날의 물질적·정신적 상황에 특히 잘 들어맞는다. 개인주의적 경향이 심화되는 상황에서, 우리는 편안한 삶에 익숙해져 있다. 삶의 혜택을 향상시키려 하며, 늙거나 죽고 싶어하지 않는다. 어쩌면 이것은 지나친 요구인지도 모른다. 하지만 오늘날 '새로운 삶'에 대한 우리의 탐색은 유리한 조건을 맞이하고 있다. 제반 과학, 특히 유전학은 이미 인간 종種의 생물학적 '재개발'을 위한 효과적 수단을 제공할 수 있는 것처럼 보이기 때문이다.

이런 프로젝트의 성공 가능성은 점치기 힘들다. 미래는 알려지지 않은 세계이며, 우리의 예상과는 전혀 다른 상황이 벌어질 가능성이 높기 때문이다. 다른 한편 우리는 과거를 탐색함으로써 많은 것을 배울 수 있다. 장수에 대한 탐구는 나름의 역사를 가지고 있다. 그 역사는 둘로 나뉘는데, 하나는 실제 역사이다. 고대부터 현재에 이르면서(최근 몇 년 사이에 놀라운 진전을 보이면서) 인류는 불멸의 한 조각을 차지할 수 있게 되었다. 그 결과 우리는 조상들보다 오래 생존하며, 더 오랫동안 젊음을 유지하고 있다. 다른 하나는 시간을 초월하려는 야심이 담긴 신화적 역사이다. 여기서 내가 말하고

자 하는 것은 실제 역사를 완전히 배제하지 않은 신화적 역사이다. 물론 이 책에서는 사실이 아닌 것으로 간주되는 허구를 다루고 있다. 하지만 그 진실 여부는 아직 두고 볼 일이다.

우리 머리 속에서 벌어진 일들이 물질 세계에서 벌어진 일들보다 진실하지 못할 이유가 무어란 말인가? 인간은 현실과 상상, 이 두 세계에서 동시에 살아간다. 두 세계는 별개지만 지속적으로 교류한다. 꿈, 유토피아, 이상적인 계획 같은 몇몇 상상의 영역들은 실제로 우리에게 많은 영향을 미치고 있다. 그들 중 일부는 오랜 세월 인류와 함께했다. 인간이 이를 현실화하려고 시도하는 것은 지극히 자연스런 일이다. 때로는 이런 시도에 성공하지만 때로는 실패한다. 물질과 꿈 사이의 이런 끊임없는 투쟁이 역사를 낳는다.

어쩌면 장수의 주제와 관련하여 오늘날의 과학적 프로젝트들은 과거의 신화적 허구들과 별 차이가 없는지도 모른다.[1]

제1장

최초의 완벽한 인간: 고대

므두셀라 모델

유대–기독교 전설에 따르면, 가장 오래 산 인간은 므두셀라Methuselah 이다. 그는 969세까지 살아서 장수의 상징이 되었다. 근래의 가장 정확한 기록에서는 122세에 사망한 잔 칼망Jeanne Calment을 가장 장수한 사람으로 인정하고 있다. 하지만 이 기록은 태초의 완벽한 인간과는 상당히 차이를 보인다.

사실 므두셀라와 같은 성서 속 선조들의 생명 에너지는 신성한 불길의 작은 불꽃에 지나지 않았다. 아담과 이브는 신의 형상으로 창조되었으며 영생을 약속받았다. 그들이 지상 천국에서 추방되면서부터 인간은 죽음의 세계로 접어들었다. 하지만 인간의 생물학적 죽음은 서서히 진행되었다. 아담은 930세, 그의 아들 셋Seth은 912세, 그의 손자 에노스Enos는 905세에 죽었다. 그 후손인 게난Cainan 역시 910세, 마할랄렐Mahalaleel은 895세, 야렛

Jared은 962세를 살고 죽었으며, 에녹Enoch은 지상에서 365년을 살다가 하느님과 동행했다. 에녹의 아들인 므두셀라는 라멕Lamech의 아버지였다. 라멕은 777년을 생존했다. 므두셀라의 손자인 노아는 대홍수가 발생했을 때 600세였으며, 그 후 350년을 더 생존해서 모두 950년을 향수했다.[1] 므두셀라의 생애에 대해서는 별로 알려진 바가 없다. 그의 상징적 역할은 인류 역사의 근간을 이루는 두 사건, 즉 창조와 노아의 홍수 간의 연결고리를 제공하는 것이다. 그는 노년의 아담과 함께 청년기를 보냈다(최초의 인류는 므두셀라가 243세였을 때 사망했다). 그는 인류 창조로부터 1,656년 후에 발생한 노아의 홍수 시기까지 생존했지만 그의 죽음과 관련된 상황은 알려진 것이 없다. 혹시 그가 대재난 직전에 죽지는 않았을까? 그는 노아의 방주 탑승자로 언급되지 않았으며, 그렇다고 그가 다른 인간들과 함께 물에 빠져 죽었다는 것은 상상도 할 수 없는 일이기 때문이다. 또 다른 추측에 따라, 그는 노아의 홍수 이후로도 몇 년 더 생존하여 그의 아버지 에녹의 경우처럼 하느님과 함께 천상에 동행했다가 홍수가 지나간 후 어느 외딴 곳에 내려졌을지도 모른다.

7, 8세대가 섞여서 살았던 태초의 사회에 관하여 많이 아는 것은 미래의 인류를 위해서도 도움이 될지 모른다. 그러나 유감스럽게도 성경에는 상세한 내용이 실려 있지 않다. 그들은 물론 특별한 부류에 속했다. 세월이 흘러도 늙지 않았는데, 모르긴 몰라도 오늘날 우리가 아는 것과는 전혀 다른 방식으로 연령대를 구분했을 것이다. 우리의 바이오 리듬을 기준으로 하여 900년을 산다면 유년기는 대충 150세에 해당할 것이다. 하지만 실상은 그렇지 않았다. 몇몇은 65세에 아버지가 되었으며, 다른 몇몇은 훨씬 나이가 들어 아버지가 되었다. 노아의 세 아들은 그의 나이 500세에 태어났다. 유년기

와 노년기는 전체 생애에서 아주 적은 부분을 차지했는데 생애 대부분을 그들은 원기왕성한 어른으로 지냈다. 성경에는 또한 그들의 신체적 특성—몇몇 성경해석학자들이 부각시키려고 애쓰는 특성—도 모호하게 표현되어 있다. 아마도 그들은 우리보다 더 키가 커서 거인들의 세상을 이루었을 것이다. 결론적으로 인류는 수명과 신장, 두 가지 측면이 동시에 퇴화한 것으로 추정할 수 있다.

대홍수 이후 생물학적 쇠퇴가 두드러졌다. 노아의 아들들은 400세에서 500세를 살아서 그의 아버지에 비해 수명이 눈에 띄게 줄어든 것을 볼 수 있다. 몇 세대가 지난 후 신이 선택한 아브라함은 165세에 수명을 다했고, 다시 2, 3세기 뒤에 모세는 120세로 죽었다. 다윗 왕에 이르러서야 비로소 '정상적인' 수명을 갖게 되었다. 다윗의 생애는 고작 70년에 지나지 않았다. 인류는 신성한 생명의 영약을 소모하면서 점차 '인간화' 되었다.

합리주의자의 시각에서 보면, 성경에 나오는 인물들의 수명은 가능한 한계를 훨씬 뛰어넘는 것이었다. 하지만 다른 민족의 유사한 전설들과 비교하면 그들의 수명은 그리 대단한 축에 들지 못했다. 인도에서는 인류의 첫 세대가 8만 년, 두 번째 세대가 4만 년을 살았다고 전한다. 메소포타미아에서는 열 명의 왕이 43만 2,000년을 통치했고, 그 가운데 대홍수 직전의 마지막 왕이 6만 4,800년을 통치했다. 중국에서도 1만 8,000년의 통치 역사가 기록되어 있다.

이런 정황에 비추어 보면, 성경은 그리 과장되지 않은 양식과 세대 계승에 대한 정확한 연대기적 설명으로 다소 신빙성을 얻고 있다. 수만 년을 사는 사람이 있다면 누구도 믿지 않겠지만 수백 년 정도라면 가능하다고 여기지 않을까? 수명, 즉 인간의 운명과 관련된 수많은 의문들에 대해 성경이 어느 정도 권위를 가지는 것은 바로 이 때문이다. 그렇다고 성경만 그런 것은 아니다. 성경에서는 메소포타미아 전설의 흔적을 쉽게 발견할 수 있는데, 『길가메시 서사시The Epic of Gilgamesh』는 대홍수를 비롯하여 최고의 문학적 예증을 제공하고 있다. 우루크의 왕 길가메시는 126년을 통치했지만 그의 선조들은 각각 1,200년과 420년, 325년을 통치했는데, 성경에도 이와 유사한 연대기적 비율이 반영되어 있다.

역사의 최초 개념은 근본적으로 염세적이었다. 신성한 숨결이 아직 허공에 흩어지지 않았으며, 인간과 신이 아직 가까운 사이였던 태초의 세상에서 인간은 완벽하였다. 이렇게 젊고 원기왕성한 세계는 헤시오도스Hesiod의 『노동과 나날Works and Days』에 묘사되어 있는 '황금족golden race'의 영향을 받았다. 헤시오도스는 신처럼 생활하는 젊고 정력적인 황금족을 묘사하였다. 그들에게는 근심도, 걱정도 없었다. 그들은 노년을 전혀 몰랐으며 영원한 젊음의 나날만이 있었다. 죽음이 찾아오면 그들은 그냥 잠들었을 뿐이다.

어느 시점에서인가 그리스인들은 원시 시대에 비해 자신들이 진보했다는 사실을 깨달았다. 실제로 페리클레스Pericles 시대가 아르카이크archaic 시대보다 열등하다고 여길 수는 없는 노릇이었다. 그리하여 희미하게나마 '진보Progress'의 개념이 움트기 시작했다(근대에 두드러지게 나타난 진보에 대한 진정한 믿음은 훨씬 훗날의 일이었다). 이런 진보의 개념은 미래가 아닌 과거에 뿌리를 두고 있었다(사실 고대인들에게는 매우 모호한 개념이었으며, 희망보다는 근심에 대한 문제였다). 고대인들에게 부족한 것은 계획이었다. 그들에게는 목적이 없는 듯했다. 고전 시대의 (상대적) 합리주의와 낙관주의는 그리 오래가지 않았다. 고전 시대 말미에 염세주의, 즉 일종의 지적 · 윤리적 혼란이 발생했다. 이러한 방향성 상실과 자신감 부족이 결국 고대 세계의 몰락을 이끌었다.[2] 하지만 이것은 기독교가 등장하여 번성하게 하는 토대가 되었으며 미몽에서 깨어난 사람들을 희망으로 이끌었다. 기독교도의 입장에서 고대 세계의 몰락은 지상이건 천상이건, 새로운 세계의 초석을 다지는 과정이었다.

로마의 시인이자 철학자 루크레티우스Lucretius(BC 98~BC 55년경)는 자신의 장편시 『만물의 본성에 관하여De rerum natura』에서 세상의 종말을 묘사했다. 그는 지구가 힘을 잃었다고 주장했다. 태초에는 거대한 짐승들을 출현시켰지만 이제는 겨우 작은 동물들을 탄생시킬 수 있을 뿐이다. 과일과 목초도 성장하기 힘들어졌다. 그들의 번성을 위해 갖은 노력을 다했지만 어쩔수 없었다. 철학자는 무덤 가까이 이른 만물이 생명의 오랜 여정을 마치고 서서히 죽어가고 있다고 결론지었다.

3세기 후, 교회의 아버지 성 키프리아누스St Cyprian(AD 258년 사망)는 지구의 노화와 종말 그리고 동시에 생겨난 인간 종족들에 대해 설명했다. 예전에 800년 내지 900년을 생존했던 인간이 지금은 100년을 넘기기도 힘들어졌으며, 이는 종말의 시기가 임박했음을 알려주는 명백한 증거라고 하였다.

수명이 서서히 줄어드는 이런 배경과 반대로 어떤 사람들은 동시대인들보다 훨씬 오래 생존했다. 이런 사람들의 유형은 자못 교훈적이다. 여기에는 현인—사실 성인聖人—도 있었고, 왕도 있었다. 어떤 중국 왕들은 100년 이상 통치했다고 전해진다. 호머에 따르면, 트로이 전쟁의 현인이자 영웅인 네스토르Nestor는 3세기에 해당하는 세 번의 생애를 살았다. 역사가 에포로스Ephorus는 아르카디아Arcadia의 왕들이 300년 남짓 통치한 것으로 기록했다. 스페인 타르테수스의 왕 아르간토니우스Arganthonios는 자료에 따라 차이가 나지만, 아무튼 120년, 150년 또는 300년을 생존했다고 전해진다. 적어도 개인적 차원에서 이들은 기적이 가능한, 신화화된 역사적 시기에 속해 있었다.

장수에 관한 이런 모든 사례들은 최초의 완벽한 인간으로 귀결된다. 아주 오랫동안 장수한 사람들—처음에는 모든 인류, 나중에는 선택받은 소수의 인간—은 다른 사람들에게 부족한 우주 에너지의 혜택을 누렸다. 성스러운 것과 세속적인 것의 결합으로 생성된 이 우주 에너지는 태초의 특징이었으며 지금도 때때로 입증되고 있다. 따라서 성인들이 오랜 세월 장수하고, 인간과 신의 매개자인 군주가 장수와 같은 주요한 특징들을 가지고 있다는 것은 지극히 자연스런 일이었다.

세상의 끝을 찾아서

상상의 차원에서 우리는 시간과 공간의 흥미로운 일치를 관찰할 수 있다. 때때로 이 두 개념들은 하나가 다른 하나를 대신하면서 서로 뒤바뀔 수 있는 것처럼 보인다. 시간 여행은 불가능해 보이지만(상상 속에서는 가능하겠지만), 대지나 대양 또는 우주를 통한 다른 유형의 여행은 가능하다. 여행 중에 우리는 우리 자신의 과거나 미래를 암시하는 풍경과 문화를 발견하게 된다. 근래의 진화론은 종종 이런 유형을 간접적으로 입증하는데, 예를 들면 현대 문명 속의 '원시 사회'에 사는 '야만인들'을 통해서 먼 과거를, 외계를

「황금 시대」
루카스 크라나흐(아
버지), 1530년, 캔버
스에 유화.

통해서 미래를 발견하고 있다(19세기에는 지구와 가장 가까운 행성인 금성
과 화성이 각각 지구의 미래와 다소 먼 과거를 나타냈다).

　미래인들의 특성은 고대인들에게 거의 관심이 없다는 것이었다. 반면
고대인들은 그 기원에 상당한 관심을 보였다. 그렇다면 그곳은 인간 거주지
의 가장자리에 위치한 세상의 끝－시간을 공간으로 변환시킨 곳－이 아닐
까? 그리스인들은 중동에서 기원한 지리학적 도식을 채택하여 완성시켰다.
원래 인간이 거주하는 세계, 즉 외쿠메네oikoumene는 대양의 강river Ocean
에 둘러싸인 거대한 섬이었다. 대양의 강둑 저편에는 무한한 미지의 공간이
있었다. 호머와 헤시오도스 같은 고대 그리스 시인들에 따르면 강둑 안쪽,
즉 섬에 위치한 세상의 끝에서는 수많은 기적과 경이로운 일들이 벌어졌다.
그곳에는 초목이 우거져 있었는데, 특히 꽃이 만발한 부드러운 초원을 빼놓
을 수 없었다. 칼립소 같은 남녀 신들이 거주했으며, 또한 고르곤, 그리핀, 키
클롭스, 사이렌 같은 괴물들과 행복한 인간들도 그곳에 거주했다. 근심과 불
행을 모르며 살아가던 그 시기를 역사는 황금 시대로 기록했다. 에티오피아
인들은 역사와 무관한 인종에 속했다. 호머에 따르면, 그들은 기쁨 속에 살

면서 신들과 함께 성찬을 즐겼다(헤시오도스의 '황금족' 처럼). 그들은 우주, 자연, 인간과 신의 세 부분이 아직 분리되지 않았던 시기의 최초 합성물의 일부였다.

그 뒤 BC 6세기 초에 철학자들이 세상에 대한 책임을 떠맡았다. 그들은 일부 내용을 수정했지만 전반적으로 고대의 기틀을 그대로 유지했다. 대양의 강은 바다와 인접한 실제 대양이 되었다. 거대한 섬 안에서는 유럽과 아시아와 아프리카, 세 대륙이 형태를 갖추기 시작했다. 기본적인 내용은 아무것도 바뀌지 않았다. 중앙(그리스)과 주변부(대양의 가장자리) 간의 관계는 여전히 동일한 기준과 가치에 귀속되는 경향을 보였다. 지리상의 거리가 멀어질수록 중앙과의 차이가 더욱 두드러졌다.[3]

헤로도토스는 에티오피아인들이 인간들 중에서 가장 덩치가 크고 용모가 준수하다고 했다. 대부분 150년을 생존했으며, 일부는 더 오래 장수했다.[4]

헤로도토스는 또 다른 흥미로운 사례를 제시했다. 그리스인들이 알고 있는 세상의 다른 쪽 끝, 즉 카스피 해 근처에는 스키타이족인 마사게트인 Massagete들이 살고 있었다. 마사게트인들은 수명과 관련하여 한계가 없다고 생각했다. 그들은 누군가 고령이 되면 짐승들과 함께 그를 희생시킨 후 가족 잔치를 벌여 그 고기를 먹었다. 그들은 농사를 짓지 않았으며, 그 대신 짐승을 기르고 많은 양의 동물 젖을 마셨다. 또한 모든 사내들이 모든 여자들과 함께 생활했다.[5] 이 세상의 끝은 일반적인 역사와 문명의 기준에서 아주 동떨어져 있었다. 수명도 그런 차이들 중 하나였을 뿐이다.

그러나 그리스인들에게 인도만큼 생물학적·사회적·윤리적으로 생소하게 느껴지는 곳도 없었다. 인도는 키노세팔라이족Cynocephalae(개의 머리를 하고 산악지대에 살았으며, 말 대신 짖는 것으로 의사 소통했다)과 체구가 매우 작은 피그미족의 본거지로 알려졌다. 키노세팔라이족은 장수로 유명했는데, 200세까지 생존했다. 이와 반대로 피그미족은 체구에 비례하여 아주 짧은 생애(기껏해야 8년!)를 살았다. 다른 인도인들 역시 정상적이라고 볼 수 없었다. 3미터 가까운 큰 키에 잘생긴 그들은 어떤 질병도 앓지 않았다. 어떤 사람들은 100세 이상을 살았으며, 200세까지 사는 사람들도 있었다.[6]

지리적으로 극단에 위치한 곳이 장수로 유명했다. 한쪽에는 신비한 아프리카 부족인 마크로비족Macrobi이 있었고, 다른 한쪽에는 (막연히) '먼 북쪽'에 살았다는 신비한 히페르보레오이족Hyperborean이 있었다. 두 부족 모두 천 년을 산 것으로 알려졌다.[7]

장수와 관련된 상황은 섬으로 매듭지어졌다. 말하자면 세상으로부터 멀리 떨어진 섬(외쿠메네 역시 '섬'이었다)을 세상의 끝과 매우 비슷한 것으로 보았던 것이다. 섬은 각양각색의 풍경, 그리고 인간과 사회를 창조하기 위한 공간을 제공했다(훗날 현대인들은 행성을 설명하면서 섬이란 개념을 지상의 바다에서 우주로 이동시켰다).

이암불로스Iambulus라는 그리스인은 인도양 한가운데에 버려진 외딴 섬에 상륙했다. 그곳은 일 년 내내 기후가 온화했으며 사는 데 필요한 모든 것을 자연에서 얻을 수 있는 낙원 같은 곳이었다. 신장이 2미터에 달하는 거주민들은 하나같이 용모가 수려했다. 그들은 새들과 말을 했으며 동시에 두 사람과 대화할 수 있는(혀가 두 갈래로 나뉘어 있어서) 놀라운 능력을 갖추었다. 사내들은 결혼하지 않았지만 여자들을 공동으로 소유했다. 그래서 모든 아이들이 함께 성장했다. 어떻게 보면 그들의 삶은 태평스러웠지만 달리

보면 일상적인 작업과 음식의 시시콜콜한 부분까지 엄격히 규제를 받았다. 근본적으로 이것은 공산사회의 일종이었다. 이런 환경에서 그들이 아무런 질병에도 걸리지 않고 죽을 때까지 젊음을 유지한 채 장수했다는 것은 그리 놀랄 일이 아니다. 그들은 150세에 이르면 자발적으로 생과 이별했다.[8]

그리스인들과 마찬가지로 중국인들도 자신들이 세상의 중심, 즉 정상적인 상태의 유일한 공간에 있다고 생각했다(사실 자기 자신의 가치관에서 타인을 보면, 모든 개인과 문명은 '세상의 중심'이다). 중국을 둘러싼 공간에는 매우 다양한 낯선 창조물들이 존재했다. 상상의 동물들 중 신분이 높은 부류는 오래 장수했다. 어떤 인간 부족들은 수백 년 혹은 수천 년을 생존했다. 심지어 시간의 영향을 받지 않는 섬에서 불로장생하는 이들도 있었다.

불멸을 얻는 법

'장수한 사람들'이 시간이나 세상의 한계선에 있는 것은 바로 과거에 대한 동경과 장수의 어려움을 상징하는 것이었다. 이렇게 장수한 사람들은 상이한 차원의 시간과 공간에 존재했다. 그들의 신체적 형태와 생활방식의 세세한 부분들도 우리와 확연한 차이를 보였다. 우리 같은 인간 중에서 가장 용감한 자들은 항상 불멸을 찾아 세상의 끝으로 떠났다. 실제로 길가메시는 불멸을 찾아 나섰지만 빈손으로 돌아왔을 뿐이다.

하지만 언젠가 우리가 도달할 수 있다는 희망이 없다면 신화적인 불멸과 장수가 대체 무슨 소용이란 말인가? 그것은 정녕 불가능한 꿈이었을까? 어쩌면, 거기에 일말의 가능성이 숨겨져 있는지도 모른다. 만약 그런 일이 이 세상 어딘가에서 과거에 존재했고, 지금도 존재하고 있다면 우리는 위대한 비밀을 알아내어 그 수준에 도달할 수 있을 것이다—최소한 선택받은 소수의 사람들은 그렇게 할 수 있을 것이다(사실 무한에 가까운 수명을 가진 사람들이 태초에 존재했거나 세상의 끝에 존재한다고 상상함으로써 이런 소망을 정당화할 수 있었다).

그렇다면 그 목표에 어떻게 도달할 수 있었을까? 여기 몇 가지 해법이 있다. 장수와 회춘과 불멸에 접근하는 두 가지 큰 주제는 그리스의 수많은 신화 속에 등장하고 있다. 불멸의 의식은, 모든 타락의 근원을 제거하기 위해 불로 그을리는 고통을 감수하면서까지 신생아들에게 행해졌을 것이다. 대표적인 사례로 아킬레스Achilles가 있다. 그의 어머니 테티스는 그를 스틱스 강물에 씻겼다. 그리하여 아킬레스는 그녀가 잡고 있던 발뒤꿈치를 제외하고(이것이 트로이 전쟁에서 그의 죽음을 초래했다) 불사신이 되었다.[9]

회춘과 관련하여 빈번하게 등장하는 것으로는 젊음의 나무가 있다. 역사가 테오폼푸스Theopompus(BC 4세기)는 '그 열매를 맛본 사람은 누구든 젊어진다'고 하였다. 유명한 마녀 메데이아Medea의 전문 기술도 빼놓을 수 없다. 오비디우스Ovid의 『변신이야기Metamorphoses』에서는 메데이아가 이아손의 아버지 아이손을 성공적으로 회춘시키는 장면을 상세하게 묘사하고 있다. 그녀의 비법은 교묘하게 조제된 미약(뿌리, 씨앗, 꽃, 사슴의 간과 늑대인간의 꼬리를 비롯하여 천 가지 성분으로 만든 마법의 약)이었다. 메데이아는 칼로 노인의 목을 딴 후 피를 모두 빼냈다. 그리고는 자신이 준비한 미약으로 그의 혈관을 채웠다. 그러자 갑자기 아이손의 수염과 머리카락이 흰색에서 검은색으로 변했고 주름이 사라졌으며 그의 팔다리가 활력을 되찾았다. 늙은 왕은 마흔 살이나 더 젊어 보였다.

많은 불멸의 '실천자들'이 권하는 한 가지 방법은 일종의 정신적인 각성에 도달하는 것이었다. 이 부문에서는 아시아가 선두주자였다. 중세의 자료에 의하면, 요가 수련자의 수명은 200세, 심지어는 350세에 달했다. 육체의 한계에서 벗어나면 정신은 자기 의지로 물질을 압도할 수 있다. 최상의 수준에 도달하면 초인超人이 되어 불멸을 바라볼 수 있다. 최근의 사례로는 북인도에 사는 구루 불멸의 바바지Babaji(힌두교에서 신이 인류를 구원하기 위해 이 땅에 인간의 형상으로 보낸 인물—옮긴이)가 있다. 이 영적인 인간의 신체는 불변한다. 그에게는 음식이 필요 없으며 다만 자신과 함께 식사를 하는 사람들에게 기쁨을 주기 위해 음식을 먹을 뿐이다. 그의 육체적 형상에는 그림자가 없다. 그의 걸음걸이는 발자국을 남기지 않는다.

중국의 도교도 이와 유사한 방법을 권하고 있다.[10] 도교의 추종자들은 호흡과 정신 집중 그리고 지속적 내면화라는 특정한 방식을 통해 우주 에너지를 이용하고 간직하려 했다. 그들은 최소한의 음식만 섭취함으로써 주변 세계와 타락의 근원으로부터 멀어졌다. 도교의 창시자 노자는 이런 방식으로 1,000세까지 장수할 수 있다고 생각했다. 그의 후계자들은 그 수치를 더욱 부풀렸는데, 한 도교 경전에서는 10,000세의 수명을 거리낌 없이 언급하고 있다.

삶과 죽음의 이런 경계에서 정상적인 삶과 그 이후의 삶은 모호해진다. 일단 지상에서 천 년을 보낸 노자는 현세를 떠날 계획—죽음을 거치지 않는 방식—을 세우고 천상으로 올라간다. 불멸의 인간들 사이에서 이것이야말로 진정한 이동이었다. 그들 중 몇몇은 언뜻 보기에 죽어서 매장되는 것처럼 보였지만 나중에 무덤을 파보면 텅 비어 있었다. 그들의 선택은 다양했다. 그들은 천상의 극락으로 올라가거나 중국 해안의 외딴 섬에서 주거지를 마련했다. 아니면 서쪽 국경 근처의 고산 지대로 옮겨갔다.

비록 육체적 감각은 여전히 살아 있었지만 그들은 인간 사회로부터, 그 이후에는 죽음의 영역으로부터 동떨어져 있었다. 따라서 불멸의 상황은 모호해졌다. 삶과 죽음 모두 아니거나 혹은 둘 다였다.

채식주의 역시 인간 존재를 정화하며 육체적 타락과 맞서 싸우고자 하는 관행과 관련이 있었다. 채식이 수명 연장과 관련이 있다는 것은 충분히 납득할 만하다. 고대부터 현재까지 이런 채식주의 영향을 받은 많은 교리들은 자연에서의 소박한 식사 그 이상의 의미를 가지고 있다. 그들은 금욕주의와 특정한 윤리를 지지한다. 일례로 그리스의 한 종파인 오르페우스교와 철학 학파인 피타고라스 학파가 있었다. 육식을 배척하는 것은, 육식이 죽음과 관련이 있기 때문이었다. 반면 생명력을 얻을 수 있는 채식은 정화와 생명 에너지 개발을 목적으로 하는 관행의 하나였다.

하지만 다른 무엇보다도 더 간단하고 효과적인 것은 물이었다. 물의 정화 및 재생 능력은 여러 전설에서 확인되고 있다. 헤로도토스는 에티오피아인의 장수에 대해 설명하면서, 그들이 평소 초자연적인 성질을 가진 신비한 물에서 목욕했다고 하였다.[11] 젊음의 샘은 인도와 중국의 전설에도 많이 등장한다. 성경에서는 에덴동산 한가운데 있는 샘을 통해 이런 상징을 강화하였으며, 이 샘물은 나중에 네 개의 거대한 강으로 나누어지게 된다. 기독교에서도 물에 대한 믿음이 '젊음의 샘', 즉 천국의 샘과 '연결된 샘'으로 나타나고 있음을 볼 수 있다.

여기서 언급되는 장수는, 거역할 수 없는 죽음의 순간을 최대한 지연시킴으로써 삶의 시간을 확보한다는 점에서 하나의 단계 또는 전략이라고 할 수 있다. 궁극적으로 그들이 모색한 것은 불멸이었다. 그것도 정신뿐만 아니라 육체까지 포함한 불멸 말이다. 그렇다면 부패할 수밖에 없는 운명의 육체가 어떻게 불멸을 얻을 수 있을까? 상상 가능한 유일한 방법은 정신으로 불멸을 심오하게 만들고, 비물질적인 형상으로 불멸을 정화하여 변형시키는 것이다. 만약 죽음을 통해서가 아니라면 적어도 또 다른 신체를 통해 불멸을 획득할 수 있을 것이다.

섹스 또한 장수하는 방법 가운데 하나이다. 역설적이게도 섹스는 금욕주의와 일맥상통하는 것처럼 보인다. 이런 관련성에는 나름의 논리가 있다. 정신과 마찬가지로 섹스는 생명 에너지를 표출하는 본질적인 형태 가운데 하나다. 하지만 기독교에서는 오랜 기간 섹스를 통해서는 성인聖人이 될 수 없다고 가르침으로써 둘 사이의 연결고리를 완전히 끊어 놓았다. 하지만 처음부터 정신의 힘과 물질의 활력은 위대한 최초의 통합Unity을 이룬 두 부분이었다. 올림포스 신들은 이런 사실을 잘 알고 있었다.

좀 더 근래에 들어서서도 신비한 열정과 성욕이 완전히 분리된 영역이 아니라는 사실이 입증되고 있다. 그것들은 특정한 의식, 즉 원시 문화나 몇몇 현대 종파들에서 혼합될 수 있다. 말하자면 성인의 신분과 성욕의 불편한 결합으로 일종의 '라스푸틴 효과Rasputin effect'(성인의 육체와 접촉하면 정화와 치료의 효과를 볼 수 있다는 주장—옮긴이)가 발생했다. 하지만 놀라운 성적 능력을 가졌다는 제왕들의 평판은 종종 그들의 초자연적인 능력과 무관했다.

장수와 마찬가지로 뜨거운 성욕 역시 이례적이다. 따라서 그것들이 종종 동시에 목격된다 할지라도 그리 놀라운 일이 아니다. 일설에 따르면, 1933년에 253세의 나이로 사망한 한 중국인은 24명이 넘는 아내를 거느렸다고 한다. 하긴, 그에게는 그러고도 남을 만한 시간이 있었다. 우리는 비범한 생식 능력을 가지고 '사실은 늙지 않는' 수많은 사람들을 만나게 될 것이다. 일반적인 존재의 한계를 뛰어넘어 개인이 영속적인 삶을 누릴 수 있도록, 좀 더 강력하게 생명력을 표출할 수 있게 하는 것이 무엇일까?

성인들도 무조건 이런 방식을 꺼려했던 것은 아니다. 장수를 위한 보조 수단으로 도교 사상가와 성인들은 '보류 성교'(사정을 참아서 지연시키는 성교─옮긴이)를 적극 권유했다. 이를 통해 사내는 자신의 오르가슴을 억제하는 반면 상대방은 확실한 오르가슴을 느낄 수 있다는 것이었다. 사정하지 않은 정액은 모범적인 도교 신자라면 누구나 기원했던 생명 에너지의 축적에 도움이 되는 것으로 여겼다. 무엇보다도 파트너를 바꿔가면서, 기왕이면 14세에서 19세 사이의 파트너와 매일 적어도 10회 이상 접촉한다면 최고의 효과를 얻을 수 있다고 생각했다. 반대로 여성을 위해 자신을 쇠약하게 하는 것은 권장하지 않았다. 장수는 어디까지나 남성들의 문제였다. 도교 신자들 간의 공동 사랑은 더 나은 해결책이었다. 그렇게 하면 잃어버릴 게 없었기 때문이다.

장수와 관련된 섹스 행위들 중에서 가장 거슬리지 않는 것이 성경에 등장하는 다윗 왕의 일화이다. 노년에 다윗은 자신의 몸을 따뜻하게 하기 위해 어린 소녀의 시중을 받는 것을 즐겼다. 생명 에너지가 몸에서 몸으로 옮겨진다고 믿었던 것을 보여주는 하나의 사례로 볼 수 있다. 현대의 어떤 이론가들은 이 아이디어를 차용했으며, 몇몇 정치 지도자들은 유명한 선조의 사례를 그대로 따랐다고 한다.

플라톤의 농담

플라톤을 진지하게 받아들여야 할까? 위대한 그리스 철학자는 자신의 이론을 설명하기 위해 사전 예고도 없이 픽션을 사용하면서 특별한 방식을 전개했다. 그는 다른 누구보다도 풍부하고 재치 있는 신화 창조자였다. 하지만 어떤 사람들은 그의 말을 문자 그대로 받아들였다. 사람들은 여전히 한 번도 발견된 적 없는 아틀란티스의 흔적을 찾고 있는데 거기에는 충분한 근거가 있다.

이 유명한 잃어버린 대륙이 사실처럼 보이는 플라톤의 픽션에 소개되어 있기 때문이다. 하지만 처음부터 끝까지 그 이야기는 허구에 불과하다. 『공화국The Republic』은 또 다른 사례이다. 언뜻 보기에 실제 해법을 제시하는 정치 연구서처럼 보이지만 사실 플라톤이 기술한 것은 최초의 유토피아였다. 이것으로 그는 놀라운 진전을 보이게 되는 하나의 장르를 개척하게 되었다.

그의 '회춘' 방식은 기묘한 구석이 있었다. 그의 방식을 적용하는 것이 우주 질서의 변형보다 더 복잡했기 때문이다. 『정치학Politics』에서 플라톤은 회춘이 결코 예외가 될 수 없는 세계를 상상했다. 출발점은 우주가 한쪽으로 도는 것이 아니라 두 방향으로 번갈아 움직인다는 가설이었다. 도는 방향이 바뀌는 시점에서 삶의 과정도 저절로 바뀌게 되는 것이다. 노인은 매일 조금씩 젊어져 어린아이가 될 것이며, 종국에는 자연 속으로 사라질 것이다.

이런 식으로 앞선 세대들이 사라지면 삶은 새로운 기반 위에서 조직될 것이다. 성 행위의 결과로 태어나 늙고 죽어가는 대신, 인간은 대지에서 바로 성인으로 태어나 점점 젊어져 결국 대지 속으로 사라질 것이다. 그리고 거기에서 새로운 생명이 탄생할 것이다. 생명은 더 이상 자신의 뜻으로 움직여지는 것이 아니기 때문에 여기서 장수는 큰 의미가 없다. 하지만 아무도 늙는 것을 두려워하지 않기 때문에 삶은 더 여유롭고 태평스런 분위기에서 반대 방향으로 진행될 것이다.

이것은 플라톤 철학에서 한쪽 분량에 지나지 않는다. 하지만 이미 공상 과학의 전조를 우리에게 제공하고 있다.

고대 의학: 실용주의와 신화

상상에서 현실로 다시 돌아와 보자. 고대, 특히 그리스는 신화와 과학이라는 유산을 우리에게 남겼다.[12] 비록 신화와 과학 사이에 지속적인 교류(이런 교류는 오늘날까지 계속되고 있다. 따라서 이것은 고대의 전유물이 아니다)는 있었지만 고대 그리스인들은 신화적 차원과 단조로운 현실의 차원 간에 분명한 선을 그었다. 불멸과 회춘은 신화를 위해 준비된 영역에 속해 있었다. 그 '기반' 위에서 현실은 완전히 별개의 것이었다.

고대인들의 수명을 계산하는 방식에는 반론의 여지가 많다. 해골과 비문, 문헌에 대한 고고학적 분석이 이 연구의 주된 접근 방법이지만 그 해석은 천차만별이다. 한 연구원은 BC 5세기경 그리스인의 평균 수명을 남자 45세, 여자 36세로 기록한 반면, 다른 연구원은 AD 2세기경 로마 제국 주민들의 평균 수명이 25세 이하라고 주장하고 있다.[13] 어쨌든 한 가지 사실은 분명하다. 오늘날에 비해 평균 수명이 현저히 낮다는 것이다. 그 이유는 대개 매우 높은 유아 사망률 때문이었지만 '아주 고령에 이른 사람들'도 드물었다. 실제로 60세를 넘긴 사람은 거의 없었다(최대 수명 100세는 오늘날과 별반 차이가 없지만 그 수는 상당한 차이가 있다). 또 하나 특이한 점은 여자들의 사망률이 높았다는 것이다(주로 다산과 이로 인한 합병증 때문이었을 것이다). 현대에는 여자들이 남자들보다 두드러지게 오래 살지만 고대에는 정반대였다.

의사들은 메데이아의 비법에 관심을 갖지 않았다. 의학의 아버지라 불리는 히포크라테스Hppocrates(BC 460년경~BC 337년경)도, 그의 경쟁자인 갈레노스Galen(AD 130년경~200년경)도 신화 속의 장수에 열의를 보이지 않았다. 그들의 주된 관심사는 인간의 상태를 뜯어고치는 것이 아니라 건강을 유지하고 질병을 치유하면서, 가능하다면 수명을 더 연장하는 데 있었다.

2,000년 동안 히포크라테스와 히포크라테스 학파(저명한 스승과 그 제자들의 작업을 종종 구분하기 힘들기 때문에 학파로 지칭)의 유산은 의학 연구와 추론의 모든 영역을 망라하고 있었다. 아무튼 의학의 아버지의 최초 의도가 무엇이건 간에 장수는 그 관심사에서 비켜나 있었다.

여기서 히포크라테스 학문의 주요한 세 부문을 고찰해 보자.

첫번째는 지리학적 환경, 특히 위대한 의사가 자신의 저서 『공기와 물과 장소에 관하여On Airs, Waters and Places』에서 강조하고 있는 기후의 영향이다. 사람들이 서로 다른 것은 살고 있는 각기 다른 환경 때문이다. 이는 오늘날까지 오랜 세월에 걸쳐 내려온 주장이다. 이것은 또한 장수와도 관련이 있다. 두 가지만 예를 들어 보자. 쌀쌀한 북풍의 영향을 받는 지역의 주민들은 다른 지역 주민들보다 상대적으로 더 강건하며, '선천적으로 더 오래 산다.' 이와 대조적으로 물가에서 사는 사람들은 '장수가 불가능하며 노년 이 일찍 찾아온다.'

두 번째는 음식을 특별히 강조하면서 음식과 육체적 운동 간에 적절한 균형을 제공하는 조화로운 생활양식의 필요성에 대한 주장이다. 여기서 육체적 운동은 음식으로 인한 과잉 영양분을 소모하기 위한 것이었다. 히포크라테스는 이렇게 설명한다. '부실한 음식을 먹는 자들은 오래 살 수 없다.' 하지만 음식을 먹지 않는 것은 그 자체로 좋을 수도 있고, 나쁠 수도 있다. 이는 각 개인의 성향에 상응해야 한다. 개인의 생물학적 상태는 주로 그가 무슨 음식을 먹느냐에 좌우된다. 비록 올바른 음식 선택에 대해 완벽한 의견일치가 이루어진 적은 한번도 없지만 이런 개념은 매우 유효한 것으로 밝혀지고 있다.

세 번째는 가장 주목할 만한 것으로 그들의 의학적 사고방식은 체액론 the doctrine of the humours에 근거했다. 이는 조직 속 체액의 주요한 역할에 기반을 두고 있다. '체액'은 포괄적인 용어이다. 만물은 네 가지 체액, 즉 혈액blood, 점액lymph, 황담즙bile, 흑담즙black bile(라틴어 atra bilis 역시 우울하다는 의미를 가지고 있다) 간의 균형에 의존한다. 특히 흑담즙은 생물학적·의학적 상상의 소산이다. 여태껏 어느 누구도 이런 액체의 흔적을 발견하지 못했다(그도 그럴 것이 흑담즙은 존재하지 않기 때문이다). 하지만 숱한 세대에 걸쳐 의사들은 히포크라테스가 그렇게 기술했다는 이유만으로 그 존재를 맹목적으로 믿었다. 건강과 질병은 체액들 간의 혼합과 상호작용에 따라 절대적인 영향을 받는다. 이 이론은 근대에 이르기까지 의학계의 폭넓은 지지를 받았다.

체액의 역학관계로 노화에 대한 설명도 가능했다. 삶의 각 연령대는 네 가지 체액 중 하나의 지배를 받았다. 소년기는 혈액, 성년기는 황담즙, 장년기는 흑담즙, 노년기는 점액의 영향을 받았다. 혈액은 따뜻하지만 점액은 차갑다. 세월이 지나면서 인간의 조직은 점차 내부의 열기와 수분을 상실한다 (기관 조직의 논리와 상반되는 듯하다. 이론에 따르자면 기관은 좀 더 젖어 있어야 하기 때문이다. 하지만 외관상으로는 그 반대 현상이 벌어졌다). 결국 신체는 점차 차갑고 메마르게 변한다. 이것이 노년이다.

이런 생물학적 도식은 브리튼 제도에 사는 사람들에게서 나타났다. 알려진 바에 따르면 그들은 120세가 될 때까지 늙지 않았다. 이런 장수의 신화적 근거는 명확하다. 그리스–로마 중심의 세계에서 그들은 지구의 가장자리에서 생활했기 때문이다(다른 쪽 끝에는 인도인들이 있었다). 하지만 여기에는 또한 기후 및 의학적 근거도 있었다. 혹독한 기후가 그들의 신체를 수축시켜서 그들은 내부에 더 많은 온기를 간직할 수 있었다. 역설적이게도 열기가 추위에 의해 보호를 받았던 것이다.[14]

체액론이 오랫동안 영화를 누릴 수 있었던 것은 수학에 가까운 엄밀성과 완벽성을 가졌던 갈레노스의 체계 덕분이었다. 철학자이자 의사였던 갈레노스는 네 가지 요소들의 몇 가지 집단들을 통합시킨 흠잡을 데 없는 메커니즘을 고안했다. 우주는 불, 공기, 흙, 물 네 가지 요소로 구성되었다. 이 네 가지 요소의 기본적인 물질적 특성은 뜨겁고, 차고, 메마르고, 축축한 것이었다. 앞서 언급한 체액들도 여기에 상응했다. 그 결과 쾌활하고, 냉정하고, 다혈질에, 우울한 네 가지 기질이 나타났다. 이런 요소들은 아주 다양한 방식으로 결합되었다. 게다가 이것은 근사한 구성과 완벽한 체계를 갖추고 있었다. 실제로 그 완벽함의 정도는 현실에 적용되는 것 이상이었다. 하지만 결코 완벽할 수 없는 현실에서 모든 완벽한 체계는 직접적인 상상의 산물일 수밖에 없었다.

하지만 이론이 대부분 허구였던 반면 장수와 관련하여 히포크라테스 의학이 이끌어낸 결론은 아주 적절하고 실용적이었다. 몸에 좋은 환경에 거주하고, 체액의 균형을 유지하고, 적당한 양의 음식을 섭취하고, (충분한 소화를 위해) 육체적 운동을 하라는 것은 분명 시대에 앞선 주장이었다(특정한 신체적 설명도 전조가 되었다. 가령 '많은 치아를 갖고 있는 것은 장수의 표시이다'). 다시 말하지만, 여기서는 '정상적인' 장수, 즉 원래 수명의 단순한 연장만을 언급하기로 하자. 전하는 바로는 히포크라테스 스스로 본보기가 되었다고 한다. 애초에 그는 85세를 살았다고 전해졌지만 그 뒤로 그의 수명은 90세, 104세, 109세까지 늘어났다.

그보다 더 장수하거나 회춘하는 것은 히포크라테스의 능력 이상이었으며 따라서 그것은 메데이아의 영역으로 남겨졌다.

메데이아와 히포크라테스라는 두 인물을 통해 그리스는 두 갈래의 유산을 남겼다. 하나는 신화 속의 장수를 통해 부분적으로 드러나는 상이한 인간 본성에 대한 탐구이며, 다른 하나는 인간에게 정해진 수명을 잘 관리하기 위한 좀 더 현실적인 접근 방식이다. 비록 2,000년의 세월이 지났지만 이런 구분은 여전히 남아 있다.

죽음에 대한 생각 : 세네카의 사례

'인간은 아무리 늙어도 진정 또 다른 하루의 삶을 소망한다.'[15] 세네카 Seneca의 주장은 하루하루 조금씩 수명을 늘림으로써 영원한 삶을 얻는 방법을 알려준다.

실제로 스토아 학파의 대표자이자 가장 유명한 로마 철학자인 세네카 (BC 4년경~AD 65년)는 장수보다 압박에 더 관심을 가졌다. 모범적인 스토아 철학자였던 그는 장수라는 문제 제기가 적절치 못하다고 생각했다. 스토아 철학에서 지혜보다 중요한 것은 없었다. 현인은 자연 및 운명과 완벽한 조화를 이루었다. 여기에는 피할 수 없는 죽음의 순간도 포함되었다. 물론 만물은 짧은 생애보다 긴 생애를 선호했다. 세네카의 주장에 따르면, 유감스럽게도 사람들은 장수라는 양적인 측면에는 많은 관심을 가졌지만 질적인 측면은 등한시했다. 그들은 한 해 한 해 세월이 지나는 것에만 관심을 둘 뿐, 그 시간을 어떻게 사용할지는 결코 염두에 두지 않았다.

삶이 너무 짧은가? 세네카는 『인생의 짧음에 관하여De brevitate vitae』라는 에세이에서 이 문제에 답하고 있다. 아리스토텔레스는 몇몇 다른 동물들보다 인간에게 훨씬 적은 시간을 부여한 자연의 불공평함을 한탄했다. 인간에게는 할 일이 더 많기 때문에 상황이 반대라야 공평할 것이라고 했다. 세네카는 이에 대해 현인이 할 말이 아니라고 답했다. 그리고는 다음과 같이 언급했다. 자연에 대해 불평하지 마라. 자연은 우리를 잘 대해 주었다. 인생은 잘 사용만 한다면 얼마든지 길어질 수 있다. 유감스럽게도 사람들은 시간을 낭비한다. 실제로 그들은 자기 삶의 극히 일부만을 살아간다. 자연이 이미 우리에게 준 것을 이용하지도 못하면서 왜 자연에게 더 많은 것을 요구하는가? 언젠가 우리가 죽음을 맞이할 때면 삶의 존속 기간은 중요하지 않을 것이다. 아무튼 삶의 양적인 측면보다 중요한 것은 삶의 질이다.

세네카는 삶의 거의 모든 활동들을 회의적으로 바라보았다. 가장 경멸할 만한 인간은 오직 술과 사랑에만 집착하는 자들이다. 하지만 공직과 드높은 명예도 완벽함을 이끌지 못한다. 그것이 영광은커녕 환영에 지나지 않기 때문이다. 막강한 힘을 가진 사람들은 은밀하게 다른 것, 즉 자기 자신을 발견할 수 있는 은거를 꿈꾸었다. 가령 결코 충족되지 않았던 아우구스투스(초대 로마 황제)의 욕구가 그런 것이다. 오직 내면의 삶만이 시간의 파괴로부터 우리를 구할 수 있다. 우리는 우리의 내면에서 영원을 발견해야 한다. 이를 위해 '적극적인 나태active idleness'를 권장한다. 이는 '실천적인' 활동과 일상적인 삶의 분주함에서 멀리 떨어져 내면 속에서 살아가는 것을 뜻한다. 세네카는 일종의 철학적 '비체현非體現'을 주장한다.

무엇보다도 사람들은 모범적인 퇴장을 유념해야 한다. 오랫동안 장수하는 것은 그리 중요하지 않다. 정작 중요한 것은 죽음의 순간이 아니라 그 방식이다. 연극과 마찬가지로 인생은 그 길이가 아니라 배우의 공로에 의해 평가된다. 마지막 퇴장보다 더 인상적인 장면도 없다.[16]

흥미롭게도 이 글을 쓴 당사자는 은둔자가 아니었다. 세네카는 적극적으로 공직에 임했으며, 세속적인 일에서 벗어나지 않았다. 네로의 스승이었던 그는 황족과 친분이 두터웠으며 초대 원로원과 집정관(AD 57년)을 역임했다. 나아가 그는 자신의 행복에 세심하게 신경을 쓰면서 막대한 부를 축적했다. 이런 점에서 그는 두 가지 상이한 삶, 즉 '외부의 삶'과 '내면의 삶'을 살아가는 데 남다른 능력을 보여주었다고 할 수 있다.

어쨌든 그는 모범적인 퇴장을 했다. 네로의 소환을 받은 그는 자신의 동맥을 끊고, 자신의 원칙과 완벽한 조화를 이루며 스토아주의자다운 죽음을 맞이했다.

세네카가 전한 메시지는 더 오랜 삶이 아닌 더 깊이 있는 삶을 영위하는 것이었다. 하지만 세네카는 예외적인 사례가 아니었다. 그는 나름의 방식으로, 자신의 철학적 학파의 정신으로 그리스-로마 문화가 폭넓게 공유하던 태도를 표현하고 있을 뿐이다. 스토아주의자가 스토아적인 죽음을 받아들인다는 것은 자연스러운 일이었다. 그런데 경쟁 학파인 에피쿠로스Epicurus 학파(에피쿠로스에 의해 BC 300년경에 창설) 역시 비슷한 시각으로 사물을 바라보았다. 에피쿠로스 학파의 '대변인' 격인 시인 루크레티우스는 자신의 위대한 철학적 시에서 이 문제를 적극적으로 다루었다. 에피쿠로스 학파는 삶의 쾌락을 경시하지 않았다(실제로 그들은 지나치게 쾌락을 탐닉했다는 비난을 받았다). 하지만 루크레티우스의 설명에 따르면, 장수는 어떠한 새로운 쾌락도 제공하지 않는다. 이미 모든 것이 무대에 펼쳐진 후이기 때문이다. 더 많은 시간을 얻는 것은, 죽음의 시간과 비교하여 보잘것없다. 지상에서 아무리 많은 세월을 보낸들, 죽음의 영원성은 만인에게 동일하다.[17]

이 논쟁에서 또 다른 비중 있는 참여자는 저명한 정치가이자 웅변가이자 철학자인 키케로Cicero(BC 106~BC 43년)였다. 62세의 나이에 그는 '회춘'을 주장하는 『노년에 관하여De senectute』를 저술했다. 그는 이 시기를 인간의 삶에서 정신적으로 가장 성숙한 기간, 몰락의 기간이 아니라 화려한 경력을 쌓아올린 기간으로 묘사하고 있다.

철학자의 목적은 '세상을 바꾸는 것'(후일 마르크스가 판이하게 다른 정신적 맥락으로 요구했던 개념)이 아니라 사람들로 하여금 세상을 있는 그대로 받아들이게 하는 것이었다.

죽음 앞에서 보인 로마인들의 기품 있는 체념은 일부러 꾸며서 한 행동일 뿐이라고 섣불리 단정하기 쉽다. 황제 가족의 경우, 몇몇 황제들(아우구스투스와 티베리우스)은 일흔을 넘어 거의 여든까지 장수했다. 하지만 그 아들과 손자와 조카들은 대부분 어린 나이에 요절했다. 가끔은 복잡한 왕위 승계 문제가 발생하기도 했다. 가령 처음 12명의 로마 황제들(AD 1세기) 가운데 6명이 폭력적인 죽음을 맞이했다(살해되거나 강압에 의해 자살했다). 정치적 암살이 다반사로 자행되었으며, 원형 경기장에서 벌어지는 선혈이 낭자한 경기들이 가장 인기 있는 오락이 되었다. 이런 상황에서 죽음은 매일 얼굴을 맞대는 친구나 마찬가지였다.

플리니우스: 합리론자

장수에 관한 고대의 지식 중 가장 중요한 부분은 플리니우스Pliny the Elder의 기념비적 저서 『박물지Natural History』에 집대성되어 있다. AD 23년에 출생하여 79년 베수비오 화산 폭발 때 사망한 유명한 로마의 자연주의자는 간략한 개요에 만족하지 않았다. 그는 올바른 추론 학습을 제안했다.[18]

그는 150년 내지 300년을 생존한 늙은 왕들의 생애에 탐닉하지 않았다. 하물며 지리학자 크세노폰Xenophon(역사학자 크세노폰과는 동명이인)이 남긴 기록은 더 말할 것도 없었다. 크세노폰은 특정한 섬의 왕(그의 이름과 사는 곳은 분명치 않다)이 600세를 향수했으며— '이 거짓말에도 성이 차지 않았는지' —그의 아들은 800세까지 살았다고 기록했다. 이렇듯 시간의 부풀림이 심한 것은 고대의 무지와 상이한 역법曆法 구조 때문이었다. 어떤 고대인들은 여름과 겨울을 각각 일 년으로 계산했다. 또 어떤 고대인들은 사계절 각각을 일 년으로 잡았다. 이집트인들은 음력 한 달을 한 해로 계산해서 그들의 일 년은 정상적인 일 년의 12분의 1에 불과했다.

이처럼 이해할 수 없는 신화 속 나이를 적당한 크기로 나눌 수 있는 해법이 여기에 있다. 가령 어떤 사람이 천 살이라면 간단히 그의 나이를 12분의 1로 나눌 수 있다. 그는 분명 지긋한 연세에 도달했겠지만 기껏해야 여든 정도였을 것이다. 고대의 합리주의는 이런 식이었다. 신화는 사실이지만 그들은 다른 언어로 말하기 때문에 해석이 필요하다.

플리니우스는 비판적인 임무를 수행하면서도 베스파시아누스 치하인 AD 74년에 실시되었던 인구조사 결과는 있는 그대로 받아들였다. 이탈리아의 한 지역에서는 많은 사람들이 100세를 넘긴 것으로 확인되었다. 130세가 네 명, 135세에서 137세 사이가 네 명, 140세를 넘긴 노인이 세 명이었다. 그보다 몇 년 전, 클라우디우스 치하에서는 150세의 기록이 작성되기도 했다. 자연주의자 플리니우스는 이 수치에 반박의 여지가 없다고 생각했다. 인구조사는 신화적 전통과 전혀 다른 성격이었기 때문이다.

플리니우스는 여배우들과 기혼 부인들도 장수에 관한 사례에 포함시켰다. 키케로의 미망인 테렌티아는 103세, 오필리오스의 미망인 클로디아는 115세까지 살았다. 비극배우인 루케이아와 칼레리아 코피올라는 100세가 넘어서도 무대에 올랐다.

그렇다면 왜 수명은 개인마다 천차만별인 걸까? 플리니우스는 그 이유를 알 수 없었다. 하지만 점성술사의 능력에 의지하지 않고 합리주의자의 입장에 섰다. 인간의 최대 수명을 112세 내지 124세까지 늘리려면 천체와의 관계를 이용해야 한다는 점성술사의 주장에 대해 그는 근거가 없다고 생각했다. 사람들은 동일한 별자리를 가지고 태어날지 모르지만 그들의 운명은 전혀 다르다. 삶의 형태는 미리 주어지는 것이 아니라고 보았다.

한 가지 흥미로운 점은 점성술사들이 제기한 수치가 오늘날 인정되고 있는 120세 언저리의 인간 수명의 한계와 매우 가깝다는 것이다. 그것은 플리니우스의 합리주의에 입각한 몇몇 기록보다 훨씬 정확한 수치다.

사모사타의 루키아노스: 장수에 대한 격려

사모사타의 루키아노스Lucian(AD 125년경~192년경)는 단편집 『장수한 사람들Macrobii』의 저자로 짐작되는 인물이다. 이 작품은 순전히 장수에 관한 내용뿐이며 각양각색의 사례들이 풍부하게 실려 있다. 루키아노스는 수많은 작품을 남긴 풍자작가로 고대 그리스의 볼테르 격이었다. 이 작품의 원작자는 불확실하지만 이 작품이 루키아노스의 문화적 영역과 그의 필법의 흔적을 지니고 있다는 사실에는 누구나 동의하고 있다. 몇몇 사람들은 또한 루키아노스의 동시대인들이 장수에 대해 유별나게 호의적인 생각을 품고 있다는 사실에 주목했다('장수는 건강 염려증의 시대에 흥미롭고 호감 가는 주제였다.'[19] 하지만 내가 보기에는, 사실 그들이 로마 제국의 장기간의 안정기, 즉 상대적으로 평온하고 덜 잔인했던 시기에 좀 더 편안함을 느끼고, 이로 인해 생명에 더 높은 가치를 부여하게 된 것 같다).

이 단편집은 장수에 관한 전설적인 사례들로 가득하다. 가령 네스토르 Nestor(그리스 전설에 나오는 영웅으로 필로스의 왕)는 3세기를 생존했으며, 테베의 장님 예언자 티레시아스Tiresias는 여섯 생애(600년)를 살며 활동했다고 한다. 장수의 특권을 누렸던 다른 많은 국가들도 빼놓을 수 없다. 그 예로 세레스인Seres(극동, 특히 중국인들에게 붙여진 모호한 이름)들은 300세까지 생존했다고 한다. 어떤 저자들은 장수를 기후 탓으로 돌렸고, 또 어떤 저자들은 풍토나 음식 탓으로 돌렸다. 루키아노스는 세레스인들이 오직 물만 마신다고 적고 있는데 이것은 해명이 필요할 것 같다.

하지만 장수에 관한 대부분의 사례들은 '정상적인' 삶에 대해 말하고 있다. 어떤 경우에는 100세를 조금 넘기기도 했지만 대부분은 80세에서 100세 사이였다. 이것이 루키아노스(혹은 그의 이름 뒤에 '숨은' 다른 작가)가 관심을 가졌던 일반적인 장수였다. 따라서 그의 저서는 말하자면 장수를 격려하는 책이었다. 더 앞선 시기의 성공담은 장수의 실현 가능성을 입증했다. 특히 왕과 철학자 같은 유명한 사람들의 장수는 세인의 귀감이 되었다. 그렇다면 어떻게 해서 장수할 수 있을까? 간단히 말하면, 절제를 실천에 옮기는 것이다. 장수와 행복한 노년을 누릴 수 있는 이유에 대한 질문을 받은 철학자 고르기아스Gorgias(그는 108세에 사망했다고 전한다)는 자신은 절대 쾌락을 남용하지 않았다고 대답했다. 결국 무엇보다 중요한 것은 절제다. 즉 적당히 먹고, 적당히 운동하면 건강한 몸으로 장수할 수 있을 것이다.

성 아우구스티누스:
최초 인류 시대부터 선택 받은 자들의 불멸에 이르기까지

AD 4세기에 로마 제국에서 기독교가 승리함으로써 성경의 출처로 장수의 모델을 확립하게 되었다. 이로 인해 그리스–로마 작가들이 묘사한 왕과 철학자들은 유대인 선조들에게 자리를 내주었다. 장수는 기독교의 역사적 도식에서 쟁점이 되었다. 실낙원Paradise lost의 기억은 신의 왕국에서 정당한 자들을 위해 준비된 영생의 전조이기도 했다.

장수에 관한 한, 성경은 절대적으로 중요한 출처이다. 성경은 최초의 인류로부터 수명의 수준이 가장 낮아진 시기까지 수명의 전개상에 대해 완벽하고 꼼꼼한 도식을 제공하고 있다. 대대로 이어지는 모든 세대가 거기에 담겨 있다.

물론 믿음이 우선이었다. 하지만 적어도 사회 인사들에게서 권위를 인정받기 위해서라도 성경은 플리니우스의 저서에서 보았던 것 같은 특정한 유형의 합리주의 사상에 순응해야 했다. 성경에 실린 사실들은 문자 그대로 받아들여야 하는 걸까 혹은 해석해야 하는 걸까? 아니면 상징적으로 읽어야 하는 걸까? 이 난해한 논쟁은 고대로부터 지금까지 계속되고 있다.

성경 속 인물들의 시대에 해결되어야 할 하나의 문제가 있었다. 그것은 플리니우스가 적용했던 '분할'의 방식으로 전개될 수 있다는 것이었다. 하지만 최초의 완벽한 인간에 대한 증명으로 그 역할은 축소되었다. 성서 속의 선조들은 현대인들보다 더 오래 살았다. 그들이 창조 시대에 더 가까이 위치해 있었기 때문이다. 이것이 바로 성 아우구스티누스St Augustine(AD 354~430

년)가 수세기에 걸쳐 플리니우스를 반박했던 논쟁의 함축적 의미이다.

아우구스티누스의 가장 중요한 저서이자 수세기 동안 서구 기독교의 중요한 참고 문헌이었던 『신국론De civitate Dei』에서는 장수 문제를 면밀히 분석하고 있다. 인류 최초 세대의 나이를 모두가 동일하게 해석할 수는 없다. 몇몇 사람들은 플리니우스의 시각으로 성경을 바라보았다. 아우구스티누스는 이렇게 적고 있다. '한 해를 계산하는 방식이 당시와 지금이 다르다고 주장하는 사람들의 말을 들어보자. 당시의 일 년은 오늘날의 10년에 해당한다고 그들은 주장한다. 따라서 900년을 살았다는 성서 속의 선조는 90년을 생존한 셈이다.'[20] 심지어 신자들 중에서도 이런 합리주의적 견해를 받아들이는 이들이 있었다. 그들은 최초 인류의 장수에 관한 일화를 좀 더 신빙성 있게 만듦으로써 성경 구절의 권위를 더 강화시키려 했다.

결국 당시의 나이를 10분의 1로 줄이면, 아담은 230세가 아니라 23세에 아들 셋을 출생한 것이 된다. 하지만 아우구스티누스는 헤브라이어 구약성서와 70인역 그리스어 구약성서 간의 차이에 주목했다. 그리스어 성서에는 230세였지만 최초 헤브라이어 성서에는 130세로 기록되어 있었다. 그렇다면 아담은 13세에 셋을 낳은 셈이다. 그리고 아담의 장남은 그의 나이 11세에 태어났다는 말이 된다. 성서에 등장하는 또 다른 등장인물인 게난은 좀더 분명한 증거를 제공하고 있다. 헤브라이어 성서에 따르면, 그는 70세의 나이에 자식을 낳았다. '일곱 살의 꼬마가 어떻게 자식을 낳을 수 있단 말인가?' 아우구스티누스는 완벽한 논리로 이렇게 묻고 있다.

더욱이 성경 구절을 유심히 읽으면, 노아의 홍수 이전에도 지금과 같은 역법이 사용되고 있음을 알 수 있다. 성서에는 다음과 같이 상세하게 적혀 있다. '노아가 600세가 되던 해의 둘째 달, 27번째 날에 홍수가 땅을 뒤덮었다.'[21] '27번째 날'이라 함은, 우리가 알고 있는 한 달과 똑같은 길이의 한 달이 적용되고 있음을 의미한다. 일 년도 지금과 같은 열두 달로 구성되었음이 분명하다(그렇지 않으면 일 년은 36일로, 한 달은 3일로 줄어들 것이다).

한마디로 우리 조상들은 아주 오랫동안 장수했다. 하지만 그들의 수명은 또 다른 문제를 제기한다. 어떻게 그들은 100세가 넘도록 성적 능력을 유지할 수 있었을까? 아우구스티누스는 이에 대해 두 가지 가능성을 제시하고 있다. 아마 당시에는 인생의 단계가 다른 식으로 전개되었을 것이다. 즉, 청년기는 100세를 전후하여 마감되었을 것이다. 하지만 두 번째 가설이 좀 더 신빙성 있어 보인다. 성서는 출생 명부가 아니다. 따라서 출생에 관한 완벽한 목록을 제공하지 않는다. '성서에는 최고 고령자에 대한 언급이 없다. 단지 노아에 이르는 계보와 노아부터 아브라함에 이르는 계보를 알리기 위한 필요한 사람들만 언급되어 있을 뿐이다.'[22] 이것은 단일한 후손으로 이어지는 가계家系이다. 어쩌면 그들은 스무 살의 나이에 아버지가 되었을지도 모른다. 단정도 부정도 할 수 없다.

논쟁의 마지막 부분은 인류 최초 역사에서 거인의 등장과 관련이 있다. 이것은 상당히 널리 알려진 사실로, 성경 구절뿐만 아니라 베르길리우스나 플리니우스(아우구스티누스 인용) 같은 고전 작가들도 언급하고 있다. 그들은 인간의 신체가 세월이 지나면서 점점 작아졌다고 생각했다. 아우구스티누스는 성서와 다른 출전들을 끌어들이는 데 만족하지 않고 그보다 앞선 시대의 고생물학자의 예를 들었다. 그는 자신의 논증을 뒷받침하기 위해 화석을 이용했다. 그는 자신의 눈으로 직접 보았는데, '우티카 강둑에는 오늘날 우리 인간의 어금니보다 100배나 더 큰 거대한 인간의 어금니가 있다. 짐작컨대 그것은 거인의 치아일 것이다. 만약 그 시대의 인간들이 지금보다 더

덩치가 컸다면 거인들은 무지막지하게 컸을 것이다.'[23]

아주 오래 전에 지구에 거인들이 살았지만 그 종족은 보통의 인간들―이들 역시 오늘날의 인간보다 덩치가 더 컸다―과 섞이지 않았다. 생물학적 우수성은 그 크기뿐만이 아니라 수명으로도 나타났다. 만약 거인의 존재가 입증된다면 간접적으로 수명에 대한 증거도 나타날 터였다. 다른 무엇보다도 노아의 홍수 이전의 인간들은 그 후손들보다 육체적으로 더 발달했으며 더 오랫동안 살아남았다.

인간은 죄악 때문에 죽을 운명이 되었다. 죄악으로 인해 타락하기 쉬운 육체로부터 불멸의 영혼이 떨어져 나갔던 것이다. 심지어 세례의 순간에도 육체와 영혼의 분리를 치유할 수 없었다. 이 분리는 세상의 종말, 즉 죽은 자들의 부활과 최후의 심판에 이르러서야 막을 내릴 것이다. 부활한 육체는 영원히 육체와 재결합할 것이다. 저주 받은 자들은 자신들의 육체 속에서 고통스런 벌을 받을 것이다. 반면 선택 받은 자들은 '영적인 육체'(영혼이 새로운 생명으로 호흡하는 육체) 속에서 살 것이며, '그리스도의 완벽한 나이'(30세 언저리)에 상응하는 젊음의 모든 광채를 되찾을 것이다.[24]

역사적으로 기독교 철학은 주로 (육체적·정신적) 불멸에 초점을 맞추고 있다. 유일한 문제는 처음의 여정에 많은 함정들이 도사리고 있다는 것이다. 불멸은 진정 그만한 가치가 있다.

여성의 부재

장수에 관한 이런 모든 논의에서 오늘날 우리를 놀라게 하는 것은 좀처럼 여자들이 눈에 띄지 않는다는 것이다. 루키아노스가 예로 든 수십 명의 장수한 사람들 가운데 여자는 단 한 명도 없었다. 성서에서도 장수한 여자는 찾아볼 수 없다. 선조들의 이름은 남았지만 그들의 아내는 잊혀졌다. 평범한 여자가 아니었던 이브 역시 다른 여자들과 별반 차이가 없었다. 그녀는 아담과 동격인 인류의 조상이지만 에덴에서 추방된 이후 그녀에 대한 언급은 단 한 줄도 남지 않았다.

그녀는 아담보다 일찍 죽었을까, 늦게 죽었을까? 우리는 알 도리가 없다. 언뜻 보기에 그것은 전혀 중요해 보이지 않는다. 훗날 르네상스 시대에 이탈리아 화가 피에로 델라 프란체스카Piero della Francesca(1416년경~1492년)는 아레초의 산프란체스코 성당에 프레스코 벽화로 「아담의 죽음Death of Adam」을 표현하면서 이브를 떠올렸다. 아담이 아내의 부축을 받으며 바닥에 앉아 있는 장면이었다. 결국 이브가 아담보다 더 오래 살아남은 것이다. 여자들에 관한 한 플리니우스는 예외적이다. 앞서 보았던 것처럼 그는 자신의 논의에 여자들을 포함시켰다. 그는 오랫동안 여자들의 장수와 관련하여 유일한 출처를 남겼다.

이런 '차별적인' 대우는 어느 정도 객관적인 상황으로 설명할 수 있다. 실제로 여자들은 남자들에 비해 수명이 짧은 편이었다. 하지만 그 주된 이유는 여자의 몸에 대한 이해에 있다. 아리스토텔레스는 여자들이 '불완전한 존재'라고 생각했다. 어떤 의미에서 그들은 '실패한 남자'였다. 성서에서는 신분 차이를 명확히 밝히고 있다. 즉 이브는 아담의 갈비뼈 하나로 창조되었다. 아리스토텔레스에 따르면, 남자는 선천적으로 더 오래 살게 되어 있었다. 그들이 더 '뜨겁기' 때문이다. 상대적으로 여자는 '차가움'(일종의 나약함)의 특성을 지닌 것으로 간주되었다.[25]

이런 편견은 확고했다. 최근까지도 장수는 주로 남자와 관련하여 논의되었다. 불멸에 도전하는 것은 오직 남자들을 위한 위업이었다. 많은 다른 역사적 지표들과 마찬가지로 장수에 관한 기술도 역사 전반에 걸쳐 여자들을 하위에 종속시키고 있다.

고대의 개요: 그리스인, 중국인, 기독교인

고대인들은 장수에 관한 개념을 체계화하였으며, 그 주요 논지들을 확립했다. 그 이후로는 이 유산을 단순히 반복한 것에 지나지 않는다. 다음은 그 주요 요소들을 간추린 것이다.

첫번째는 인간이 본래 현재보다도 더 오래 그리고 더 잘살기를 원한다는 뿌리 깊은 믿음이다. 하지만 실제 상황은 삶의 '이상적 모델'에 부합하지 않는다. 우리가 살고 있는 사회에서 제대로 작동하지 않는 무언가가 있기 때문이다.

두 번째는 실낙원에 대한 향수로 무력감이 더해지는 한편, 집단적이건 개인적이건 최초의 완벽한 상태로 되돌아가고자 하는 자발적인 시도들이다. 고대인들은 생명을 위해 죽음에 대항한 오랜 전투에서 처음에 전개되었던 소소한 싸움들을 알고 있었다. 그렇게 해서 남겨진 몇몇 방법들(건강에 좋은 식생활, 유익한 자연 환경, 정신적 탐구)이 사회적·종교적·과학적 상황에 따라 변화하면서 수세기에 걸쳐 유지되었다.

'장수'의 궁극적 목표에 관한 한 그 주요 '한계'는 고대에 이미 정해졌다. 처음에는 그 한계가 100년이었다. 평범한 인간의 이상적인, 때로는 현실적인 수명에 가까운 수치였다. 여기에 약간의 소망이 덧붙여져 그 수치는 모세의 수명인 120년으로 정해졌다. 이보다 더 높은 수치는 그리스인 이암불로스가 찾아간 섬사람들의 수명인 150년이었다. 그 뒤 한계는 평균적인 장수의 두 배인 200년으로 늘어났다. 여기에는 나름의 논리가 반영되어 있다. 건강에 좋은 완벽한 환경에서 살아가는 완벽하게 건강한 인간들은 질병을 비롯하여 온갖 문제에 시달리며 조악한 환경에서 살아가는 '오늘날'의 인간들보다 두 배는 더 오래 살아야 마땅했던 것이다. 고대 인도인들은 이런 요구를 충족시켰다. 현실이건 신화이건 간에 100년, 120년, 150년, 200년 이 네 가지 한계가 장수의 주요한 목표가 되었다.

일단 200년의 한도를 넘어서자 상상력이 한껏 부풀어올랐다. 수백 년도, 수천 년도 아니었다. 물론 궁극적인 목표는 불멸이며, 이것은 생물학적 측면보다 정신(도교, 기독교)을 통해 시도되었다.

장수에 대한 이데올로기적 감성도 간과해서는 안 된다. 모든 상상의 산물에는 이데올로기가 개입되어 있기 때문에 허구일지라도 나름대로 그 이유가 있다. 하물며 인간의 꿈이 반영된 위대한 신화는 더 말할 것도 없다. 이런 점에서 장수는 다른 공동체보다 뛰어난 어떤 공동체, 여자보다 뛰어난 남자, 평범한 인간보다 뛰어난 선택 받은 인간(왕과 철학자와 성인), 불신자보다 뛰어난 신자들에 대한 징표처럼 보인다. 장수에 대한 탐구는 사회적·가치의 반영을 전제로 한다.

그런데 이런 일반적인 특징은 세 가지 별개의 집단으로 분류되어야 한다. 고전 시대의 그리스-로마인과 중국인 그리고 기독교인은 동일한 시각을 가지고 있지 않았기 때문이다.

그리스-로마 신화와 각양각색의 전설에는 장수에 대한 설명이 풍부했다. 그렇지만 '현실 생활'에서 그리스인과 로마인들은 그런 유혹에 넘어가지 않았다. 그들은 이미 신화와 현실을 구분하는 법을 알고 있었으며, 존재의 덧없음을 한탄하면서도 그것에 순순히 자신의 운명을 맡겼다. 많은 철학자들은 죽음에 따르는 공포를 잊게 하였으며, 늘어난 수명의 활용에 의문을 제기했다. 의술도 비슷한 목적에 기여했다. 즉, 죽음의 한계에 도전하려는 시도 없이 병자들을 치유하고 노인들의 아픔을 덜어주는 역할을 하였을 뿐이다.

죽음에 대항하는 현실적인 전략의 사례가 처음 등장한 곳은 중국이었다. 도교는 복잡한 수련(식이요법, 호흡, 육체적 단련, 정신 계발, 성적 기교)을 시도했는데, 그 목적은 시간의 굴레에서 벗어나 수백 년이나 수백만 년의 수명, 나아가 불멸을 달성하는 것이었다. 하지만 이런 탐구는 세상과 동떨어져 있는 듯했다. 거기에는 실용주의와의 독특한 결합, 그리고 과학적이기보다는 신화적인 접근법이 내포되어 있었다. 따라서 이는 전통적인 문명의 정신과 일맥상통하며, 그 자체로 거의 변화 없이 완결되었다.

이와 대조적으로 불멸에 대한 기독교적 탐구는 방대한 역사적 도식을 토대로 하고 있었다. 이것은 최고의 목적에 초점을 맞추고 있으며, 인간 상태의 변화를 추구했다. 그리고 그 과정에서(근대에 채택하여 세속화시킨)

진보의 개념을 처음으로 전 세계에 적용시켰다. 목적은 세상과 인간 존재를 다시 새롭게 하는 것이었다. 그 결과 유럽은 유럽 역사와 전 세계 역사 모두에 심대한 영향을 미친 이상주의와 다이너미즘(역동설, 자연 현상을 힘의 작용으로 설명하는 설)을 경험하게 되었다.

제2장

신의 은총으로: 중세

성인과 왕

일찍이 서구 역사에서 중세만큼 일관성 있는 시기도 없었다. 약 1,000년 동안 중세 사회는 세 가지 주요한 부류—전사 귀족, 성직자, 농부—를 통해 기능했다. 한편 중세의 문화는 종교적 원리와 가치로 조성되었다. 계몽 사조로 시작될 '세속화'와 정반대로 중세에는 '신성화'가 판을 쳤다. 모든 학문들 중에서 신학이 절대적으로 군림했다. 성직자가 대부분인 지성인들은 수도원의 특권적인 위치에서 세상을 바라보았다.

그들은 기독교 이전의 유산을 없앨 의도가 전혀 없었으며, 고대 지식의 상당 부분을 그대로 받아들였다. 그들은 또한 온갖 유형의 이교도 전통들을 최대한 수용했다. 기독교 신학, 그리스–로마 철학, 켈트와 게르만 민간전승은 근본적으로 차이를 보이는 중세 문화의 세 가지 근간이었다. 중세의 지적 업적은 통합의 원리로 이런 상반되는 요소들의 조화를 꾀했다는 것이다. 기독교의 틀 안에서 모든 것이 채택되고 통합되었다. 만물은 명확한 의미를 가졌으며, 최고의 권위는 신이었다.

인간의 마음은 초자연적인 것에 이끌린다. 중세에는 이를 위한 매우 기름진 토대가 마련되어 있었다. 숱한 기적들이 생성되는 많은 수원지들이 존재했던 것이다. 첫째는 물론 우주와 인간 조건(신과 악마에게 그들이 선택한 대로 행동하는 자유를 제공하는 조건)에 대한 신비적 해석이었다. 둘째는 서구가 다른 세계와 동떨어져 있다고 여김으로써 이국적인 개념을 부채질했다. 셋째는 고대 그리스-로마, 켈트와 게르만의 민간전승, 아랍(자크 르 고프Jacques Le Goff에 따르면 '인도양의 황홀한 수평선')의 무한한 상상으로부터 차용한 엄청난 분량의 신화적 인물과 설화들의 집대성이었다.[1]

장수를 표명하기에 중세의 조건은 그리 좋은 편이 아니었다. 더욱이 교회가 약속하는 영생은 죽음을 전제로 했다. 이런 점에서 신학적 담론은 현실적인 상황을 확인하고 강화하는 듯했다. 잔인한 사신死神이 항상 활동하고 있었다. 중세에는 많은 죽음이 횡행했다. 부족한 자원으로 살아가는 사회에서 사람들의 수명은 짧았다. 사소한 혼란(가령 폭우나 가뭄 같은 혹독한 기후)도 큰 재난과 기근과 전염병을 유발할 수 있었다.

남아 있는 시간이 점점 단축되었다. 즉 개개인의 수명이 짧아졌으며, 세상 만물의 수명도 마찬가지였다. 만물이 임박한 종말—시간의 종말과 최후의 심판—을 향해 치닫고 있었다. 지상에서 우리의 삶은 가치를 잃었으며, 단명은 원죄의 숙명적인 결과로 받아들여졌다.

현실적인 장수의 기회가 축소된 반면 신화적 장수는 신학적 담론으로 채택되었다. 영혼은 위엄 있는 위치를 차지했다. 성 아우구스티누스에 뒤이어 13세기의 위대한 신학자 토마스 아퀴나스Thomas Aquinas는 아담의 육체가, 심지어 원죄의 출현 이전에도 그 속성상 사멸할 수 있다고 설명했다(『신학대전Summa theologica』). 신성한 은총을 통해 부패의 과정을 막아주는 것은 영혼이었다(부패는 더 이상 원죄의 출현 이후에 발생하는 경우가 아니었다). 장수는 육체가 아닌 정신의 문제였다.

314년부터 335년까지 교황을 역임한 성 실베스테르St Sylvester에 대한 전설이 있다. 나병에 걸린 콘스탄티누스 황제는 로마의 이교도 사제의 조언에 따라 어린아이의 피(치료와 회춘에 효험이 있다는 젊은 피)로 목욕을 했다. 임종의 순간에 황제는 학살을 중지하고, 꿈에서 본 대로 실베스테르를 자기 앞에 불러 세웠다. 교황은 전혀 다른 구원의 방식으로 콘스탄티누스를 설득하는 데 성공했다. 그것은 세례의 형식을 통한 구원이었다. 성사를 받자마자 황제의 나병은 기적같이 사라졌다. 정신적인 정화와 함께 육체적 정화가 발생했던 것이다. 이 사건(326년)은 중대한 결과를 낳았다. 황제의 세례가 기독교의 승리를 이끌었던 것이다.

신의 은총이 '선택된 사람들'의 건강 유지와 장수를 가능케 하는 듯했다(그들이 영생을 시작할 때까지). 이런 식으로 보답 받는 부류의 사람들은 극적인 변화를 체험했다. 고대의 장수 '전문가들'로 칭송 받던 왕과 철학자들은 성서에 등장하는 선조들에게 자리를 내주었다. 아울러 은둔자와 주교와 성인들과 같은 새로운 부류의 주요 인물들이 등장하기 시작했다. 장수는 가장 덕이 높은 사람들에게 주어지는 신성한 선물로 여겨졌으며, 교회의 탁월함을 입증하는 논법으로 자리잡았다.

장수한 신성한 사람의 원형은 초대 기독교의 위인 중 하나인 성 안토니우스St Anthony였다. 그의 수명은 105세였다가, 251세로, 다시 356세로 늘어났다. 안토니우스는 이집트 사막에 몇 개의 수도원을 세우고 그곳에서 고독하게, 혹은 제자들에 둘러싸여 평생을 보냈다. 교회는 그를 수도원의 창시자로 칭송했다. 그뿐이 아니었다. 그는 악마의 끈질긴 유혹을 물리친 것으로도 전설적인 인물이 되었다(「성 안토니우스의 유혹Temptations of St Anthony」은 본보기가 되는 일화의 특성뿐만 아니라 온갖 유형의 괴물과 유혹을 묘사할 수 있는 기회를 예술가들에게 제공하기 때문에 서구 예술에 자주 등장하고 있다). 이 경우 장수는 단순히 고결한 생애의 메시지를 더욱 강화하는 역할을 할 뿐이다.

하지만 자료와 전승에 따라 다양한 명칭과 기록을 가진 훨씬 더 인상적인 사례들이 있다. 일설에 따르면, 예루살렘의 두 번째 주교였던 성 시몬St Simon(다소 전설적인 인물)과 레스의 후임자였던 성 야고보St James는 107년에 120세의 나이로 십자가형을 받았다. 아일랜드의 사도 성 파트리키우스St Patrick(5세기)도 같은 나이에 사망한 것으로 전해지고 있다. 웨일스의 수호성인 성 다비드David(6세기)는 170세까지 장수한 것으로 알려져 있지만 출생과 사망 날짜가 모두 알려지지 않았기 때문에 그의 수명은 불확실하다. 100년 이상 장수한 사람들이 많았던 브리튼 제도에서 최고 기록은 스코틀랜드(글래스고의 수호성인)에서 공경 받았으며 컴브리아의 사도이기도 했던 성 켄티건St Kentigern—성 뭉고St Mungo로도 알려져 있음—이 가지고 있다. 그는 185세쯤 되는 AD 600년 직후에 사망한 것으로 알려져 있다. 그의 사례는 종종 '실현 가능성'의 증거로서 오늘날까지 인용되곤 했다(장수와 관련하여 이런 낙관적인 입장에서 보면, 평범한 사람보다 눈에 띄게 더 오래 살았지만, 그럼에도 불구하고 수세기 또는 수천 년을 생존한 생애에 비해 더 '현실적'이라는 점에서 그는 완벽한 모델이었다). 유감스럽게도 이 기록은 축소되는 방향으로 수정되었다. 오늘날 그의 수명은 185세가 아닌 85세로 인정받고 있다. 이보다 더 놀라운 기록도 있다. 통게렌(오늘날의 벨기에)의 주교였던 세베린Severin은 297세에 성직에 임명되어 375세에 사망한 것으로 알려지고 있다.[2]

　장수를 도모하는 최선의 방법은 수도원 생활이었다. 점점이 흩어져 있는 많은 수도원들은 천상과 지상 간에 일종의 중계역 역할을 하는 공간이었다. 조르주 미누아Georges Minois의 말을 빌리자면, 수도승의 습관을 채택하는 것은 '영생의 길로 접어드는 것'이었다. 즉, '노화를 피하며 생명을 연장시키는' 최선의 방책이었다.[3]

　특히 신화적인 조상으로는 왕들이 있었다. 당시의 역사가에 따르면, 프랑크 왕들 사이에서 전설적인 선조였던 파라몬드Pharamond와 메로베치Merovech는 각각 300년과 146년을 살았다고 한다. 샤를마뉴Charlemagne의 경우, 12세기의 『롤랑의 노래Chanson de Roland』에서는 롱스보 전투에서 이 젊은이가 '백발의 수염'을 가진 늙은이—비록 범상치 않아 보이기는 하지만—로 변했다고 적고 있다.

　　사실대로, 이교도는 말했다, 나는 참으로 놀랐네.
　　백발로 폭삭 늙어버린 샤를마뉴의 모습에,
　　장담컨대, 그는 200세도 더 넘었다네.

　샤를마뉴는 200세의 고령에도 원기왕성했다. 그는 비단 지혜로울 뿐만 아니라 신체적 강인함으로 자신의 권위를 드러냈다. 전투에서 그는 여전히 용맹스러웠다. 다시 한 번 장수와 신성함이 손을 맞잡았다. 왕은 신과 소통하고 신은 그의 기도에 응하여 기적을 일으켰으며, 천사 가브리엘은 그들의 중개자 역할을 했다. 신의 관심을 받는 살아 있는 전설로서 샤를마뉴는 장수의 신성화를 받아들여야 했다.

훈족의 왕 아틸라Attila의 사례는 더욱 흥미롭다. 서구의 입장에서 보면 그는 '신의 징벌'이었지만 헝가리인들 사이에서는 장수의 명부에서 빼놓을 수 없는 신화적인 조상이었다. 짐작컨대, 중세에 훈족은 마법의 세계에 존재하는 거의 환상적인 종족이자 지구 끝에서 온 사람들로 여겨졌다. 고대 훈족의 연대기에 의하면, 아틸라는 특정한 원형(왕족−남성−장수)을 그대로 따르면서 여색을 탐했으며 아주 오랜 세월 장수했다.

전승에 따르면, 아틸라는 124세에 사망했는데, 훈족 사이에서는 그리 많은 나이가 아니었다. 가령 아시아에서 부족의 우두머리였던 그의 아버지는 그의 죽음 후에도 여전히 생존해 있었다. 많은 나이에도 불구하고 아틸라는 젊음의 광채를 조금도 잃지 않았다. 그의 궁전은 수많은 여자들로 가득했다. 여자들의 수는 거듭된 결혼으로 점점 증가했다. 하지만 사랑은 왕에게 치명적인 결과를 낳았다. 또 다른 젊은 여인과 결혼한 다음날 아침, 그는 새 신부 옆에서 시신으로 발견되었다. 124세의 나이에는 좀 더 조심해야 했던 것이다.[4]

성 시몬과 아틸라가 포함된 집단은 다소 이질적인 것처럼 보인다. 하지만 그들은 공히 초자연적 능력을 가졌을 뿐만 아니라 보통의 교회, '국립' 교회, 프랑크 왕국, 헝가리 왕국 또는 서구 제국의 종교적 · 정치적 신화를 세우는 데 나름의 역할을 하고 있다. 영속성의 징표로서, 또 창조자와의 특별한 관계의 징표로써 장수는 그 중요한 의미를 더하고 있다.

젊음의 샘: 알렉산더 대왕부터 맨더빌까지

젊음의 샘은 장수에 대한 기독교화된 상징들 중에서 높은 곳에 위치한다. 젊음의 샘은 고대에도 널리 알려져 있었다. 하지만 기독교적 해석은 적어도 그 샘의 재생 특성에 대한 설명이 가능함을 의미한다. 성서에 따르면, 에덴에서 비롯된 강은 네 갈래로 분리되었다. 아마도 이 샘에는 천국의 호수로 연결되는 은밀한 경로가 있었을 것이다.

이 전설이 유명해진 것은 중세 유럽 전역에서 널리 읽힌 『알렉산더 이야기Romance of Alexander』의 영향이 컸다.[5] 이 책의 원본에는 전 세계(고대에는 그의 제국이 세계의 거의 전부를 지배한 것으로 알려졌다)의 황제가 되었던 젊은 마케도니아 왕 알렉산더의 생생한 모험이 실려 있다. 그의 이야기는 사실이었지만 신화적 영웅들의 위업과 비슷하게 전개되었으며 얼마 지나지 않아 이야기에는 많은 마법적인 요소들이 등장하기 시작했다. 『알렉산더 이야기』는 전문가들에게 골치 아픈 작품이었다. 저자(상사의 명령으로 죽임을 당했던 알렉산더의 공식 역사가 칼리스테네스의 이름을 사칭했음)가 알려지지 않았으며, 처음 기록된 시기(헬레니즘 시대인 BC 2~BC 1세기에서 로마 제국 시대인 AD 2~3세기 사이로 추정)도 불확실했기 때문이다. 고대 말엽과 중세에 그리스어 혹은 이집트어—원본은 불확실함—로 기록된 이 책은 무수한 판본을 낳았는데, 그 내용은 천차만별이었다. 알렉산더의 환상적인 정복 이야기는 경이로움(아시아와 인도에서 행해진 것으로 알려진 기적들)에 대한 중세 독자들의 갈증과 그들의 종교적 편견을 만족시켰다. 알렉산더의 아시아 원정이 지상의 천국에 가까이 다가간 것으로 여겨졌기 때문이다

(당시의 지도에서 천국은 동쪽 맨 끝에 위치하고 있었다).

가장 유서 깊은 그리스어 판에서는 태양이 비치지 않는 지역, 즉 세상의 끝자락에서 젊은 정복자가 어떻게 생명의 샘에 접근했는지를 설명하고 있다. 하지만 유감스럽게도 젊음의 샘의 기적을 입은 것은 알렉산더 자신이 아니라 그의 요리사였다. 요리사는 자신이 유혹하고 싶었던 알렉산더의 딸(사생아)에게 샘물을 한 모금 권유했다. 왕은 시기심에 불탔다. 온 세상을 정복했건만 어리석게도 불멸을 얻지 못했던 것이다. 그는 딸을 첩첩산중으로 추방하고, 요리사의 목에 맷돌을 매달아 깊은 바다에 처넣음으로써 잔인하게 복수했다. 물론 두 사람은 지금껏 살아 있는데, 소녀는 산의 괴물이 되었고 요리사는 바다의 괴물이 되었다.

이 대목에서는 기독교적 색채가 별로 보이지 않는다. 하지만 다른 사본에서는 샘과 관련된 천국의 실재가 좀 더 상세히 기술되어 있다. 가령 프랑스어 『알렉산더 이야기Roman d'Alexandre』(12세기에 쓰인 장문의 시)에서는 샘물의 기원이 천국의 강이라고 명백히 밝히고 있다. 그 샘물에 목욕한 사람은 아무리 나이가 많아도 서른 살(다시 말해, 예수의 나이이자 세상의 종말과 최후의 심판 이후 부활한 육체의 나이)로 다시 돌아갔다.

로마어로 각색한 판본(또 다른 그리스어와 세르비아어 사본에서 유래)은 엄청난 문화적 충격을 낳았다. '알렉산드리아Alexandria'라는 표제는 로마 땅에서 16세기부터 18세기까지 가장 널리 읽혀졌다. 이 책에서는 알렉산더가 도착한 섬에 관해 묘사하고 있다. 그 섬은 천연의 천국으로 남자들이 평화롭고 행복하게 지내고 있는데, 놀랍게도 그들은 완전한 나체이다. 여자들 또한 이채롭다. 안전을 위해 성벽으로 둘러싸인 근처 섬에 따로 살면서 일 년에 한 차례 남자들을 방문했다. 이런 각색 덕분에 섬사람들은 섹스의

천국의 섬에 도착한 알렉산더 대왕. 의자에 앉아 있는 섬의 통치자 발치에 젊음의 샘이 있다. 『알렉산드리아』, 루마니아어 판 『알렉산더 이야기』(1790년)에 실린 나스타스 네그룰의 삽화.

죄를 피할 수 있었다. 그들은 오직 아이를 낳기 위해서만 관계를 맺었기 때문이다. 이런 식으로 짝을 이룬 섬은 여기에서 처음 나타난 것이 아니다.

마르코 폴로의 이야기를 포함하여 중세 자료에 이러한 섬이 간간이 등장하는데, 뻔뻔하게도 마르코 폴로는 이런 섬을 방문했다고 주장했다. 남자들의 섬은 황제가 지배하고 있었으며 알렉산더는 동료로서 그를 방문한다. 알렉산더는 과일이 주렁주렁 매달린 나무 그늘에서 섬 주민들과 같은 모습으로 황금의자에 앉아 있는 황제를 발견한다. 황제의 발 밑에는 젊음의 샘으로 보이는 샘이 있다. 황제는 알렉산더에게 성서와 관련된 많은 이야기를 한다(황제와 섬 주민들은 아담의 아들 셋의 후손으로 알려지고 있다). 그리고 나서 황제는 귀중한 액체가 담긴 병을 건넨다. 그는 늙었을 때 병에 든 물을 마시면 서른 살로 다시 돌아간다고 말한다(하지만 알렉산더는 결코 늙지 않는 것으로 잘 알려져 있다). 여기 두 섬은 지상 낙원에 이르는 경로에 펼쳐진 무대였다. 그곳에서는 천국을 미리 맛볼 수 있었다.

하지만 가장 돋보이는 결말은 로마 민요(『알렉산더 이야기』를 완전히 개작한 몇몇 에피소드들이 전해진다)에 회자되는 이야기이다. 알렉산더의 원정이 끝날 무렵 황제는 천국의 문에 다다르지만 입장을 거부당한다. 그러나 다른 판본에서는 어떤 노인 또는 치품천사(천사의 9계급 중 제1계급의 천사-옮긴이)가 그에게 '생명의 물'(로마 민요의 또 다른 공통점으로 죽은 자를 되살리며 영원한 생명을 가능케 하는 물)을 권한다. 알렉산더는 제의를 거부하며(그는 영생이 얼마나 큰 부담인지 알고 있었다), 자신의 말 두키팔에게 물을 내준다. 그리하여 두키팔은 또 다른 알렉산더를 기다리며 지금껏 살아 있다.

수세기 동안 서구는 멀리 지평선 너머를 꿈꾸며 스스로 닫혀 있었다. 이윽고 서구인들이 세상을 탐험하고 정복하는 시기가 도래했다(중국과 인도에 이르는 길을 따라 처음에는 십자군이 등장했고, 나중에는 아메리카 대륙의 발견자들이 등장했다). 그 과정에서 여행자와 상인과 선교사들은 실제로 많은 장소와 사람들을 접했는데, 그들은 자신들의 문화에 등장하는 상상 속의 지리와 현실의 지리를 결합시켰다. 하지만 그들은 자신들이 실제로 목격한 것보다 머리 속으로 상상한 것을 더 신뢰했다(실제로 모든 여행에서 이런 상황이 발생했다. 사람들은 선입견을 가지고 세상을 바라보았다.) 물론 그들이 찾아 나선 곳 중 하나는 세상의 동쪽 끝에 위치한 지상 낙원이었다. 현실의 지리를 줄곧 상상의 지리(아메리카를 극동으로 그 거주민을 '인도인'으로 착각했다)로 판단했던 콜럼버스는 오리노코 강 어귀에서 천국에 근접했다고 생각했다(그는 적도의 울창한 숲과 거대한 강을 천국의 존재를 입증하는 증거로 간주했다).

천국에 이르는 경로를 따라간 여행객들은 천국의 수원지에서 흘러나오는 젊음의 샘을 만나게 되었다. 이 샘물을 맛볼 기회를 가졌던 한 인간이 바로 장 드 맨더빌Jean de Mandeville이다. 적어도 그 자신을 그렇게 말했다.

맨더빌은 무척 신비한 성격의 소유자였다. '원칙적으로' 영국인(존 맨더빌)이었지만 실제 생활 무대는 프랑스였다. 게다가 여행자로서 그의 명성은 의문투성이다. 그가 자신의 집을 나섰다 할지라도 그가 도착한 곳은 기껏해야 예루살렘과 중동쯤이었을 것이다. 중세의 천지학天地學 방식으로 상세한 '세상의 이미지'를 전하고 있는 그의 『여행기Voyages』(1356년경 프랑스어로 저술)는 온갖 지어낸 이야기들로 가득하다. 다만 한 가지 분명한 사실은 그의 작품이 눈부신 성공을 거두었다는 것이다(250종의 필사본이 확인될 정도로 중세의 진정한 베스트셀러였다. 당시에 세속적인 작품들은 100종의 사본을 넘기는 경우가 극히 드물었다).[6]

맨더빌에 따르면, 유명한 샘은 인도에서 발견되었다.

산기슭에 온갖 종류의 향료 냄새와 맛이 나는 맑고 풍부한 수량의 샘이 있었다. 샘의 향과 맛은 순간순간 변했다. 공복에 세 차례 이 샘물을 마시면 누구든 만병을 치유할 수 있다. 또한 근처에 살면서 수시로 샘물을 마신 사람들은 절대 병에 걸리지 않으며 영원한 젊음을 간직한 것처럼 보인다. 서너 차례 샘물을 마시고 나서 나는 한결 건강해진 느낌을 받았다. 어떤 사람들은 그 샘을 젊음의 샘이라 부른다. 샘물을 마신 사람들은 항상 젊음을 유지했으며 평생 병에 걸리지 않았기 때문이다. 이런 효험 때문에 이 샘은 지상 낙원에서 흘러나왔다는 설이 있다.

맨더빌은 알렉산더의 존재를 확고히 했고, 알렉산더는 맨더빌의 주장을 뒷받침했다. 게다가 젊음의 샘을 자신이 직접 두 눈으로 보았고 자신의 입으로 마셨다는 한 여행자의 설명을 중세의 어느 독자가 의심했겠는가?

다른 세계: 아일랜드의 경우

불멸을 얻는 가장 확실한 방법은 죽는 것이다. 그럼으로써 죽음이 존재하지 않는 세계로 옮겨갈 수 있기 때문이다. 하지만 이것이 바로 불멸을 갈망하면서 안게 되는 딜레마이다. 즉 죽음을 거치지 않고 어떻게 불멸을 획득하느냐가 문제가 되는 것이다. 하지만 죽음은 하나의 문화에서 다른 문화로 옮겨가는 과정이 아니다. 그리스에서 죽음의 신 하데스는 '그림자'의 상태로 점점 줄어들어 결국 기쁨 없는 존재가 되고 만다. 한편 응분의 보상을 소망하는 기독교에서도 어느 정도 불이익이 따랐다. 죽음의 초기 단계에서 육체와 영혼의 고통스러운 분리가 있었다. 그리고 나서 죄인들에게는 영원한 고통이, 죄 없는 자들에게는 고결한 기쁨이 찾아왔다.

켈트족은 뭔가 더 나은 것을 발견했다. 아일랜드 전승을 통해 나타난 그들의 믿음은 좀 더 인간적이었다. 장애물은 최소한으로 줄어든 반면 건너는 지점은 늘어났다. '시드sid'—내세를 의미하는 아일랜드 단어로 마그 멜 Mag Mell(기쁨의 평원), 티르 타임기레Tir Taimgire(약속의 땅), 티르 나 노그 Tir na nóg(영원한 젊음의 땅)로도 알려져 있다—는 주로 아일랜드 서쪽에 있는 대양 건너의 땅(섬)으로 알려져 있다. 하지만 근처의 언덕이나 호숫가에 위치하기도 했다. 시드는 우리의 공간적인 규칙에 얽매이지 않고 여기저기 흩어져 있는 세계였다. 때로는 강을 건너거나 동굴 속에 들어가기만 해도 시드의 입구에 이르렀다.[7]

어쨌든 그곳의 분위기는 완벽 그 자체였다. 모든 사람들, 특히 멋진 여자와 훌륭한 음식을 음미할 줄 아는 사람들의 소망이 그대로 실현되었다. 시드가 금욕적인 공간으로 묘사될 리 없었다. 훗날 관능성은 기독교의 영향으로 약화되었지만 완전히 사라지지는 않았다. 기독교의 계획은 이 편안한 천국에 특유의 고결함과 성스러움을 가미하는 것이었다. 이런 변형은 6세기 아일랜드 수도사 성 브렌던St Brendan(켈트족의 성인으로 전설적인 대서양 항해의 주인공—옮긴이)의 항해에 이미 등장하였다. 브렌던과 동료 수도사들의 대서양 항해에 관해서는 그보다 훨씬 뒤인 10세기경에 쓰여진 소설에 잘 묘사되어 있다. 오랜 항해 끝에 그들은 낙원의 섬에 도착하지만 출입을 허락 받지 못한다. 그때 먼 곳에서 천사들의 합창 소리가 들려온다.

인간 세계와 다른 세계 사이에서 연속적으로 다양한 사건들이 벌어진다. 때로는 매혹적인 여인들이 등장하여 남자들을 영원한 젊음의 땅으로 이끈다. 아일랜드의 가장 유명한 영웅 오이신Oisín에게 벌어진 사건이 바로 그것이다. 사냥하러 나간 오이신은 백마를 타고 내세에서 온 젊고 아름다운 여인 니암Niamh과 마주친다. '젊음의 땅'에 도착한 그들은 결혼하여 아들 둘과 딸 하나를 낳는다. 세월은 흐르지만 멈춰 있는 듯했다. 그곳에서 시간은 영원했기 때문이다. 특히 바다를 항해하다가 내세에 도착하는 경우가 많았다. 가령 브란Bran은 항해하면서 목적지인 '여인들의 섬'에 도착했다. 아일랜드의 왕이었던 브란은 그 유명한 섬을 찾아 27명의 동료들과 함께 모험에 나선다. 섬을 발견한 그들은 좋은 친구를 사귀며 한동안 그곳에서 시간을 보낸다. 마엘 두인Mael Dúin과 17명의 동료들도 유사한 항해를 했다. 저마다 고유한 특징을 가진 33개의 섬을 방문한 후 그들은 여인들의 섬에 당도한다. 그들은 여왕과 17명의 공주들의 영접을 받는다. 그 이후로는 뻔한 상황이 전개된다. 육체적 쾌락과 식도락이 연속적으로 이어지는 것이다.

임람Imram('소동'을 의미하는 임라마imrama의 복수형)은 아일랜드어로 내세를 향한 항해를 지칭한다. 삶의 두 단면 사이에 맺어진 밀접한 관계는 죽음의 개념을 서서히 사라지게 하는 수준으로 희석시키고 있다. 죽음은 단절이 아니라 더 나은 존재를 향한 삶의 연장선으로 보인다. 시신은 더럽혀지기는커녕 삶의 기본적인 쾌락인 달콤한 음식과 사랑이 충만한 곳으로 초대받는다. 축복 받은 자들의 이런 섬들은 내세와 현세에 동시에 위치하고 있다. 경계는 거의 사라지고, 해석은 활짝 열려 있다. 여기서 기술되는 내세의 삶은 세상의 다른 곳에서 전개되는 세속적인 삶의 연장처럼 보인다. 그곳은 더 이상 시간의 지배를 받지 않는다. 죽음은 간단히 여정으로 대치된다.

하지만 다른 논리로 형성된 공간에 머무는 것은 여행자들에게 약간의 문제를 안겨줄 수 있다. 그곳이 완벽한 세계임은 의심의 여지가 없다. 하지만 그 완벽함이 다소 지나친 느낌이다. 인생에서 소금과 같은 역할을 하는 예기치 않은 상황이 완전히 배제되어 있는 것이다. 마치 동일한 영화를 영원히 보여주는 격이다. 그 결과 우리의 영웅들이 자신이 떠나온 세상을 다시 기억하는 시기가 찾아온다. 향수를 이기지 못한 그들은 무료함을 달래주는 친구들의 품에서 벗어나 고향으로 여정을 꾸린다. 오이신, 브란, 마엘 두인과 그들의 동료는 모두 고향 땅으로 귀환한다.

귀향길에도 위험이 뒤따른다. 내세에서는 시간이 다른 의미를 갖는다. 그곳에 잠시 머무는 동안 현세에서는 수백 년의 시간이 훌쩍 지나갔을지도 모른다. 다음은 오이신의 귀향 이야기다.

300년 후 오이신은 백마를 타고 아일랜드로 귀환한다. 그가 돌아오기 전에 니암은 그에게 말에서 내리지 말라고 경고했다. '만약 당신이 말에서 내리면 쪼그라든 눈 먼 노인이 될 거예요.' 귀향길에 오이신은 알무(킬데어 군郡의 앨런 언덕)

의 유명한 피아나 성채가 무방비 상태로 온통 잡초로 뒤덮여 있는 것을 발견했다. 얼마 후 위클로 군의 글렌나스몰('지빠귀 골짜기')에 이르자 한 무리의 사내들이 마차에 커다란 돌덩이를 싣는 일을 도와 달라고 그에게 부탁했다. 그는 도움을 주기 위해 허리를 굽혔다. 그런데 갑자기 고삐가 흔들리면서 오이신은 바닥에 떨어졌다. 그 순간 백마는 다른 세계로 돌아갔고, 오이신은 노인으로 변했다.[8]

아일랜드의 임라마만큼 풍부하고 일관성 있는 민간설화도 없을 것이다. 하지만 다른 전설에서도 유사한 이야기가 전해지고 있다. 13세기경 북부 이탈리아에서 쓰여진 원본(구전을 이용하고 채택함)에 따르면, 한 노인의 인도를 받은 젊은 군주가 천국과도 같은 매혹적인 땅으로 항해를 떠난다. 그는 시간의 경과에 영향을 받지 않은 채 300년 동안 그곳에서 행복한 나날을 보낸다. 하지만 고향으로 다시 돌아온 그는 옛 장소들을 알아보지 못한다. 한때 그의 성이 위치했던 곳에는 수도원이 자리잡고 있었다. 그의 가족들도 모두 세상을 등진 후였다. 현세로 돌아온 젊은이는 금세 늙어 죽는다.[9]

루마니아에서도 유사한 이야기가 전해지고 있다. 다만 기독교적 요소가 빠져 있다는 것이 다를 뿐이다. 사실 이것은 더 오래 된 민간전승임을 보여주는 증거이기도 하다. 황제의 아들이 노년과 죽음이 존재하지 않는 곳을 찾아 여행을 한다. 목적을 성취한 그는 요정과 결혼하고 나서 근심 없는 행복한 나날을 보낸다. 그러던 차에 가장 가깝고 다정한 사람들이 불현듯 기억에 떠오른다. 그는 그들을 다시 보고 싶은 마음을 주체할 수 없게 된다. 마침내 그는 고향을 찾아간다. 시간은 또다시 쏜살같이 흘러간다. 순식간에 늙어버린 우리의 영웅은 결국 왕궁의 폐허에서 죽음을 맞는다.[10]

로저 베이컨의 시대

중세 말기(12~13세기)는 이전 시대와 다소 차이를 보인다. 르네상스와 초기 근대 시기의 조짐이 보였기 때문이다. 인구통계학적 · 기술적 · 문화적 성장의 시대였던 당시에 서구 사회는 전 세계의 운명을 오늘날을 향해 나아가게 만든 발전과 확장을 시작했다. 신학은 여전히 지배력을 가지고 있었지만 좀 더 과학적인 탐구로 그것을 결합시키려는 뚜렷한 시도가 전개되었다. 고대 그리스와 로마 교본들이 다시 유통되었으며, 상대적으로 유럽보다 발달되었던 아랍 과학의 영향력이 더욱 강세를 보였다(이런 과학은 한편으로 고대 그리스 자료에 크게 의존했고, 다른 한편으로는 연금술과 점성술과 마법으로부터 얻는 특정 절차에 의존했다. 아무튼 아랍이건 유럽이건 중세의 과학적 사고를 획기적으로 '근대화' 시키려 했던 시도를 인지해야 한다).

구체적으로 드러난 사실에 대한 믿음은 관찰과 실험을 통해 숨겨진 사실을 찾으려는 노력과 점점 더 조화를 이루었다. 장수의 주제와 관련하여 성경은 여전히 기초 자료로 남아 있었다. 하지만 히포크라테스, 갈레노스, 아비세나Avicenna(980~1037년. 위대한 아랍 의사 이븐 시나Ibn Sina의 유럽식 이름. 그는 히포크라테스와 갈레노스의 제자였으며, 그의 저서 『의학 정전Canon of Medicine』은 수세기에 걸쳐 유럽의 의학 실습과 교육에 두루 쓰였다)의 저서를 통해 얻은 순수한 의학적 지식이 이미 성경을 대체하고 있었다.

연금술은 서구의 새로운 지식 분야에서 눈에 띄는 위치를 차지하고 있었다. 맨 처음 이 기술을 사용한 사람들은 중국의 도교주의자들이었다. 연금술은 인도와 헬레니즘 세계, 특히 이집트(고대 말)에 널리 알려졌다. 이 기술은 이집트에서 다시 아랍으로 전해졌으며, 유럽인들이 아랍의 과학과 철학을 발견했던 12세기에 유럽에 전해졌다(실제로 아랍을 통해 잊혀졌던 고대 그리스 자료를 찾을 수 있었다). 13세기에 연금술은 이미 서구에서 유행하고 있었으며, 16세기까지 맹위를 떨쳤다.[11]

연금술은 금욕주의의 기교이자 형식이다. 그 지지자들에게 성분의 변화(금을 찾는 탐색)는 훨씬 더 미묘하고 야심적인 계획의 물질적 특성일 뿐이었다. 그 계획의 목적은 인간 정신을 변화시켜 인간 존재의 정화와 변형을 가져오는 것이었다. 연금 야금술(이 기술의 대표적인 상징은 금과 수은이었다. 수은은 진사辰砂에서 추출했으며, 붉은 유황은 상징적으로 혈액과 유사했다)은 변신을 보조하는 수단이었다. 연금술 연구자들의 최고 목표는 현자의 돌(중세의 연금술사들이 비금속을 황금으로 바꿀 수 있는 재료가 있다고 믿고 거기에 붙인 명칭—옮긴이)과 그것을 액화시킨 영약이었다. 이 두 가지는 절대자와 인간 조건의 변화를 위한 수단을 제공하는 것이었다.

도교에서는 연금술을 장수를 위한 탐색, 즉 불로장생과 연계시켰다. 좀 더 신중했던 아랍인들은 그것의 의학적 적용(질병 치료)에 집중했다. 하지만 서구인들은 더 많은 것을 원했다. 유럽 연금술사들의 야망은 중국 연금술사들만큼 원대한 것이었다. 14세기에 그들은 장수하는 '초인'을 창조하는 '아르스 마그나Ars magna'(위대한 작업)라는 개념을 개발했다. 연금술사들은 인류의 타락 이전의 아담과 최후의 심판에서 하느님의 선택을 받은 선민選民들처럼 인간 조직을 '영광스런 육체'로 변화시킴으로써 죽음을 경험하지 않고서 부패하는 육체에서 벗어나기를 소망했다. 교회와 명백한 선을 긋지 않은 연금술사들은 과학과 신학 사이를 넘나들었다.

'경이로운 박사'로 일컬어진 영국의 프란체스코회 수사 로저 베이컨

Roger Bacon(1220년경~1292년 이후)에 따르면, 이런 혼란스런 정황은 의심의 여지없이 독창적일 뿐 아니라 시대 정신이 반영된 결과였다. 불순응주의자였던 베이컨은 실험 방식에 기초한 열린 과학을 지지했다. 그의 글(가장 중요한 글은 그의 저서 『대서大書Opus majus』에 종합되어 있다)은 신학적이면서 동시에 과학적인 접근법을 주장하고 있다. 여기서는 전통적인 마법과 연금술에 대한 고찰과 함께 근대화의 씨앗을 확인할 수 있다. 베이컨은 인간 능력으로 자연의 비밀을 발견하고 이용할 수 있다고 확신했다. 그의 작업은 서구적 태도에서 개인주의적 · 자발주의적 측면─ '파우스트적' 요소─과 일치하고 있다.

베이컨은 장수 분야에서 최초로 주요한 개인적 공헌을 했다는 점에서 '장수학'의 아버지로 불러도 손색이 없다.[12] 앞에서 살펴본 것처럼 장수와 관련된 전통과 가설과 방법에는 부족함이 없었다. 하지만 베이컨은 성경의 전통을 존중하면서 동시에 실용적 · 실험적 측면을 고려하는 접근법을 사용하면서 이런 지식을 학문 분야로 구축하려고 애썼다. 장수에 관한 그의 연구는 최초 인간의 완벽성에 대한 향수를 암시할 뿐 아니라 태초의 우수성을 회복할 수 있는 방안도 지적하고 있다. 만약 태초의 인간이 오랜 기간 장수했다는 사실을 종교가 입증한다면 과학은 이런 초기 상태를 복구할 수 있을 터였다.

「예술과 자연의 경이로운 능력에 관한 편지Epistola de secretis operibus naturae et artis」라는 제목의 에세이에서 베이컨은 인간이 불멸의 존재로 계획되었다고 주장했다. 인류의 타락 이후에 인간은 이런 불멸의 상태를 상실했다. 하지만 원죄의 출현 이후에도 평범한 인간은 근 1,000년 동안 생존했다. 이것은 현재 단축된 수명이 단순한 사고, 즉 부실한 건강과 그릇된 윤리적 질서의 소산임을 의미했다. 인간은 온갖 무례한 행동으로 말미암아 생물학적 자산을 파괴하는 결과를 낳고 말았다. 따라서 인간의 수명을 1,000년이라는 자연적 한계에 근접시키는 방법을 고안하는 것은 절대 무리한 행동이 아니다(강력한 유전의 영향력을 감안하면 1,000년에 조금 못 미칠 수 있다).

그러나 장수에 관한 베이컨의 저서에서 혁명적인 논거를 찾으려는 사람은 누구든 실망할 수밖에 없다. 이런 논거는 분명 좀 더 혁신적인 그의 공헌에는 속하지 않기 때문이다. 논박을 위해 그는 지나치게 '전거典據'에 의존했다. 하지만 신화적인 과제는 오직 신화를 통해서만 충족될 수 있을 뿐이다. 물론 13세기의 수도사에게 현재의 과학자들도 감당할 수 없는 문제 해결을 부탁한다는 것은 불가능한 일일 것이다.

베이컨은 착실하게 체액 이론을 채택했다. 그리스와 아랍의 교사들처럼 그 역시 육체가 노화되면서 열기와 수분을 상실한다고 생각했다. 이것은 최대한 효과적으로 지연시켜야 할 과정이었다. 해결책은 좀 더 건강한 신체에 있었다. 그러기 위해서는 음식 재료, 휴식, 활동, 열정, 인간 관계가 환경과 자연스런 균형을 유지하도록 하는 것이 중요했다.

베이컨은 '노년의 치료'와 '젊음의 보존'에 관한 연구에 몰두했다. 그는 고기, 달걀 노른자, 적포도주를 위주로 하는 식이요법을 추천했다. 이보다 훨씬 이색적인 처방도 있었다. 아비세나의 영향을 받은 것으로 소금물에 독사를 끓이는 방식이 그런 것이다. 삶은 독사는 적포도주를 곁들여 먹었다.

그런데 베이컨의 방법론은 아주 원대했다. '경이로운 박사'의 야심은 연금술사들의 궁극적인 목표이기도 했던 현자의 돌이나 영약을 발견하는 것이었다. 베이컨은 이런 신조에 따라 몇몇 해결책을 고안했다. 몇몇 특정한 사실들이 그의 연구의 기반이 되었다. 가령 '수사슴과 독수리와 뱀이 식물과 돌의 효능을 통해 다시 젊어진다'는 것은 자연의 '비밀'을 보여주는 증거였다. 시칠리아의 보잘것없는 한 농부가 경험한 기적을 대표적인 예로 들 수 있다. 그 농부는 우연히 액체가 담긴 황금 사발을 발견했다. 액체를 이슬로 생각한 그는 얼굴을 씻고 액체를 조금 마셨다. 그 순간 그의 육체와 정신이 다시 새롭게 변했다. 아주 현명해진 그는 시칠리아 왕의 사절로 임명되었다.

사라센인들에게 사로잡혔던 한 게르만인의 사례도 있다. 사라센인들이 건넨 영약을 마신 그는 500년 이상 생존했다. 아랍인들은 뛰어난 학자와 연금술사로서 명성이 자자했다. 그들 중 아르테피우스Artephius라는 라틴 이름으로 알려진 뛰어난 연금술사는 동물과 약초와 광물의 비밀에 해박했으며 1,025세까지 장수했다(므두셀라보다 더 오래 살았다).

그런가 하면 흰 사슴을 찾아 나섰다가 고약을 발견한 영국 숙녀의 사례도 있다. 그녀는 발바닥을 제외한 온몸에 고약을 발랐다. 그녀는 발의 통증(이 약점은 아킬레우스 발뒤꿈치 사례의 가벼운 변형판임을 시사한다)을 제외하고 아무런 질병 없이 300년을 장수했다. 이런 사례가 사실이고, 이런 치료약이 존재한다면 인간의 수명을 몇 곱절 늘리는 것은 결코 허황한 계획이 아닐 것이다.

베이컨이 주장하는 신비로운 처방 목록에는 일곱 가지 기본 요소들이 포함되어 있다.

첫 번째는 땅속에 묻혀 있으며 황금을 통해 발현된다. 두 번째는 바다에서 발견되며 진주 속에서 물질적 특성을 갖는다. 세 번째는 허물벗기를 통한 재생 능력을 가진 것으로 알려진 뱀으로 대지 위를 기어다닌다(건강과 장수를 위해서라면 독사를 먹는 것이 최고다. 이보다 더 좋은 음식은 에티오피아 용이지만 유럽인들이 그 용을 만나기란 하늘에 별 따기다. 에티오피아인들이 놀랄 만큼 장수하는 것도 그 때문이다). 네 번째 요소는 오랫동안 치료와 재생 능력을 가진 것으로 알려진 로즈메리로 허공에서 자란다. 다섯 번째는 가장 고귀한 동물의 생명력, 좀 더 정확히 말하자면 건강한 젊은이들의 체열이나 숨결(다윗 왕의 방법에서는 특히 여성이 효과가 있었다. 갈레노스에 따르면, 어린아이나 통통한 강아지를 배에 갖다 대는 것만으로도 효과가 있었다)을 통해 활동한다. 여섯 번째는 장수로 유명한 동물에게서 얻은 산물에서 발견된다. 여기서는 수사슴을 말하는데(고대 저자들에 따르면, 수사슴은 오랜 세월 장수하는 동물이었다) 그 심장에서 발견되는 뼈를 의학적으로 활용한다. 일곱 번째이자 마지막 요소는 인도에서 가져온 알로에이다. 이런 처방에서 딱히 새로운 것은 없다. 베이컨이 독서를 통해 얻은 정보이기 때문이다. 하지만 그에게 '과학적' 목적은 그것들을 결합시켜 최고의 효능을 얻을 수 있는 약을 조제하는 것이었다.

혹자는 이것이 과학이 아니라고 주장할지도 모른다(하지만 과학은 단일한 것이 아니라 각 시대에 고유한 과학을 가지고 있다는 점에서 복합적이다). 물론 '실험 과학'과는 거리가 멀어도 한참 멀다. 베이컨은 장수에 관한 자신의 '실험'이 순전히 머리 속에서 만들어진 것이라고 했다. 현대 과학의 시각으로 판단하자면 그의 해법은 분명 비과학적이다. 하지만 그의 의도는 놀라우리 만치 현대적이다. 로저 베이컨 덕분에 장수는 일종의 행동 전략으로 통합되었다. 이제 구상 가능한 것은 사실로 실현될 것이다. 종교는 그 방식을 제시하고 있지만 그것은 어디까지나 인간의 행동에 달려 있다. 요컨대 근대의 과학적 도전은 이 특이한 수도사와 함께 시작되었다.

제3장

육체의 부활: 르네상스

교차하는 흐름

르네상스는 다양한 조류가 교차하는 다소 혼란스런 시기이다. 일반적으로 르네상스는 근대의 전조로 여겨지지만 동시에 중세의 연장이기도 했다. 아울러 고대의 거울과 같은 역할도 했다. 르네상스의 예술가와 학자들은 가능한 한 고대의 문화적 모델에 근접하려고 애썼다.

중세에는 지상의 존재보나 신의 왕국에 더 많은 중요성을 부여했다. 반면 근대는 신에게서 점점 멀어져가며 이런 흐름에 역행하는 시대였다. 르네상스는 천상과 지상, 인간 존재와 신의 섭리, 자유 의지와 숙명 간의 조화를 시도하면서 상반되는 이 두 흐름 사이에서 징검다리 역할을 했다. 중세로부터 멀어지게 한 것은 자유와 개성에 대한 갈증이었다. 당시에 인간 신체는 가장 특징적인 상징 가운데 하나이며, 예술가들이 선호하는 주제였다. 그들의 그림은 중세의 종교 예술과 대조적으로 '육체의 승리'를 구현하고 있었다. 이런 상황에서 젊음과 장수는 영혼의 구제 못지 않은 중요한 가치로 여겨졌다. 물론 영혼 구제도 여전히 중요한 문제였다. 르네상스는 인문주의뿐만 아니라 종교에도 열정적이었다. 자유와 개인주의의 신장을 제외하면 아직은 종교적 영역이 지배적이었다. 하지만 중세의 통일성은 교회의 확산(프로테스탄트 개혁 포함)이나 점성술과 연금술 같은 독립적인 연구의 증가로 표현되는 다양성에 자리를 내주고 있었다. 동시에 근대의 합리주의에 도달하기까지는 아직 갈 길이 멀었다. 그 결과 장수와 불멸에 대한 '초자연적인' 접근법이 여전히 성행하고 있었다.

코르나로

르네상스와 함께 장수에 대한 탐색은 위대한 스승을 발견했다. 그의 이름은 로도비코 코르나로Lodovico Cornaro이다. 그는 1467년에 저명한 베네치아 가문에서 출생했다. 젊은 시절 그는 허약한 체질을 타고났으면서도 무절제한 생활을 했다. 그 결과 40세가 채 되기도 전에 건강을 망쳤다. 이 무렵 임박한 죽음을 감지한 그는 생활방식을 완전히 쇄신하는 영웅적인 결단을 내렸다. 그는 인생 전반부와 정반대의 생활을 시작했다.

그는 진수성찬 대신 엄격한 식이요법을 선택했다. 그가 아침부터 저녁까지 입에 댄 새로운 음식은 12온스의 딱딱한 음식과 14온스의 식수(각각 350그램과 400그램)가 전부였다. 그것은 간신히 생존할 정도의 식사량이었다. 그런데 기적이 발생했다. 일찍 늙어버린 사내가 다시 젊어지기 시작했던 것이다. 그는 딱 한 차례 자신의 식이요법에서 조금 벗어난 적이 있었다. 엄격한 식이요법에 흥미를 느낀 친구의 충고에 따라 코르나로는 자신의 메뉴에 2온스씩을 추가하여 14온스의 딱딱한 음식과 16온스의 식수로 식단을 짰다. 그러자 그의 몸이 아파 오기 시작했다. 그는 곧바로 평소의 식이요법으로 돌아갔다.

코르나로가 선택한 방식은 절제였다. 해가 거듭될수록 그의 건강은 점점 호전되었다. 83세의 나이에 그는 자신의 건강을 이렇게 평가했다. '나는 흠잡을 데 없이 건강한 상태이다. 타인의 도움 없이 말에 오를 수 있으며, 계단은 물론 언덕까지 오를 수 있다. 나는 근심이나 걱정 없이 즐겁고 편안하며 만족스럽다.'

코르나로는 온 세상에 이 사실을 알려야겠다는 생각에 글을 쓰기 시작했다. 1550년에 그는 절제의 덕목과 동일한 주제의 다른 세 덕목을 칭송하는 첫 번째 에세이를 집필했다. 그의 책은 1558년 이탈리아의 파도바에서 『절제에 대한 논고Discorsi della vita sobria』라는 제목으로 출간되었다. 저자의 나이는 이미 91세였다. 자신의 방법론의 정당성을 이보다 더 여실히 증명할 수도 없을 것이다. 그는 근 100세까지 장수했다. 이것은 물론 신화적인 기록과 현격한 차이를 보인다. 하지만 젊어서 요절할 뻔했던 한 사내에게 이것은 죽음을 극복한 대단한 승리가 아닐 수 없었다.

코르나로의 태도는 지극히 현실주의에 입각해 있었다. 그 목적은 신화의 영역으로 비상하는 것이 아니라 우리가 현실적으로 소유하고 있는 것을 견고히 하는 것이었다. 다시 말해 므두셀라의 업적을 모방하는 환상을 품는 대신 자신의 건강을 관리하며 최대한 수명을 연장하는 방식이었다. 그의 접근법은 평범한 삶의 한계를 넘으려는 시도가 아니었다. 일상적인 질병에서 벗어나 건강하게 장수하는 것이 그 목적이었다.

하지만 코르나로의 계획에 신화적인 특징이 전혀 없었던 것은 아니다. 그는 수도사와 성인들이 실천에 옮겼던 것과 유사한 금욕주의를 옹호했다. 그는 나름대로 일종의 비물질화를 지지하는 사람이었다. 하지만 그는 천상을 바라보면서 동시에 지상도 바라보았다. 그는 영혼과 육체의 구원을 모색했다. 이 둘 사이에는 그 어떤 모순도 존재하지 않았다. 역설적이게도 그에게 즐거운 삶을 제공하고 내세로의 여행을 보다 잘 준비하게 해준 것은 금욕주의였다.

많은 사람들이 두 곱절의 인생을 살아가는 나를 보고 감탄을 금치 못한다. 내 행동은 지상의 삶이지만 내 생각은 천상의 삶을 살아가고 있다. 천상의 삶은 기쁨으로 나를 충만케 한다. 하느님의 선함과 은총 덕분에 영원한 기쁨을 누리고 있음이 분명하다. 나는 절제의 보답으로 지상의 삶을 향유하고 있다. 이것은 악덕에서 벗어나 덕으로 충만한 하느님의 뜻에 합당한 삶이다.

절제는 누구에게나 가능한 덕목이다. 일단 절제를 선택하면 세상이 달라질 것이다. 그들은 120세까지 장수했던 교회 신부들을 닮아갈 것이다. '현재 많은 사람들이 병들고 슬퍼하고 권태를 느끼고 있지만 그들은 신부들처럼 기적을 행하고, 건강해지고, 기쁨으로 충만할 것이다.' '이런 삶과 함께 한다면 얼마나 멋지고 즐거운 세상이겠는가!

코르나로는 육체적인 장수와 영혼의 불멸에서 조화로운 결합을 이루고자 했다. 하지만 그의 전략은 지상의 삶에 최대한 가치를 두는 것이었다. 장수를 위한 탐색의 세속화는 파급 효과가 있었다. 지상의 삶이 내세의 삶만큼 관심을 끌게 되었던 것이다. 지상의 삶은 그 자체로 이미 좋은 것으로 간주될 수 있었다. 코르나로는 지상의 삶에 대한 동시대인들의 갈망을 나름대로 표출했던 것이다.

노년의 향상과 삶의 연장에 대해 관심을 보인 사람은 그만이 아니었다. 이 무렵 실용적인 조언들로 가득한 '장수에 대한 지침' 들이 속속 등장하여 세인들에게 알려졌다. 이런 유형의 움직임(16세기에 시작된 움직임)은 시대에 맞서는 투쟁에 대한 각별한 관심과 사회 일반의 '민주화' 를 상징하는 것이었다.

과감한 수단들

몇몇 사람들은 코르나로의 적당한 권고보다 더 과감한 수단들을 선호했다. 물론 그들의 목표는 베네치아 금욕주의자의 100세보다 더 오래 장수하는 것이었다.

연금술은 16세기에 절정에 이르렀다. 기적적인 해법에 굶주려 있던 근대 초기에 영약의 조제법이 가장 성행했던 것이다. '로저 베이컨에게 많은 문제들을 안겨 주었던 중세 신학의 걸림돌' 에서 벗어나 연금술 옹호자들은 주저하지 않고 위대한 술법Ars magna과 육체적 불멸을 찾아 나섰다.

매혹적인 사례로는 파라셀수스Paracelsus(1493~1541년)가 있다. 르네상스의 절묘한 결합 속에서 그는 의사이자 연금술사였고, 과학자이자 마법사였다. 파라셀수스는 늘 생명의 비밀을 찾아 나섰으며, 생물학적으로 완벽했던 최초의 인간으로 복귀하기를 희망했다. 그는 코르나로가 힘들게 달성한 100세의 장수를 비웃으며 장수에 관한 확고한 개념을 피력했다. 사실 그의 주장은 베이컨의 주장과 유사했다. 『장수De vita longa』라는 논문에서 그는 진정한 장수는 900년 내지 1,000년—최소한 600년—쯤은 되어야 한다고 기술했다. 최초의 인간은 금속과 광물과 마법 공식의 특성 같은 후세에 잊혀진 은밀한 법칙을 알고 있다고 생각했다. 신학적 관점에서 장수를 인용한 파라셀수스의 탐색은 실용적이었다. 또한 더 나은 결과를 가지고 그리 까다롭지 않은 요구를 한다는 점에서 코르나로의 방법보다 훨씬 바람직해 보였다.

16세기는 점성술과 위대한 점성술사 노스트라다무스Nostradamus(1503~1566년)의 시대이기도 했다. 장수에 대한 보조수단으로 사용된 점성술의 경우 인간의 삶은 별의 움직임과 일치하는 것으로 여겼다. 17세기에 브란덴부르크 선제후選帝侯의 궁전에서 노스트라다무스는 행성의 해로운 영향에서 벗어나려면 자신에게 호의적인 별들과 조화를 이루도록 장소를 계속 옮겨 다니고 음식과 음료를 바꾸어야 한다고 자신의 손님들에게 조언했다.[1] 그는 이런 식으로 죽음과 삶을 영원히 속일 수 있다고 말했다. 불행한 자들이 말 그대로 자신의 운명을 피하려고 끊임없는 숨바꼭질을 하는 격이었다. 하지만 한순간의 부주의로 별점에 사소한 실수라도 생기면 죽음이 바로 그들을 낚아챘다!

아메리카의 경이

이 무렵 서구인들은 아메리카를 발견했으며 전 세계를 여행했다. 하지만 여행자들은 고대 문화에 깊이 물들어 있었기 때문에 자신이 직접 목격한 것보다 그리스 철학자들을 더 신뢰하려 했다. 그 때문에 콜럼버스는 죽는 순간까지 자신이 얼마나 엄청난 발견을 했는지 깨닫지 못했다. 그는 아메리카의 존재를 믿지 않았다. 고대인들이 상상했던 지리에는 아메리카가 표시되어 있지 않았기 때문이다.

고대인들은 세상의 끝에 전설적인 사람들과 온갖 종류의 신기한 물건들이 존재한다고 생각했다. 근대 초기에 이와 유사한 역할이 미개인들에게 돌아갔다. 자연 상태로 살아가는 이런 사람들은 종종 전설에 의한 상상의 지리와 생활사의 특징들을 부여받았다. 아마존(그리스 신화에서 용맹한 여전사)들은 적도의 숲으로 옮겨졌다(당시의 한 지리학자는 그들이 '아름답고 벌거벗었으며 잔인하다'고 묘사했다). 그들은 어느 무렵인가 사라진 듯하지만 그들에 대한 기억은 그들의 영토를 흘러가는 거대한 아마존 강의 이름으로 남아 있다.

1520년에 두 대륙의 최남단에서 마젤란 탐험대는 거인족인 파타곤(키가 12피트에서 15피트 정도 되는 거인으로 알려짐)들을 발견했다. 18세기 후반의 후속 원정대는 이 발견을 '확인'했을 뿐이다(파타곤들의 신장은 다소 줄어들었다). 1610년에는 북쪽으로 멀리 떨어진 펀디 만(뉴브런즈윅, 캐나다) 해안에서 뉴잉글랜드 개척자 스미스 선장이 인어—물고기 꼬리를 가졌지만 매우 아름다운 여인—와 뜻밖의 만남을 가졌다. 하지만 경이의 땅 가운데 오랫동안 가장 명성이 자자했던 곳은 엘도라도Eldorado였다. 오리노코와 아마존 사이의 어딘가에 위치한 이 황금의 왕국은 수많은 정복자와 탐험가와 모험가들이 꿈꾸는 환상의 땅이었다.

아메리카의 경이들 중에서 특징적인 것이 바로 장수였다.[2] 아메리고 베스푸치Amerigo Vespucci—이 이탈리아 항해사의 이름에서 신대륙의 명칭이 유래했다—는 이 주제에 관하여 상세한 정보를 남겼다. 베스푸치 자신이 인정한 것처럼 인디언들이 연도 계산법을 모른다는 사실은 그에게 성가신 일이 아니었다. 그는 그들을 위해 직접 계산했다. 그리고 나서 그는 누군가에게 132세라고 말했다. 그의 주장에 따르면, 인디언들은 150세를 살았으며 좀처럼 병에 걸리지 않았다. 이 이야기에 대한 신화 속의 자료는 확실했다 (지구 끝과 '역사 이전'에 거주했던 사람들에게 150년은 장수의 표준이었다. 이암불로스 섬의 사례에서 이미 살펴본 바가 있다). 하지만 베스푸치의 정보는 좀 더 과학적인 면모를 지니고 있었다. 그는 인디언들이 장수한 이유를 두 가지로 설명했는데, 특히 질병과 전염병(당시 유럽을 공포의 도가니로 만들었던 흑사병 같은 전염병)을 물리칠 만큼 몸에 좋은 공기와 원주민들이 사용한 식물들의 약효가 그것이었다.

몇몇 아메리카 '전문가들'은 이야기를 더 부풀렸다. 놀랍게도 인디언들이 최소한 250년을 생존하며, 100세의 여인이 손자들에게 자기 젖을 물린다는 소문도 나돌았다.

아메리카는 젊음의 샘에 대한 마지막 기회도 제공했다. 불가능한 것이 아무 것도 없고, 상상이 곧 현실로 변하는 이 새로운 땅이 아니라면 기적의 샘이 어디에 있겠는가? 1509년에 푸에르토리코의 통치자가 되었던 콜럼버스의 옛 동료 후안 폰세 데 레온Juan Ponce de León은 비미니 섬 원주민들의 이야기를 들었다. 그들에 따르면, 젊음을 회복할 수 있는 샘이 존재했다. 드디어 정확한 지점을 찾아냈던 것이다!

당연히 관심을 보인 왕의 동의를 얻은 폰세 데 레온은 무장한 세 척의 함선을 이끌고 전설의 섬을 찾아 떠났다. 항해에 나선 선원들의 평균 나이는 과거와 달랐다. 실험의 성공을 위한 필수 요소로써 노약자들이 배에 오르는 것이 용납되었다. 그들은 탐험 경로의 많은 섬에서 샘이 발견될 때마다 정신없이 목욕을 했다. 그러던 중 1513년 3월에 그들은 플로리다를 발견했다. 처음에 그들은 그곳을 비미니로 생각했다. 그들은 새로운 지형이 나타날 때마다 정박하여 샘물의 상태를 조사했다. 하지만 결과는 신통치 않았다. 낙관적이고 집요한 성격의 폰세 데 레온은 1521년에 귀환했지만 새로운 젊음 대신 그를 맞이한 것은 인디언들과 충돌로 말미암은 죽음이었다.

젊음의 샘인가 아니면 죽음의 부활인가

때로는 예술이 자연의 불완전성을 보충한다. 그 결과 아메리카에서 찾을 수 없었던 젊음의 샘이 캔버스에 등장했는데 대표적 화가로는 루카스 크라나흐Lucas Cranach(1472~1553년)가 있다. 그의 아들 루카스 크라나흐(1515~1586년)의 작품에도 가끔 등장했다. 크라나흐의 작품은 종교와 고전 신화의 영향을 받았는데(이따금 그는 이 두 주제를 결합시켰다), 이것은 전형적인 르네상스 식의 통일을 보여주었다.

「젊음의 샘」, 루카스 크라나흐(아버지), 1546년, 목판에 유화.

    1546년에 그린「젊음의 샘Der Jungbrunnen」에서는 많은 노파들이 몰려
드는 일종의 수영장 같은 곳을 묘사하고 있다. 그들은 다양한 형태의 운송
수단들(대부분은 마차를 타고 있고 한 명은 말을 타고 있다. 어떤 사람은 들
것에 실려 있으며 가장 가난한 사람은 손수레를 타고 왔다)을 이용하고 있
다. 물가에 다다른 노파들은 옷을 벗은 후 보기 흉한 몸을 드러내며 물 속으
로 뛰어들고 다른 쪽에서는 몰라보게 젊어진 여인들이 물 밖으로 나오고 있
다. 손수레와 들것에 실려 왔던 이들이 어느새 나체의 젊고 아름다운 여인들
로 변해 있다. 예복을 차려입은 기사가 한 여인에게 손을 내밀고 있다. 일단
적당한 옷을 걸친 사람들은 모두 성찬의 자리에 앉아 있다.

    크라나흐의 그림은 미술과 문학에서 종종 묘사되었던 주제에 대한 가

'부활', 「최후의 심판」, 루카 시
뇨렐리, 프레스코의 세부화, 오
르비에토 대성당의 산 브리치오
예배당.

장 세련된 표현일 뿐이다. 같은 독일인이면서 당대의 대표적 시인이었던 한
스 작스Hans Sachs(1494~1576년)는 크라나흐가 작업한 시기와 비슷한 1545년
말엽에 「젊음의 샘Der Jungbrunnen」을 쓰고 거기서 젊음의 샘을 칭송했다.
크라나흐의 작품과 유일한 차이는 남성이 주인공이라는 것이다. 모든 국가
와 모든 사회 계급에서 노쇠한 남성들이 달려가고 있다. 수도사, 목사, 기사,
하인, 도시 사람, 농부, 장인들이 기적의 샘으로 달려간다. 한 시간쯤 목욕을
하고 나자 여든 살 노인네가 스무 살 청춘으로 돌아간다. 하지만 한스 작스
가 인정한 것처럼 이것은 한낱 꿈일 뿐이었다.[3]

　비록 젊음에 이끌리고 육체의 아름다움을 추켜세웠지만 그럼에도 불구
하고 이 시기는 죽음과 숱한 위난(전쟁과 역병에서부터 마녀의 주술과 세상

의 종말에 이르는 위난)의 고통에 시달렸다. 절대적인 종말로 최후의 심판이 남아 있었다. 최후의 심판은 공포와 동시에 희망이었다. 몇몇 사람들은 이 심판이 임박했다고 믿었다. 부활 또한 회춘의 수단이자 절대적인 해결책이었다. 유일한 단점은 젊음을 얻기 위해 죽음과 지옥의 고통을 감수해야 한다는 것이었다. 오르비에토 대성당(로마 북쪽의 움브리아 지역)의 산 브리치오 예배당 벽에는 1499년에서 1504년 사이에 루카 시뇨렐리Luca Signorelli(1445년경~1523년)가 그린 「세상의 종말End of the World」 프레스코가 남아 있다. 이 프레스코의 한 부분에서는 부활의 장면을 보여주고 있다. 지상에 나타난 해골들에 다시 살이 붙기 시작하더니 젊고 아름다운 남녀들이 등장한다.

크라나흐의 유화와 시뇨렐리의 프레스코의 비교는 시사하는 바가 크다. 이 두 작품은 서로 상충하는 대신 보완하는 관계로써 르네상스의 두 측면을 대표하고 있기 때문이다.

두 번째 베이컨: 땀구멍 막기와 통변

장수 탐구의 역사에서 베이컨이라는 이름이 다시 등장한다. 불온한 프란체스코회 수사인 로저 베이컨 이후로 3세기 반이 지나 동일한 이름의 두 번째 인물이 나타난 것이다. 영국의 철학자이자 정치가로서 제임스 1세 치하에 대법관을 역임했던 프랜시스 베이컨Francis Bacon(1561~1626년)은 과학의 완벽성과 인간 조건—특히 수명—의 개선을 굳게 믿었다. 이런 주제와 관련하여 그가 출간한 저서는 세인들의 비상한 관심을 불러일으켰다. 1623년에 『삶과 죽음의 역사Historia vitae et mortis』가 라틴어로 출간되었다(1712년 이전에 5판까지 인쇄되었다). 1638년에는 영어판으로, 1647년에는 프랑스어판으로 번역되었다.

베이컨은 주로 역사와 과학철학 분야에서 혁신가로 알려져 있다. 하지만 장수와 의학적 지식에 관한 한 그는 전통주의자에 더 가까웠다. 장수와 관련하여 그는 항상 히포크라테스와 갈레노스, 아비세나의 권위와 학설을 예로 들었다. 그들의 학설에 따르면, 유기체의 올바른 기능은 주로 '체액'의 균형에 의존한다. 그는 또한 갈레노스처럼 모든 물질적 구조에 스며들어 있는 '생명력 있는 영혼'의 발현을 믿었다.

이런 원리를 기반으로 베이컨은 간단하고 효율적인 이론을 구성했다. 그의 주장에 따르면, 단단한 육체가 억지로 영혼을 가두고 있다. 따라서 육체는 매우 단단해야 하며, 체액은 영혼이 빠져나가지 못할 정도로 충분히 '끈끈해야' 한다. 육체의 모든 것들은 조직을 '단단하게 하는' 역할을 해야 하며, 열린 부위가 생기는 것을 '방지해야' 한다. 특히 찬물에 목욕하거나 기름으로 문질러 땀구멍을 막아야 한다. 아일랜드인들은 이 사실을 잘 알고 있었다. 그들은 난로 옆에 앉아 있을 때면 기름이나 묵은 버터로 몸을 문질렀다. 데즈먼드의 백작부인이 140세 이상 장수했던 것도 바로 이 요법 덕분이었다. 하지만 너무 심하게 문지르지 않도록 조심해야 한다. 그것이 영혼을 가두는 대신 빠져나가게 할 수 있기 때문이다.

여기에는 취약점도 있다. 영혼의 유출을 막는 것이 땀의 손실도 막기 때문이다. 그 결과 육체에 배설물이 쌓이게 된다. 이런 해로운 체액을 없애는 최선의 방법은 '부드러운 통변과 관장'을 실행하는 것이다. 식사 직후의 통변보다 건강에 더 좋은 것은 없었다. 그 중에서도 최고는 하루도 거르지 않고 매일 통변하는 것이었다. 이런 요법을 유지하는 사람들에게 코르나로 모델의 과도한 절제는 불필요한 것이었다. 수시로 배설물을 제거함으로써 음식 소비가 가능했던 것이다. 가끔은 '성찬'을 즐겨도 무방했다. 그는 아편과 금가루를 추천했다. 진주와 산호와 특정한 종류의 나무들도 추천 대상이었다. 이들은 모두 혈액과 다른 체액을 진하게 만드는 역할을 했다.

베이컨은 체계를 매우 선호했다. 이런 점에서 그는 데카르트와 뉴턴과 함께 계몽주의의 선구자였다. 그의 모든 작품은 엄격한 유형론을 따랐다. 그의 주장에 따르면, 북쪽에 사는 사람들이 다른 사람, 이를테면 섬사람들보다 더 오래 산다. 또한 상체에 털이 많은 사람들은 수명이 짧은 반면 다리에 털이 많은 사람들은 장수할 가능성이 높다. 하지만 희한하게도 대머리와 장수 사이에는 아무런 연관성이 없다고 보았다. 하지만 육체적 균형에 각별한 관심을 기울일 필요가 있다고 했다. 다소 짧은 상체에 긴 다리를 가지고 있으면 좋은 징조이다. 엉덩이도 소홀히 해서는 안 된다. 수명에 관한 한 작은 엉덩이가 바람직하다.

이런 식으로 베이컨은 구시대의 지식을 사용하면서 '완벽한 과학'을 구성했다. 과학적 사고가 아직 유아기에 머물러 있던 당시에는 아주 보편적인 접근법이었다. 근대 초기는 우리가 생각하는 것보다 훨씬 덜 근대적이었다. 1683년에 베이컨의 '첫 번째' 논문이 『노년의 치료와 젊음의 보존The Cure of Old Age and Preservation of Youth』이라는 제목으로 번역되어 런던에서 출간되었다. 왕립의사협회의 일원이었던 발행인 리처드 브라운Richard Brown 박사는 각주로 가득한 400년 전의 원고를 제공하면서 많은 영약이 포함된 저자의 처방들을 명확히 밝히려 했다.

이 논문은 마치 최신 논문처럼 보였다. 한 세기에서 다음 세기로 넘어가도 사람들은 동일한 언어로 말했다. 따라서 세대간의 대화는 어렵지 않았다. 계몽주의의 인습 타파 이전에 과학적 접근법에는 거의 변화가 없었다. 하지만 같은 기간에 체계화의 정신과 과학적 힘에 대한 자신감은 꾸준한 진전을 보였다. 그리고 이런 발전이 계몽주의, 즉 종교를 대신하는 무오류의 과학을 위한 발판이 되었다.

농부와 철학자

여기저기 수소문한 끝에, 100세를 넘겼다고 대답한 사람들 중에서 매우 놀랄 만한 두 명의 영국인을 찾게 되었다.

장수에서 독보적인 기록을 세운 사람은 1670년 요크셔에서 사망한 헨리 젠킨스Henry Jenkins였다. 1513년에 그는 열두 살의 나이로 플로든 전투에 참가했다. 몇몇 자료들은 차후에 그의 삶에서 벌어진 사건들을 입증했다. 1501년에 출생한 그는 실제로 169세를 살았다. 그의 마지막 직업은 어부였는데, 100세를 넘긴 후에도 그는 바다에서 힘차게 수영했다.

토머스 파Thomas Parr는 젠킨스보다 다소 짧은 생을 보냈다. 하지만 그의 사례는 과학자들에게 깊은 인상을 남겼다. 그리하여 그는 장수의 상징이자 '실현 가능성'의 보증인이 되었다.

다음은 18세기 말에 기록된 그에 대한 전기다.

그는 직접 일해서 먹고 살아야 하는 가난한 농부였다. 120세에 그는 한 과부와 두 번째 결혼을 했다. 그녀는 그와 12년을 함께 살았지만 그의 나이를 전혀 눈치채지 못했다. 그는 130세까지도 농장 일을 다른 사람에게 의존하지 않았다. 심지어 밀을 탈곡해야 하는 시기에도 도움을 받지 않았다. 그의 기억력과 시력이 나빠지기 시작한 것은 그가 세상을 떠나기 불과 몇 년 전부터였다. 하지만 최후의 순간까지 이해력과 판단력에는 별 문제가 없었다. 152세가 되었을 때 그에 관한 소문을 들은 왕이 그를 런던으로 불러들였다. 아마도 이 여행이 그의 생을 단축시켰을 것이다. 갑작스레 생활방식이 이전과 전혀 다른 곳으로 그를 데려갔기 때문이다. 그는 런던에 도착한 직후인 1635년에 사망했다. 그는 152년 9개월을 생존했으며, 아홉 명의 영국 왕들이 권좌에 오르는 것을 지켜보았다.[4]

그가 사망한 이후에 벌어진 상황도 놀랍기는 마찬가지였다. 당시 유명한 의사였던 윌리엄 하비가 그의 시신을 해부했는데 모든 것이 완벽한 상태였다. 손상을 입은 신체 부위는 단 한 곳도 없었으며, 노화의 징조도 보이지 않았다. 토머스 파는 아주 건강한 상태로 세상을 떠났다.

어떤 의미에서 그는 코르나로의 원칙과 완전히 상반되는 왕의 환대를 받아들임으로써 자살한 셈이 되고 말았다. 그는 과식으로 인해 돌연 사망했다.

장수의 일인자들은 주로 낮은 계층(자연 상태에 가까운 생활을 하는)의 남성들이었다(옛 전설과 일치한다). 한편 여성으로서 장수로 유명했던 인물은 데즈먼드의 백작부인 캐서린 피츠제럴드Katherine Fitzgerald가 있다. 그녀는 1464년에 출생하여 148세인 1612년에 사망했다. 비록 젠킨스나 파에는 못 미치지만 그녀의 장수도 놀랍긴 마찬가지였다.

장수를 위해서는 이론보다 실천이 더 중요해 보인다. 젠킨스와 파는 수명 연장에 관심을 가진 두 명의 위대한 철학자, 프랜시스 베이컨과 르네 데카르트와 동시대인이었다. 베이컨의 방법은 이미 살펴본 바 있다. 그는 자신에게도 엄격하게 그 방법을 적용했을까? 어쨌든 간에 그는 1626년에 65세의 나이로 사망했다.

한편 데카르트는 장수에 심취했다. 1645년 10월에 쓴 편지에서 그는 "건강 보존은 언제나 내 연구의 근본 목적이었다"라고 했다. 1638년 1월에 쓴 또 다른 편지에서 그는 100세 이상 장수하고 싶다고 분명히 밝혔다. 하지만 유감스럽게도 그 연령에 도달하기 위해 고안한 방법에 대해서는 명쾌한 설명이 없었다. 어쩌면 장수에 대한 욕망 자체로 충분했는지도 모른다. 1649년에 철학자는 자신을 숭배하는 스웨덴의 크리스티나 여왕을 방문하기 위해 스톡홀름을 찾아갔다. 물론 그는 수명 연장에 관해 그녀에게 설명했다. 하지만 그는 스톡홀름의 매서운 추위에는 그다지 신경 쓰지 않았다. 결국 스웨덴에서 걸린 감기로 인해 그는 1650년 2월에 54세의 나이로 사망했다.[5]

166세와 152세, 65세와 54세. 이 두 기록은 매우 인상적이다. 하지만 오늘날 어느 누가 젠킨스와 파를 기억하겠는가? 비록 그들은 철학에 무지했지만 장수에 관한 한 박사였으며, 철학자들에게 그 기술을 가르쳐줄 수 있었다. 하지만 그들의 가르침은 완전히 유실되었다. 그렇지 않으면 그들은 장수에 관한 현대적인 접근법의 일부분이 되었을지도 모른다.

피에 목욕하기, 흡혈귀와 수혈

　과학자들은 새로운 기법의 수혈로 장수가 가능하다고 생각했다. 혁명에도 불구하고 이 과정은 과거의 환상과 연결되어 있었다. 생명의 근원으로서의 혈액과 회춘의 수단으로서의 젊은 피는 신앙과 상징의 원형 가운데 하나다. 많은 소문과 전설에서 노인들이 젊음을 되찾기 위해 어린아이들을 납치하여 그들의 피를 마셨다는 이야기가 전해지고 있다. 콘스탄티누스 황제가 치료를 위해 어린아이의 피에 목욕했다는 것은 이미 언급한 바가 있다. 프랑스 루이 15세 치하에서도 왕이 어린아이의 피에 목욕했다는 소문이 나돌았다.[6] 최근에는 공산국가 루마니아의 통치자였던 니콜라이 차우셰스쿠 Nicolae Ceauşescu와 그의 아내가 어린아이의 피로 목욕을 했다거나 수혈을 받았다는 소문이 나돌았다. 이런 미신적 충동의 극단적 표출이 바로 흡혈귀의 존재였다. 흡혈귀들은 희생자들의 피를 마심으로써 죽지 않고 살아갈 수 있었다.

　1650년에 처음 시작된 수혈은 동물들에게 실시되었다(처음 수혈에 성공한 사람은 영국인 의사 리처드 로워Richard Lower였다). 인간에 대한 최초의 수혈은 1667년 프랑스 몽펠리에서 장 드니Jean Denis에 의해 실시되었다. 그는 어린 양의 피로 인체 수혈을 시도했다. 19세기까지는 오직 동물의 피만이 사용 가능한 것으로 여겨졌으며 불화합성에 대해서는 어떠한 고려도 없었다. 기본 원리는 간단했다. 젊고 건강한 피의 수혈이 인간을 치료하고 회춘하게 한다는 것이었다. 하지만 결과는, 장수자들보다 훨씬 더 많은 희생자를 낳았을 뿐이다.

의사들은 이 방식을 포기했지만 희망은 강하게 남아 있었다. 18세기에 장수 전문의였던 후펠란트C. W. Hufeland는 다음을 근거로 추가 실험을 시도하기로 결심했다.

어느 누구도 감히 수혈을 다시 시도하려 하지 않았다. 하지만 동물들에게 실시된 수혈은 완벽한 성공작이었다. 따라서 수혈을 금지해서는 안 된다. 우리의 정맥에 투입된 외국인의 피는 곧 우리 자신의 피로 전환될 것이다. 이런 식으로 수혈은 회춘과 장수에 기여할 수 있다.[7]

농부들의 장수처럼 수혈 역시 특정한 사고방식의 발전을 보여주는 징후였다. 자연과 과학은 종교적·신화적 모델을 점점 추월해가고 있었다. 깨끗한 시골 공기가 차가운 수도원 벽보다 건강에 더 좋으며, 이국의 환경보다 접근하기가 더 쉬웠다. 다시 말해 성인이나 미개인이 되지 않아도 장수가 가능하다는 의미였다. 약품도 젊음의 샘보다 더 실용적인 치료방식으로 여겨졌다. 바야흐로 계몽주의 시대가 도래하고 있었다.

제4장

기적을 행하는 이성: 18세기

역사의 위대한 전환점

18세기 중반에는 세상을 변화시킬 만한 급속한 성장 과정이 시작되었다. 수천 년 동안 인류는 서서히 발전해 왔다. 하지만 이 무렵 서구(서구는 이미 12~13세기에 역사의 역동적인 국면에 접어들었다)에서는 세대가 바뀔 때마다 점점 더 빠른 속도의 변화가 진행되었다. 이것은 현대적 기술 및 산업혁명의 시발점이었다. 그 뒤로 기본적으로 농촌과 육체 노동에 기반을 둔 전통 문명은 도시와 기계 작업에 기초한 기술 문명에 차츰 자리를 내주게 되었다.

인류 역사상 처음으로 진보의 실체가 명확해졌다. 미래를 향한 문이 활짝 열렸으며, 그 전망도 장밋빛이었다.

신은 여전히 필요한 걸까? 몇몇 사람들은 이미 의구심을 갖기 시작했다. 인간은 스스로의 힘으로 성인이 된 듯했다. 그의 소명은 자기 운명의 주인이 되는 것이었다.

계몽주의 철학자들은 시대에 뒤떨어진 것으로 여겨졌던 신화 시대의 공포나 무분별한 희망과 무자비한 전쟁에 돌입했다. 그들의 무기는 새로운 신성神性인 이성이었다.

하지만 신화에 반기를 들었던 계몽주의의 열정은 오히려 역설적인 결과를 낳았다. 세계와 자연과 역사는 동등한 것으로 해석되었지만 인간의 마음은 신화의 유혹에서 벗어날 수 없었다. 우리의 뇌는 그런 식으로 프로그램되어 있다. 이것이 바로 인간이 동물이나 로봇과 구분되는 능력이다. 결국 '최고의 이성'이란 신화의 내용을 철학적·과학적 틀에 넣어 재구성한 것에 지나지 않았다.[1]

이제 신의 역할을 우주의 법칙이 대신했다. 철학을 연구하는 엘리트들에게 뉴턴은 신과 같은 존재였다. 그는 중력의 법칙을 공식화했으며, 그리하여 우주를 질서의 원리에 종속시켰다. 한편 '역사 법칙'도 인간의 운명을 대신하기 시작했다. 물리학자 에른스트 마흐Ernst Mach는 18세기를 '기계적 신화'의 시대라고 일컬으며 정곡을 찔렀다. 돌바크d'Holbach는 『자연의 체계Le Système de la nature』(1770년)에서 기계적 신화를 이렇게 요약했다. '자연은 단순하고 일정하고 불변하는 법칙에 따라 움직인다. 인간의 모든 오류는 물리학의 오류일 뿐이다.'

신은 더 이상 기적을 행하지 않았다. 이제 그것은 자연의 몫이었다. 하지만 새로운 과학적·철학적 신화들 중 일부는 전통 신화의 원천을 숨길 수 없었다. 가령 천국과 같은 폴리네시아 섬에 거주하는 '고귀한 미개인들'은 분명 실낙원에 등장하는 황금 시대 신화의 새로운 변형이었다. 그리고 지구의 탐험이 거의 완료되면서 신화 속에서는 세상 끝에 거주하던 비범한 인간들이 혹성에 거주하기 시작했다.

또 다른 사례는 앞서 언급한 체액과 기질에 관한 이론과 관련성이 있다. 이 이론에 따르면 만물은 네 가지 집단—네 가지 원소, 네 가지 체액, 네 가지 기질—로 구성되어 있었다. 계몽주의 시대에 위대한 자연 분류학자 린네 Linnaeus는 이 개념을 고스란히 받아들였다. 그는 네 대륙(오스트레일리아는 아직 발견되지 않았기 때문에 여기서 제외되어 있다)과 네 대륙에 각각 상응하는 네 인종, 그리고 네 인종에 각각 상응하는 네 기질을 설명했다. 가령 유럽인은 쾌활하고, 아시아인은 우울하고, 아메리카 인디언은 다혈질이고, 아프리카인은 무기력했다. 이런 분류는 이성의 역할이 신화의 연속선상에 있음을 잘 보여주고 있다.

이성과 신화적 감수성

위와 같은 상황에서 장수에 대한 접근법은 세 가지 결론에 도달했다.

첫째, 내세의 쇠퇴는 저절로 육체적 삶의 가치를 증가시켰다. 오랫동안 건강하게 사는 것이 점점 중요해지기 시작했다.

둘째, 과학과 진보와 미래가 인간에게 완벽성을 제공할 수 있는 것처럼 보였다. 여기에 수명의 연장도 포함되었다.

셋째, 장수에 대한 극단적 사례들—사실 신화적 사례들—이 배척되지 않았다. 자연스런 설명이 가능한 한(심지어 설명이 전혀 없어도) 아무도 반대하지 않았다. 나아가 이른바 '세속적' 기적에 대한 유행도 존재했다. 아마도 종교적인 기적과 관련하여 엘리트들 사이에서 점증하는 회의론을 보충하기 위해서였을 것이다.

코르나로 사후 출간된 저서들에서 볼 수 있듯이, 실용주의자들은 적절한 방식으로 타고난 수명을 연장하는 데 만족했다. 코르나로처럼 작가로 사후에 2세기에 걸쳐 새롭게 유명세를 누리는 것은 극히 이례적인 일이었다.

영어판 그의 저서는 1634년에, 프랑스어판은 1647년에 처음 출간되었다. 중요한 점은 이 출판물들이 베이컨, 데카르트와 동시대에 표출되었던 관심사와 일치했다는 것이다. 하지만 원본인 이탈리아어판 출간 이후 근 한 세기가 지나 호평을 받았다는 점에서 다소 늦은 감이 있었다. 유럽에서 그의 인기는 1700년 이후까지도 식을 줄 몰랐다. 파리의 프랑스 국립도서관에는 1701년부터 1785년 사이에 8개의 프랑스어 판이 기록되어 있다. 영어 판은 수십 종을 헤아린다. 이것은 베스트셀러를 넘어 집착에 가까웠다.

물론 코르나로를 중상하는 자들도 있었다. 그의 엄격한 식이요법을 비판하는 『안티 코르나로Anti-Cornaro』가 1702년 파리에서 출간되었다. 이런 경향은 다소 온건한 편이었다. 어쨌거나 열렬 지지자, 비판자와 반대자들은 모두 가능한 한 오래 산다는 궁극적인 목표에 동의했다.

현실적으로 코르나로 방식은 신화의 영향을 받지 않고 장수를 획득하는 방법으로 가장 무난한 축에 속했다. 이에 비해 불멸에 이르는 것은 훨씬 더 놀라운 일이었다.

1750년경 파리에서는 신비로운 한 인물이 센세이션을 불러일으켰다.

그의 이름과 출신은 알려져 있지 않았다. 하지만 그는 독일에서 왔으며 자신을 콩트 드 생 제르망Comte de Saint-Germain 백작으로 불렀다. 특별한 점은 그가 불멸의 인간이라는 것이었다. 그는 카를 5세(1519~1556년 재위)나 프랑수아 1세(1515~1547년 재위) 치하의 기억들을 쏟아내곤 했다. 한술 더 떠 예수가 초대받았던 가나의 혼인 잔치에 자신도 손님으로 참석했다고 주장했다. 그는 루이 15세와 그의 정부 퐁파두르를 포함하는 프랑스 상류층에 강한 인상을 남겼다. 심지어 볼테르도 관심을 보였는데, 친구인 프로이센 왕 프리드리히에게 보낸 1758년 4월 15일자 편지에서 그는 '죽지 않고 모든 것을 알고 있는' 이 사내에 대해 언급했다.

볼테르는 불멸에 관하여 매우 신중한 태도를 보였다. 온갖 편견과 미신에 대한 극단적인 반대자이자 성경의 모든 말씀을 조롱했던 풍자가였건만 불멸에 관해서는 별말이 없었다. 당시에 그는 철학 소설 『캉디드Candide』(1759년)에서 동일한 주제를 다루었다. 소설 속의 영웅은 여행 도중에 엘도라도(아마존에 있다는 황금의 땅—옮긴이)에 도착한다. 그곳에서 그는 172세의 나이에도 매우 건강한 한 노인을 만난다.

얼마 후 이 불멸의 백작이 사라졌다(아무도 그의 죽음을 감히 입에 올리려 하지 않았지만 몇몇 사람들은 그의 사망을 1784년으로 전하고 있다). 하지만 환상적인 이야기가 곧 그의 자리를 대신했다. 독일 의사 프란츠 메스머Franz Mesmer(1734~1815년)는 '동물 자력animal magnetism' 라는 액체(생체 에너지를 가리킨다는 점에서 힘으로도 표현함—옮긴이)를 가지고 질병을 치료하는 데 이용할 수 있다고 주장했다. 1780년경에 그는 파리에서 '자력(최면술)' 수업으로 일대 센세이션을 불러일으켰다. 좀 더 전통주의자에 가까웠던 이탈리아 모험가 칼리오스트로Cagliostro(1743~1795년)—본명은 주세페 발사모—도 파리로

이동하여 상류층의 환대를 받았다. 그곳에서 그는 제르망처럼 영약의 가치를 격찬했다.[2]

이들 세 인물의 놀라운 성공은 주목할 만한 가치가 있다. 그들은 원칙적으로 편견이 배제된 작고 회의적인 자유사상의 세계 한가운데에 있었다. 철학과 과학을 제외하고 아무것도 믿지 않는 척하는 사람들은 사변적 지성인들이 빠질 수 있는 함정에 걸려들기 십상이었다. 그들은 아무것도 믿지 않았기 때문에 모든 것을 믿을 준비가 되어 있었다.

이성에 분별력이 따르지는 않는 것 같다. 18세기의 교양인들은 미개한 세계의 '무지한' 사람들 못지않게 신화를 선호하고 있음이 판명되었다. 이성과 과학의 세계에는 불가능한 것이 없었다. 그건 종교도 마찬가지였다.

물론 진정한 과학자들은 이런 경로를 따르지 않았다. 하지만 앞서 언급한 극단적 사례들은 각계각층에서의 '신화적 감수성'의 존재를 입증하는 것이다. 자연주의자와 의사들은 과학적 논법을 이용하여 자연스런 인간 수명을 규정하고, 수명 연장에 도움이 되는 수단을 제시하려고 애썼다. 그들에게 있어 적절한 수명은 일반적인 수명보다 훨씬 더 길었다. 그들은 완전히 새로운 결론을 이끌어낼 수 있다고 생각했다. 하지만 실제로 그들이 한 일은 장수 문제를 놓고 오랫동안 믿어 왔던 것을 다시 반복한 것에 지나지 않았다.

뷔퐁의 공식

본명이 조르주 루이 르클레르였던 뷔퐁 백작Comte de Buffon(1707~1788
년)은 1749년에 출간된 『박물지Histoire naturelle』에 장수에 관한 자신의 생각
을 담았다.³⁾ 그는 성경 속의 장수가 반복될 수 있다고 생각하지 않았다. 하
지만 당시에 인간이 900년 이상 살았다는 데는 전적으로 동의했다. 그는 남
다른 장수를 빼어난 육체적 조건으로 설명할 수 있다고 생각했다.

태초의 세계는 응집력이 부족했다. '창조 직후에 지구의 표면은 필경
단단하지 않았을 것이다.' 물질은 약하고 유연했다. 인간 조직―특히 뼈와
근육―도 마찬가지였다. 최초의 인간이 거인이었고 오랫동안 장수했던 이
유도 바로 이것이다. 조직은 서서히 노화되었으며, 물질은 차츰 굳어졌다.
뷔퐁은 '지속적인 중력의 작용을 통해 지구 표면이 점점 딱딱해짐에 따라
인간이 수명이 차츰 줄어들었다'는 가설을 세웠다. 다윗 왕 시절에 이 과정
은 완료되었다. 즉 그 즈음 물질과 인간이 오늘날과 같은 균형을 이루게 된
것이다.

이것은 성 아우구스티누스가 한 말을 현대의 과학적 언어로 바꾸어 듣
는 것과 같다. 므두셀라는 여전히 므두셀라였지만 전통적인 상상의 요소들
을 이성주의에 입각하여 해석하였다.

성경에 등장하는 장수는 과학적 지지를 얻었지만 당시에 장수한 몇몇
사람들은 100세는커녕 간신히 90세를 넘기는 수준이었다. 하지만 뷔퐁은 여
기서 망설이지 않았다. 사실 당시에 30세를 넘기기도 힘들었던 실제 수명을
감안하면 100세도 놀라운 것이었다. 뷔퐁의 가르침을 존중하여 명성을 얻은

유일한 인물로 퐁트넬Fontenelle(18세기 프랑스의 문학가이자 사상가—옮긴이)이 있다. 퐁트넬은 정확히 100수를 누리고 1757년에 사망했다. 뷔퐁 자신은 1788년에 81세의 나이로 세상을 떠났다. 장수한 편이지만 그가 주장하는 '자연스런' 수명에는 많이 모자란 수치였다.

기본적으로 누구든 100세까지 장수할 권리를 가지고 있었다. 이는 자연 법칙에 소중히 간직되어 있는 것이었다. 그렇다면 코르나로의 사례를 따르는 것은 그야말로 부질없는 짓일 터였다. 물론 연약한 사람들은 스스로를 잘 돌봐야 한다. 하지만 생명력으로 충만한 사람들이 그토록 조심해야 할 이유가 무어란 말인가? '육체가 모든 힘을 다 소비할 필요가 있다. …… 그렇다면 식이요법을 통해 과연 무엇을 얻을 수 있단 말인가? 사람들은 누구나 자기 마음가는 대로 살면서도 진정으로 삶을 즐길 수 있다. 하지만 '정해진 수명의 한도를 넘어설' 가능성은 전혀 없다. 어떤 요법을 통해 수명을 하루라도 더 연장시키려 하는 소망은 단순한 공상에 지나지 않았다. '육체를 젊게 하거나 불멸을 찾아준다는 만병통치약이나 수혈과 같은 방법들은 젊음의 샘이 허구인 것처럼 실현될 수 없는 꿈일 뿐이다.'

뿐만 아니라 뷔퐁은 지리적·사회적 환경과 음식을 중요하지 않게 여겼다.

유럽인, 흑인, 중국인, 미국인, 미개인, 부자, 빈자, 도시 또는 시골 거주민 등등 사람들은 천차만별이다. 하지만 각자 출생에서 사망의 여정까지 동일한 수명을 가지고 있다는 점에서 그들은 유사하다. 인종, 기후, 음식, 일용품 등의 차이가 수명에는 눈곱만큼도 영향을 주지 않는 것이다. …… 수명이 습관이나 태도 또는 음식의 질에 좌우되지 않는다는 것이 점점 명확해지고 있다. 그 무엇도 우리의 수명을 결정하는 역학 법칙을 변화시킬 수 없다.

　'우리의 수명을 결정하는 역학 법칙'이라니, 그야말로 놀라운 구절이 아닐 수 없다. 이제 인간은 단일한 특허로 만들어진 하나의 기계일 뿐이다. 이성의 뒷받침을 받은 물리학이 만물을 조직하기 시작했다. 물리학은 연령 피라미드의 특징인 무질서를 더 이상 용납할 수 없었다.

　뷔퐁은 모든 사람들이 90세나 100세에 사망하지는 않았기 때문에 '과식'이나 '과도한 식이요법'(코르나로의 친구들이 주목한 방법) 또는 공기의 질(산악 공기)이 수명에 다소 영향을 미친다는 사실은 받아들였다. 하지만 이런 요소들의 영향은 지극히 부차적인 것으로 간주되었다. 그가 도달한 필연적인 결론은 '불의의 질병으로 사망하지 않는 한, 인간은 어느 곳에서나 90세 내지 100세까지 장수한다'는 것이었다.

　이런 수명은 역학 법칙이기 때문에 기본 공식으로 나타낼 수 있었다. 아리스토텔레스의 개념을 선택—하늘 아래 새로운 것이 있을 리 없기 때문에—한 뷔퐁은 인간의 성장과 수명 간의 밀접한 관계에 주목했다. '어떤 면에서 총 수명은 성장 기간으로 가늠할 수 있다.'

　지난 2세기 동안 이런 빌견은 장수에 관한 논쟁에서 주요한 역할을 했다. 계산은 간단했다. 성장에 필요한 햇수를 성장과 수명 간의 관계를 나타내는 햇수와 곱하면, 그것으로 계산이 끝났던 것이다.

　성경 속에서는 사춘기가 130세까지 계속되었다. 뷔퐁은 이에 대해 정확한 정보를 가지고 있는 듯했다. 이 숫자에 7을 곱하면 910년을 얻을 수 있다. 그 결과가 당시의 수명이었다. 오늘날에는 열네 살 무렵에 사춘기가 시작된다. 여기에 다시 7을 곱하면 98년, 즉 100년에 가까운 값을 얻을 수 있다. 이것이 바로 오늘날 인간의 수명이다.

계산 자체에는 하등 어려움이 없었다. 다소 불분명한 것은 곱해야 하는 두 숫자였다. 뷔퐁은 성장의 한계를 나타내는 상이한 연령들 사이에서 다소 망설였던 것 같다. '인간의 신장은 16세 내지 18세까지 성장하지만 신체 모든 부위의 완전한 발육은 30세까지 지속된다.' 결국 여기서 '30세까지 성장하는 사람이 90세 내지 100세까지 생존한다'는 새로운 변수가 등장한다. 그렇다면 14세, 16세, 18세 또는 30세 중에서 무엇을 기준으로 삼아야 할까? 14×7을 해야 할까, 아니면 30×3을 해야 할까? 그럼, 30×7이 불가능한 이유가 무어란 말인가? 아니면 100세보다 훨씬 더 장수할 수 있을 텐데 말이다.

뷔퐁의 후계자들은 100세의 장벽에 막혀 있는 상황을 못마땅하게 생각했다. 그래서 그들은 더 나은 방향으로 뷔퐁의 계산을 수정했다.

후펠란트와 장수학의 창안

대표적인 인물로는 스위스의 자연주의자이자 생리학자이자 시인인 알브레히트 폰 할러Albrecht von Haller(1708~1777년)가 있다. 그의 저서 『인체생리학Elementa physiologiae corporis humani』(1757~1766년에 출간)은 계몽주의 의학 이론과 관행에 상당한 영향을 미쳤다. 뷔퐁은 100세를 넘긴 사람들을 예외적으로 간주했기 때문에 그들에게 많은 시간을 투자하지 않았다. 하지만 할러는 이 주제를 집중적으로 파고들었다. 그는 100세에서 110세 사이에 사망한 1,000명의 사람들, 110세에서 120세 사이의 60명, 120세에서 130세 사이의 29명, 130세에서 140세 사이의 15명, 140세에서 150세 사이의 6명, 그리고 169세에 사망한 1명―앞서 언급한 젠킨스―의 사례를 확인했다. 뷔퐁은 이런 분류의 중요성을 과소 평가했다. 비록 예외적이긴 하지만 100세의 한계를 훌쩍 뛰어넘는 인간 능력을 입증하는 중요한 증거였기 때문이다.

이런 통계를 근거로 할러는 인간이 지구상의 다른 어떤 동물들보다 오래 산다는 흥미로운 결론을 이끌어냈다. 나아가 그는 인간 수명의 한계를 200세까지 연장시켰다. 뷔퐁이 용납한 수치의 두 배였다. 이를 뒷받침하는 것은 150세를 넘긴 오직 한 사람에 관한 기록이었다.

이런 상이한 사례와 통계를 기반으로 체계화를 선호하는 계몽주의 정신은 장수학을 만들어내는 수준에 이르렀다. 장수학의 탄생은 1796년으로 기록되어 있다. 당시에 독일인 의사 크리스토프 빌헬름 후펠란트Christoph Wilhelm Hufeland(1762~1836년)는 『장수의 기술Makrobiotik, oder die Kunst das menschliche Leben zu verlängern』(영어 판 『The Art of Prolonging Life』, 프랑스어 판 『La Macrobiotique; ou, l'art de prolonger la vie de l'homme』)이라는 제목의 저서를 출간했다. 후펠란트는 예나와 베를린 대학에서 학생들을 가르쳤을 뿐 아니라 프로이센 왕의 시의도 역임한 걸출한 경력의 소유자였다. 하지만 더욱 놀라운 것은 그의 저서와 거기에 담긴 내용이었다.

후펠란트는 알게 모르게 황금 시대의 신화에 새로운 생명을 불어넣었다. 그의 염원은 새로운 인간을 창조하는 것이 아니라 태초에 조상들이 누렸던 혜택을 다시 경험하는 것이었다.

거칠고 소박하고 부지런한 진정한 자연의 자식들이 오직 목동이나 사냥꾼 또는 농부로 지내던 시절에 그들은 오랜 장수를 누렸다. 하지만 자연과의 믿음의 끈이 끊어지고 쾌락에 몰입하는 과도한 문명의 세례로 타락하자 마자 인간의 수명은 점점 단축되기 시작했다. 따라서 진보적인 문명인들을 자연의 상태로 돌아가게 하는 회귀를 통해 인간은 과거와 같은 장수를 누릴 수 있을 것이다.

'회귀'라는 단어에 주목해 보자. 당시는 1796년이었다. 여기서 회귀가 뜻하는 바는 사회와 개인의 삶에 있어 자연스런 균형을 재확립하는 것이었다.

그렇다면 그 유명한 '자연스런 수명'은 무엇이란 말인가? 후펠란트는 할러의 가설로 돌아가 이상적인 인간 수명의 한계가 200세라고 주장했다. 이것은 특정한 생태와 문명의 조건으로 결정되는 상대적 수명과는 별개의 것이었다. 오늘날의 인간은 선조들의 누적된 죄의 대가를 치르게 되었는데, 말하자면 선조들이 쌓고 또 쌓은 죄로 말미암아 헤아릴 수 없이 많은 질병과 사고를 겪게 된 것이다. 그 결과 이제는 150세나 200세의 장수를 상상조차할 수 없게 되었다.

하지만 절망할 필요는 없다. 인간이 원래 200세까지 살 수 있도록 창조되었다면 궁극적으로 그 장애를 극복할 수 있을 것이며, 정상적인 수명을 되찾을 수 있을 것이기 때문이다.

후펠란트가 내세운 과학적 논거는 그리 많지 않았지만 충분히 설득력이 있었다. 물론 첫 번째는 할러의 통계였다. 만약 조악한 생물학적·사회적 환경에서 150세는 물론 169세까지 장수할 수 있는 사람이 존재한다면 그 반대 조건에서 200세를 사는 것은 절대로 과장이 아니라는 주장이었다.

당시에 하비가 토머스 파의 시신을 해부한 일은 꽤 알려져 있었다. 시신의 사내는 너끈히 50년을 더 살 수 있을 정도로 완벽한 상태의 내장을 가지고 있었다.

성경의 계보로도 설명이 가능했다. 후펠란트는 이 대목에서 뷔퐁과 입장을 달리했다. 그는 태초의 인간이 지금과 다르다는 주장에 반기를 들었다. 하지만 그는 성서에 도전할 생각을 하지 않았다. 해결해야 할 유일한 문제는 역법과 관련이 있었다. 몇몇 '전문가들'이 이미 확신하고 있던 역법에 의하면, 대홍수 이전에는 일 년이 석 달을 넘지 않았으며, 그 후 여덟 달로 늘어났다가 종국에는 지금과 같은 열두 달이 되었다고 한다. 결국 성경 말씀은 어디까지나 진실인데, 다만 세 가지 다른 계산 체계가 사용되었다는 것이다.

이런 식으로 계산하면 므두셀라는 242년을 생존한 것으로 추정할 수 있다. 이 정도면 200세의 한계 수명보다 조금 더 오래 생존한 것에 지나지 않는다. 실제로 이성의 시대에 장수 전문가들이 선호했던 자료는 성경인 듯싶다. 당시에 그들은 성경을 과학적 요구에 맞게 뜯어고쳤다. 게다가 그들은 자신들이 전개한 합리주의적 방법에 만족할 수밖에 없었다. 일 년을 4로 나누는 방식은 18세기 계몽주의 시대에 처음 등장한 것이 아니기 때문이다. 플리니우스와 동시대의 아우구스티누스는 이미 오래 전에 동일한 방법을 이용했다.

새롭게 등장한 200년이란 수명은 뷔퐁의 계산에 수정을 요구했다. 공식 자체는 의심스러운 구석이 없었다. 단순히 숫자를 바꾸는 문제였기 때문이다. 후펠란트의 주장에 따르면, 동물들은 원칙적으로 성장 기간보다 8배 더 장수할 수 있다. 인간은 25세를 전후하여 성장을 멈춘다고 보았으며, 이것은 다시 200세의 수명으로 해석 가능하다. 25×8은 정확히 200이다.

요컨대 통계, 해부, 성경과 곱셈표를 이용하여 마치 인간 수명이 200년으로 정해져 있는 것처럼 주장했던 것이다.

기후와 음식 그리고 사랑

새로운 장수학의 특정한 몇 가지 요소들을 확인하기 위해 후펠란트를 좀 더 검토해보자.

다른 무엇보다도 장수라는 현상에서 고려해야 할 부분은 지리적 영향이다. 그렇다면 특별히 장수에 안성맞춤인 장소가 존재하는 것일까? 공식 기록은 신뢰하기 힘들더라도 그런 곳을 주장하고 싶은 마음은 생길 수 있다. 하지만 장수 전문가들은 이 문제에 별로 신경 쓴 것 같지 않다. 가령 뷔퐁은 환경적인 영향을 아예 배제했다. 그의 관심사는 오직 기계와 같은 인간이었다. 게다가 그의 해석은 시대정신과 잘 들어맞았다. 하지만 환경의 영향에 초점을 맞춘 정반대의 해석도 시대정신과 잘 부합하긴 마찬가지였다. 어떤 경우이건 절대적인 자연 법칙에 따라 체계는 완벽한 기능을 했다. 이것이 바로 계몽주의의 근간이었다.

환경의 영향과 관련하여 당시의 대표적인 인물은 몽테스키외 Montesquieu였다. 그의 저서 『법의 정신De l'Esprit des lois』(1748년)에서 전개되는 이론에 따르면 민족과 국가, 사회적 구조, 관습과 사고방식의 구성은 지리, 특히 기후로 모든 설명이 가능했다. 사실 이것은 구시대 이론의 개작이었다. 장수에 관한 환경의 영향을 비롯하여 주요 내용은 이미 오래 전에 히포크라테스가 언급했던 것이었다.

이 논쟁에서 후펠란트는 뷔퐁보다 히포크라테스와 몽테스키외에 더 가까이 다가가고 있다. 그는 몽테스키외의 지리적·기후적 결정론과 유사한 방식으로 위대한 그리스 의사의 주장을 체계화했다. 후펠란트의 설명에 따르면, 정녕 장수를 원한다면 너무 춥거나 덥지 않고, 너무 습하거나 건조하지 않은 적당한 기후의 고장에서 사는 것이 매우 중요하다. 나아가 일반적인 장수와 '초超장수'도 구분해야 한다. 대체로 장수하는 편인 독일의 사례가 전자에 속한다. 하지만 독일인들이 아주 오래 장수하는 경우는 극히 드물다. 변덕스러운 대기 때문인데, 그 때문에 독일인들은 기력을 잃고 장기의 활동이 둔화되었다.

차가운 기후는 장수에 최적이다. 그 결과 저위도보다 고위도 지역에 장수한 사람들이 월등히 더 많다. 하지만 특정 위도를 넘어서지 않는 것이 중요하다. 빙하는 건강에 좋지 않기 때문이다. 스코틀랜드의 산악 지역이 스위스 산악 지역보다 장수에 더 좋다. 마찬가지로 따뜻한 국가들보다 북유럽에 장수한 사람들이 훨씬 더 많다. 하지만 그린란드까지 이 논리를 가져가서는 안 된다. 과도한 추위는 수명을 단축시키기 때문이다.

만약 장소를 고를 수 있다면 섬을 선택하라. 섬에 대한 전설은 오랜 세월 동안 면면히 이어져 내려오고 있었다. 계몽주의 시대에 가장 부각된 곳은 폴리네시아의 낙원이다. 따라서 장수에 관한 논쟁에서 섬이 등장하는 것은 하등 놀라운 일이 아니었다. 후펠란트는 섬이나 만을 예로 들면서 삶의 조건이 다른 지역보다 훨씬 낫다고 주장했다. 같은 위도라도 내륙보다 섬에 사는 사람들이 더 오래 생존했다. 따라서 독일인보다 영국인, 나아가 덴마크인들의 수명이 길다는 결론을 쉽게 이끌어낼 수 있었다. 100세를 넘기는 장수에는 담수보다 해수가 더 중요한 역할을 한다. 일반적으로 선원들이 장수하는 이유가 바로 이것이다. 결국 장수에 좋은 국가는 영국, 아일랜드, 덴마크, 스웨덴과 노르웨이다.

사람들은 지나치게 풍요롭거나 궁핍한 조건에서 오래 살아서도 안 된다. 보통 수준의 식사가 가장 바람직하다(코르나로 식이요법의 변형). 사람들은 농부나 선원들처럼 소박하게 살면서 자연과 자연법칙을 충실히 따라야 한다. 후펠란트는 또한 100세를 넘긴 사람들 대부분이 고기를 입에 대지 않았다고 주장하면서 채식을 권유했다. 육체적 운동도 건강에 유익하다고 보았다. 오래 장수하는 사람들은 대개 한 차례 이상 결혼을 하며, 마지막 결혼은 고령에 하는 경향을 보였다. 100세 이상 장수한 사람치고 독신자는 언급된 적이 없었다. 후펠란트에 따르면, 이 관례는 남녀 모두에게 적용되는 것이었다. 그러면서 그는 롱그빌이라는 이름의 프랑스인을 예로 들었다. 롱그빌은 110세까지 장수했는데, 10명의 여인들과 결혼했으며 마지막 결혼식을 한 것은 그의 나이 90세가 되던 해였다(신부는 롱그빌의 나이가 101세 되던 해에 아들을 낳았다).

하지만 다른 분야와 마찬가지로 최장수와 관련해서도 여자들은 한 걸음 뒤로 물러나 있었다. 이것은 일종의 역설이다. 일반적으로 남자보다 여자들이 더 오래 산다. 하지만 최장수를 이룬 특권 집단은 남자들뿐이었다. 그럴듯한 설명에 따르면, 여성 신체의 균형과 부드러움이 어느 정도까지는 장수와 관련하여 이점으로 작용하지만 장수의 한계까지 도달하는 데는 남성의 활력이 절대적으로 필요하다는 것이었다.

최장수에 이르는 것은 오직 남자만의 여정이었다. 물론, 여자들이 그와 동반했기 때문에 전적으로 혼자만의 여정이라고는 할 수 없을 것이다. 하지만 남자만큼 오래 장수한 여자는 눈 씻고 찾아도 찾을 수 없었다.

논쟁의 결과 200세라는 기준이 정해졌다. 하지만 궁핍한 상태로 살아가는 것은 바람직한 선택으로 여겨지지 않았다. 장수의 새로운 마술사들은 원기왕성한 노년 그리고 주요한 매력들 중 하나로 성욕—선조로부터 물려받은 원형과 일치─을 가진 새로운 생의 욕구를 약속했다.

후펠란트 또한 고령의 나이에 발생하는 자연스런 회춘 현상에 주목했다. 몇몇 노인들은 새로운 치아와 머리카락이 생겨났으며, 20년 내지 30년을 더 살 수 있는 정상적인 삶으로 돌아갔다. 이것은 분명 아주 고무적인 일이었다.

회의론자들은 크리스티안 드라켄버그라는 덴마크인의 놀라운 생애를 떠올릴 필요가 있다. 1626년에 출생한 그는 91세까지 대양에서 소박한 선원으로 생활했다. 그 다음 15년은 터키인의 노예로 지냈다. 그때가 그의 생애에서 가장 험난한 시기였다. 111세에 이르러 약간의 휴식이 필요하다고 생각한 그는 60세의 여인과 결혼하기로 결심했다. 그는 그 여인보다 더 오래 살아남았다. 130세에 그는 젊은 농촌 아낙네에게 홀딱 반했다. 하지만 그녀는 노인에게 눈곱만큼도 관심이 없었다. 드라켄버그는 자신의 기운을 북돋기 위해 몇몇 다른 여인들에게 구애를 시도했다. 하지만 그들 모두에게 퇴짜를 맞고 난 후 홀아비로 16년을 더 생존했다. 그는 1772년에 146세의 나이로 사망했다.

이 일화는 불행한 사랑 이야기이긴 하지만 200세의 장수에 특징적인 새로운 젊음에 대한 훌륭한 본보기를 제공하고 있다.

루소와 콩도르세: 황금 시대에서 밝은 미래까지

18세기에서 이성의 겉치레를 살짝 벗겨내면 남는 것은 황금 시대의 개념으로 채색된 신화 형성을 위한 엄청난 충동뿐이다. 이런 점에서 우리는, 특히 장 자크 루소Jean Jacques Rousseau와 마르퀴 드 콩도르세Marquis de Condorcet의 사상과 관련하여 후펠란트를 이해해야 한다.

계몽주의 철학은 당대의 사회에 신랄한 비판을 가했다. 태초와 미래 모두와 비교하여 당시는 불만족스런 시대였다. 진보의 개념은 아직 초기 단계로 승리의 행진을 위해 첫걸음을 내딛고 있었다. 궁극적으로 여기에는 황금 시대로부터 밝은 미래로의 변화가 포함되어 있었다. 인류는 불행한 단계를 통과하고 있었다. 하지만 일단 올바른 궤도에 들어서면 만사가 순조롭게 진행될 터였다.

장수학은 이데올로기의 발자취를 따라다녔다. 최초의 인간은 건강하고 활력이 넘쳤다. 그들의 행실과 건강을 해친 것은 문명이었다. 장 자크 루소는 이 개념을 『인간 불평등 기원론Discours sur l'origine et les fondements de l'inégalité parmi les hommes』(1755년)에서 강력히 주장했다. 그의 견해에 따르면, 인간은 '강건하고 거의 불변하는 기질'로 구성되어 있으며 '인간 종족으로서 가능한 모든 활력'을 발휘했다. 동물과 마찬가지로 인간은 자연스럽게 생을 마감할 때까지 살았다. 원래 질병은 존재하지 않았다. 그것은 과다한 노동, 나태, 행복 또는 궁핍을 가진 문명의 부산물이었다. '미개인들'에게 알려진 유일한 질병은 사고로 인한 손상과 노화뿐이었다. 이것이 바로 우리가 우리의 삶 속에서 재건하려고 애쓰는 자연스런 인간의 상태였다. 물론 그 과정에서 문명의 혜택도 포기할 수 없었다.

세월이 흘렀어도 기본적인 구조는 변함이 없었다. 성경에 등장하는 선조와 황금 시대의 인간의 역할은 미개인들에게 넘겨졌다. 한편 철학은 신화의 자리를 대신했다.

제임스 쿡James Cook 선장과 프랑스 항해사 루이 앙투안 드 부갱빌 Louis-Antoine de Bougainville의 폴리네시아 섬 방문(쿡은 1768년에서 그가 사망한 1779년 사이에, 부갱빌은 1768년에 방문)은 루소의 이론을 확실히 뒷받침했다. 특히 쿡보다 더 사상가적 풍모를 풍겼던 부갱빌은 아름답고 건강한 남녀가 거주하는 섬 세계의 이미지에 크게 공헌했다. 섬 주민들은 자연과 완벽한 조화를 이루며 아무런 근심 없이 생활했다. 디드로Diderot는 자신의 에세이 『부갱빌 여행기 보유Supplément au Voyage de Bougainville』에서 90세의 나이에도 불구하고 여전히 정력적인 폴리네시아 노인을 상상했다. 노인은 유럽인들에게 장수의 비결을 가르쳤다. 한마디로 그 비결은 자유와 자연이었다.

콩도르세는 황금 시대를 진화의 다른 쪽 끝에서 찾을 수 있다고 생각했다. 그의 계획은 시대의 징조, 좀 더 정확히 말하자면 프랑스 혁명의 열매였다. 18세기 후반에 접어들면서 진보의 속도가 갑자기 가속화되었다. 혁명은 세상의 원기를 회복시켰으며, 미래를 향한 커다란 도약의 가능성을 열었다. 최초의 일치와 조화를 가졌던 황금 시대의 가치는 어느 것 하나 잃어버리지 않을 터였다. 실제로 그 가치들을 향상시키는 것도 가능했다. 최초의 인간으로 돌아가는 것만으로는 더 이상 충분하지 않은 듯했다. 이제 인간은 새로운 인간 존재의 창조를 통해 새롭게 탈바꿈해야 했다.

콩도르세는 1793년에 『인간 정신의 진보에 관한 역사적 개관Esquisse

d'un tableau historique des progrès de l'esprit humain』을 저술했다. 이 저작은 콩도르세가 찬미했던 새로운 시대에 그 자신이 비극적인 죽음을 맞이하고 나서 2년 후에 출간되었다. 책의 마지막 장에서 우리의 관심사인 '인간 정신의 미래의 진보'를 다루고 있다. 여기서 콩도르세는 장수 영역에서 진정한 혁명을 주장했다. 그 논리는 흠잡을 데가 없었다. 즉 혁명의 시대에는 모든 것이 혁명을 경험해야 했다. 또한 계급과 국가와 보편적 인류애 사이의 평등으로 개혁된 세상에서 인간 본성도 변해야 했다.

진보는 생물학적 영역과 사회적 영역 모두에서 나타날 것이다. 자연주의자들은 이미 종의 내부에 변이가 존재한다는 사실—다음 세기에 등장하는 진화론의 서곡—을 주장하고 있었다. 사회적 평등은 악습은 물론 빈부의 극단적인 차이를 종식시킬 것이다. 과학과 의학과 위생학이 질병을 극복할 것이며, 그 결과로 수명이 늘어날 것이다. 이 모두가 완벽한 흐름이었다.

여기서 콩도르세는 놀라운 가설을 내세운다. '새로운 인간'에게 100년, 150년 또는 200년의 장수를 기약하는 대신 그는 장수에 관한 최종적인 목표는 정해질 수 없다고 주장했다. 다만 전반적인 진보의 속도와 보조를 맞추며 인간 수명이 꾸준히 증가할 뿐이다. 비록 '인간은 불멸의 존재가 될 수는 없지만' 승리를 거둔 혁명과 눈앞에 펼쳐진 새로운 시대가 모든 사람들에게 100년 이상 생존할 수 있는 기회를 제공할 것이다.

인간이 불멸의 존재가 될 수 없다는 대목에 주목해야 한다. 분명 죽음은 콩도르세가 존중하는 최후의 전통적인 난관이었다. 또한 이제는 장수에 어떠한 한계도 정해지지 않았다는 사실도 주목할 필요가 있다.

프랭클린의 말

벤저민 프랭클린 또한 무한한 수명 증가와 관련이 있었다. 콩도르세는 완벽한 사회를 지향하는 이런 움직임을 제1 원인으로 간주한 반면 프랭클린의 희망은 오로지 과학적 발전에 고정되어 있었다. 그에게 있어 장수는 과학적 발견과 그 적용으로 변화된 세상에서 볼 수 있는 하나의 특징에 지나지 않았다.

다음은 피뢰침을 발명하기도 한 프랭클린이 1780년에 쓴 편지의 한 부분이다.

지금 '진정한' 과학으로 인한 급속한 진보를 보고 있노라면 내가 너무 일찍 태어난 게 아닐까 하는 후회의 감정이 들곤 합니다. 1,000년 후에 과연 인간의 능력이 물질을 얼마나 압도하게 될지 상상조차 할 수 없습니다. 어쩌면 거대한 물체에서 중력을 제거하는 법을 터득함으로써 손쉬운 운송이 가능하게 될지도 모릅니다. 농업도 노동력이 줄어드는 대신 생산력이 두 배로 증가하고, 온갖 질병의 예방 및 치료도 가능할지 모릅니다. 노화도 예외는 아닐 것입니다. 우리의 수명이 노아의 홍수 이전보다 더 늘어날지도 모릅니다.[4]

고드윈: 장수에 대한 주의설

1793년에 콩도르세가 자신의 '역사화歷史畵'를 스케치하는 동안 영국 해협 건너에서는 장수에 대한 접근법으로 손꼽히는 저서인 윌리엄 고드윈William Godwin의 『정치적 정의에 관한 고찰Enquiry Concerning Political Justice』이 출간되었다. 고드윈은 인간의 완벽성과 인간 수명의 무한한 연장이라는 목적에 대해 콩도르세와 의견을 같이했다. 하지만 그는 판이하게 다른 방법론을 전개했다. 사회적 계획을 우선하는 콩도르세와 대조적으로 고드윈은 개인에 대한 믿음을 근간에 두고 그들이 본성을 쉽게 바꿀 수 있다는 사실을 중요시하였다. 그는 개인적인 변화와 계몽주의 철학의 주의설主意說(의지가 정신 작용의 근거 또는 세계의 근거가 된다는 설-옮긴이)의 경향 모두에 대해 자신의 의견을 표현했다.

인간은 생물학적 기능을 조절하기 위해 지적 능력을 학습해야 한다. 인간은 자신감 있고 긍정적인 태도로 삶과 행동에 대해 낙관적인 생각을 표출해야 한다. '불멸'에 이르는 길에는 '유쾌함, 명확한 생각과 선행'이 포함되어 있다. 우리는 운명을 불가피한 것으로 간주하기 때문에 병에 걸리고 죽음을 맞는다. 장수를 획득하는 최선의 방법은 자신의 의지를 믿는 것이다.

이것은 만물이 최고의 이성에 종속된다는 관점을 보여주는 가장 완벽한 표현이라 할 수 있다. 하지만 동시에 육체보다 정신에 훨씬 더 가치를 두었던 과거의 흐름(토마스 아퀴나스로 대변되는 기독교 신앙과 도교)을 세속화한 것이기도 하다. 간단히 말하자면 이성이 영혼의 자리를 꿰찬 것이다. 이처럼 매우 극단적인 주의설의 경향은 꾸준히 진화했다. 150년 후에 조지 버나드 쇼는 고드윈의 방법론을 고쳐서 내놓았다. 고드윈 자신은 1836년에 80세의 나이로 사망했다. 장수한 편이지만 그가 주장한 생물학적 주기에는 턱없이 모자랐다.

고드윈과 콩도르세의 반대편에는 토머스 맬서스Thomas Malthus가 있었다. 1798년에 출간된 『인구론Essay on the Principle of Population』에서 맬서스는 인구 과잉의 위험을 경고했다(식량은 산술급수적으로 증가하지만 인구는 기하급수적으로 증가한다는 그의 유명한 이론). 이런 위험에 대한 유일한 해법은 사람들이 수시로 죽어감으로써 후손들을 위한 자리를 남겨두는 것이었다. 만약 사람들이 더 이상 죽지 않는다면 어떤 상황이 벌어질까? 맬서스의 논의는 원칙적인 수준에 머물러 있었는데, 그 이유는 고드윈의 '이성적' 방법을 그가 진지하게 받아들이지 않았기 때문이다.

하지만 자기 주장에 대한 반박의 가능성을 염두에 두고 있던 고드윈은 이미 방어책을 준비해두고 있었다. 그는 농업과 산업의 진보가 인구 팽창 효과를 상쇄시킬 수 있다고 믿었다. 그리고 다른 무엇보다도 동물적 기능을 최소화하는 인간 종족의 지적 발전이 섹스와 자손의 감소를 이끌 거라고 그는 생각했다. 미래의 사람들은 더 오래 생존하지만 인구 증가율은 점점 감소할 것이다. 결국 장수와 과잉 인구 문제가 동시에 해결되는 것이다. 고드윈은 이런 식으로 당시의 인구 통계학적 현실과 유사한 하나의 모델을 그려냈는데 오늘날 그것이 확실한 대세를 이루게 되었다.

스위프트의 경고

앞서 언급한 훌륭한 계획들은 조너선 스위프트Jonathan Swift의 『걸리버 여행기Gullirver's Travels』(1726년)에 등장하는 한 장면 때문에 완전히 뒤집혔다. 걸리버는 세 번째 여행에서 루그나그 섬(일본 동남쪽 100리그 거리에 위치한 섬)에 당도한다. 그곳에서 가장 놀라운 것은 스투룰드브루그로 알려진 불사의 종족(1,100명 가량의 소수 인종)이다. 갓 태어난 아기들은 이마에 동그라미가 찍혀 있었는데 그것은 영생의 표시였다. 걸리버는 이런 불멸의 행운에 적극적인 관심을 보인다. 하지만 행운을 거머쥔 듯 보이는 섬 주민들은 오히려 고통스런 운명에 대해 하소연한다.

한순간의 젊음이 지나고 나면 그들에게 남는 것은 온갖 질병과 알 수 없는 절망에 시달려야 하는 노년의 삶뿐이었다. 그들은 건망증을 앓고 불결해지고 불만과 시기에 가득 찬 인간이 되었다. 그들이 가장 갈망하는 것은 자신들이 결코 소유할 수 없는 두 가지였다. 젊음의 타락과 노년의 죽음이 그것이다. 공동체가 그들에게 부여한 유일한 혜택은 결혼한 부부 중 어느 하나가 80세에 이르면 저절로 이혼이 성립된다는 것이다. 자신이 영생하는 것만으로도 그 고통이 충분한데, 영생하는 아내까지 영원히 거느려야 한다는 것은 너무나도 가혹한 처사였기 때문이다.

어쩌면 후펠란트나 콩도르세 또는 고드윈은 수명 연장이 상이한 '연령층' 분포를 나타낼 수 있다며 스위프트를 반박할지 모른다. 가령 200년을 생존하는 사람이라면 100세나 150세의 나이에도 여전히 젊음을 유지하며 정력적으로 활동할 수 있다는 것이다. 보나마나 스위프트는 그런 아름다운 꿈이 현실을 바꿔 놓진 않을 거라고 대답할 것이다. 특정한 연령이 지나면 우리는 노년으로 나아갈 뿐이다. 젊음으로 다시 돌아갈 가능성은 전무하다. 결국 '영원한' 삶은 노인의 몸으로 살아가는 것을 의미할 뿐이다. 장수에 관한 논쟁에서 이런 반대 주장은 오늘날까지도 양립하고 있다.

제5장

과학적 유토피아의 시대: 19세기

세속화된 진보주의자와 남성주의 신화

19세기는 지적인 기준으로 보자면 과학의 세기였고, 경제적으로 보자면 산업의 세기였으며, 사회적으로 보자면 부르주아의 세기였다(물론 이런 설명은 가장 역학적인 구조와 지배적 가치를 가졌던 서구에 적용되는 것이다. 특히 종교는 계몽주의 철학자들의 믿음보다 더 굳건히 자리를 잡았으며, 전통적인 농촌 사회는 산업 사회에 의해 그 규모와 중요성이 축소되었음에도 불구하고 명맥을 유지했다. 한편 프롤레타리아 계급은 부르주아 계급에 도전장을 내밀었다). 급속히 팽창해가던 서구 사회는 자신들이 다른 세계와 근본적으로 다르다는 것을 입증했다. 또한 자신들의 과거와 단절했으며, 지구상의 유일한 지배자로서 자리잡았다.

진보는 실제 과정과 상징적 측면 모두에서 정점에 달해 있었다. 진보는 진정한 종교가 되었다. 아마 이때가 모든 역사에서 가장 낙관적인 시기였을 것이다. 미래는 매혹적이었다. 기술적이건 사회적이건 수많은 시나리오들이 장래의 완벽성을 설명하고 있었다. 진보는 진화와 병행했다. 장 밥티스트 드 라마르크Jean-Baptiste de Lamarck(1744~1829년)와 찰스 다윈Charles Darwin(『종의 기원The Origin of Species』, 1859년)이 주창한 진화론은 애초에 생물학적 개념에서 출발했지만 사회 조직에 그대로 적용되었으며, 19세기의 가장 중요한 과학적 성과 중 하나로 부각되었다. 자연은 그 앞에 무수한 시간을 가졌기 때문에 서두를 필요가 없었다. 하지만 누군가 그 변화의 속도를 좀 더 빠르게 할 수 있다는 개념이 이미 싹트고 있었다. 그 결과는 전혀 다른 종류의 인간, 어쩌면 초인의 등장일 수도 있었다.

민주주의 혹은 최소한 민주주의의 개념 역시 미국과 프랑스 혁명 그리고 사회적 변화(중산 계급과 프롤레타리아의 동반 발전, 즉 역사적 단계에서 '민중'의 중요성 대두)의 결과로 발전하고 있었다. 하지만 이것이 엘리트의 지배 그리고 차별적 구조와 태도에 변화를 몰고 오지는 않았다. 서구인('백인')은 다른 인종과 문화를 경멸의 시선으로 바라보았으며, 부르주아들 역시 '열등한' 사회적 집단을 멸시했다. 한편 남성은 여전히 여성보다 명백한 우위를 차지하고 있었다.

이쯤에서 이런 특징들을 우리가 논하고 있는 주제에 접목해보자. 19세기 상황에서 장수의 신화는 당시 사회와 시대의 지배적 가치가 정확히 반영된 세속화, 부르주아, 진보주의, 남성주의의 영향을 받았다.

신화가 제기한 도전의 관심사가 생물학적 남성과 그의 육체에만 국한된 이래로 그 신화는 세속화되었다. 오랫동안 장수에 유리한 조건이었던 신성함이 이제는 단순한 지식으로 전락했으며, 시대적 상황과 보조를 맞추는 실천적 규범으로 자리잡았다. 사실상 신화는 세속화되었을 뿐 아니라 정신적인 불멸의 탐색과도 결별했다. 그리고 불멸의 희망이 서서히 사라지면서 이에 대한 보상으로 점점 그 가치를 주장하게 되었다. 이런 식으로 장수에 대한 탐색은 차츰 세상의 탈신성화를 부각하기 시작했다. 사람들은 내세에는 존재하지 않을 육체의 삶에 더 투자했다.

장수는 부르주아의 신화였다. 장수가 전파하는 가치가 귀족의 낭비나 빈곤 계급의 궁핍과 달리 부르주아의 태도와 정확히 일치했기 때문이다. 피에르 라루스Pierre Larousse가 편집한 『19세기 세계대백과사전Grand Dictionnaire universel du XIXe siècle』(1866~1876년)의 '장수' 항목에서는 장수를 모색하는 사람들에게 '정신이나 육체 노동이 지나치지 않은 매우 규칙적인 생활방식'을 권장하고 있다. 여기서는 노동자와 학자를 동일선 상에 놓고 있다. 개인의 성 생활 역시 완벽한 조절이 필요했다. 금욕도 혼외정사(혼외정사가 심각한 죄악임은 두말할 것도 없다)도 바람직하지 않았다.[1] 지배적인 부르주아 윤리가 권장하는 대로 장수의 기술은 단순한 삶의 기술과 동화되었다.

장수는 진보주의의 신화였다. 과학과 진보와 미래를 통해 인간의 잠재력을 실현할 수 있다고 여겼기 때문이다. 이 시대의 특징인 과학의 종교는 궁극적으로 불가능이란 개념을 없앴다. 과학적 상상력은 전통적으로 마법이 지배하던 영역으로 옮겨갔다. 지금 인간에게 거부되는 모든 것들이 장래에는 필경 인간의 손에 주어질 터였다. 역사는 머나먼 과정이다. 인간은 먼 과거에서 출발하여 까마득한 미래로 나아갈 것이다. 인간은 결국 꿈을 현실화하는 데 필요한 시간과 수단을 가질 것이다.

황금 시대는 역사 이전 시대와 완전히 결별하여 오로지 미래를 향해 나아갔다. 장수와 관련해서도 더 이상 미개인이나 원시인에게서 교훈을 얻을 수 없었다. 그들의 수명은 급격히 감소했다. 그들은 계몽주의 환상과 함께 사라졌다. 기술 시대의 인간인 서구인은 과거에 연연하지 말아야 했다. 이제 그들에게 중요한 존재 영역은 미래가 되었다. 죽음과의 전쟁에서 다른 무엇보다 유망한 것은 미래였다.

하지만 이것이 성경에 등장하는 선조들과 중세와 근대의 장수 챔피언들이 간헐적으로 등장하는 것을 막을 수는 없었다. 이런 사례들을 무시할 수도 없었다. 그들이 프로젝트의 실행 가능성을 위한 유일한 '산 증거'였기 때문이다. 실제로 과학과 진보와 미래는 전통적인 장수의 사례들을 재구성하면서 원형을 도용하고 있었다.

장수의 신화는 여성을 평가절하하고 여전히 남성만을 대상으로 한다는 점에서 남성적이었다. 라루스는 후펠란트의 논거를 따랐다. 위에 인용한 항목에 따르면, '여자는 남자보다 더 오래 산다. 하지만 최장수의 사례들은 후자가 제공한다.' 고령자는 여자가 더 많은 것이 당연하지만 '초고령'은 월등한 생명력을 가진 남성들의 몫이었다. 이것이 현실의 여자들과 가공의 남자들 간의 비교임은 두말할 것도 없다. 라루스는 100세를 넘긴 수많은 남성의 기록들 중에서 여성의 목록도 하나 가지고 있었다. 그것은 플리니우스의 『박물지Natural History』에 실린 유명한 목록으로 이 주제와 관련하여 당시까지 이용 가능한 유일한 자료였다. 이 점에 비춰 보면, 적어도 로마 기혼녀들은 19세기의 아내들보다 더 나은 대접을 받았던 것 같다.[2]

물론 당시에는 인간 조직과 완벽한 기능에 관심을 가졌으며, 특히 장수에 관한 많은 저서들이 출간되었다. 여기서 이 모든 저서들을 상세히 검토하는 것은 힘들고 부질없는 짓일 것이다. 따라서 19세기 중반에 이 주제와 관련하여 대표작으로 여겨지는 저서들을 중심으로 주요 자료를 제공할까 한다.

첫번째로 세상에 나온 통계학 저서인 샤를 르종쿠르Charles Lejoncourt 의 『고대와 근대의 100세 이상 장수인들의 갤러리Galerie des centenaires anciens et moderns』(1842년)가 있다. 이 작품에 뒤이어 귀족인 비콩트 드 라파 스Vicomte de Lapasse의 『인간 수명과 장수의 수단에 관한 고찰Considé- rations sur la durée de la vie humaine et les moyens de la prolonger』(1845)이 출간되었다. 10년 후 레오폴드 트뤽Léopold Turck 박사의 저서 『질병으로 연구된 노년에 관하여De la vieillesse etudiée comme une maladie』(1854)가 출 간되었다. 같은 해에 콜레주 드 프랑스의 교수이자 아카데미 프랑세즈의 일 원으로 저명한 피에르 플루랭스Pierre Flourens(1794~1867년)의 『인간의 장수 와 지상에서 삶의 질에 관하여De la longévité humaine et de la quantité de vie sur le globe』가 출간되었다. 플루랭스의 책은 지속적인 성공을 거두어 1873년까지 5판을 찍었다.

이후에 등장한 저서들로는 루이 누와르Louis Noirot의 『장수의 기술 L'Art de vivre longtemps』(1868년)과 피에르 푸와삭Pierre Foissac의 『인간의 장 수La Longévité humaine』(1873년)가 있다. 물론 우리는 라루스가 위에서 언급 한 항목을 잊어서는 안 된다. 이제부터 이 저서들이 장수에 관해 언급한 부 분을 간략하게 살펴볼까 한다.

통계학

초창기의 통계학은 경제적, 인구 통계학적 또는 사회적 문제에 점점 집중하고 정확성에 더욱 관심을 두는 시대에 가장 특징적인 발명이었다. 통계학은 역사와 사회과학 분야의 일종의 민주화 과정에서 무게 중심을 개인적 표명으로부터 집단적 구조 및 현상으로 옮기는 데 기여했다.

종래에 개인적 업적에 중점을 두었던 장수 역시 구조적 측면, 즉 특정 종교나 공동체 또는 사회-전문화 범주에 따른 수명 연구에 초점을 맞추기 시작했다.

하지만 통계학은 아직 걸음마 단계였다. 나아가 '절대적' 객관성을 추구하는 것처럼 보였지만 통계학은 여전히 자신이 지지하는 이데올로기와 프로젝트에 의존하고 있었다.

르종쿠르는 아래와 같이 도식화하여 수치로 나타냈다.

일 년 내내 봄 날씨가 계속되고 사람들이 한계 수명까지 도달하곤 하는 인도 일부 지역을 제외하고, 100세를 넘긴 사람들이 거주하는 지역은 유럽, 특히 영국과 독일과 러시아 같은 북유럽임이 입증되고 있다. 일반적으로 스페인과 이탈리아 같은 따뜻한 기후에서 거주하는 사람들은 수명이 짧은 편이다. 프랑스는 중간쯤에 해당한다. ……극점 가까운 곳에 거주하는 사람들은 적도에 거주하는 사람들처럼 오래 살지 못한다. 그리고 계곡보다 언덕에, 도시보다 농촌에 거주하는 사람들이 더 오래 산다.

과거의 신화는 여전히 통계학의 외피 아래에 존재하고 있었다. 고대와 마찬가지로 인도는 생명력이 넘치는 땅으로 남아 있었다. 한편 영국은 전통적인 기록을 꾸준히 보존하고 있었으며, 뷔퐁의 보편주의는 산산조각이 났다. 장수학은 19세기의 국수주의를 표출하고 있었다. 이와 유사하게 유럽과 비교하여 지구상의 다른 지역에 대한 무시, 북부와 비교하여 남부에 대한 무시는 시대의 태도를 반영한 것이었다. 최고의 인류는 유럽, 특히 북부 유럽에 집중되어 있었으며, 그들이 진보의 행진을 이끄는 주인공이었다.

르종쿠르의 도식에서 놀라운 점은 100세 이상 장수한 사람들이 흔하다는 것이다. 그들의 수는 빠른 속도로 증가하고 있었다. 심지어 스페인—그곳 거주민들은 젊은 나이에 사망한 것이 확실해 보였다—도 100세에서 120세까지 생존한 사람들의 긴 목록을 가지고 있었다. 영국에서는 3,100명 당 한 명꼴로 100세 이상 장수했다. 하지만 그 중에서도 가장 놀라운 곳은 러시아였다. 그들의 목록은 장기간 수위를 차지했다. 2세기에 걸쳐 100세 이상 장수한 사람들은 러시아의 생명력과 권능을 뒷받침하는 논거를 제공했다. 1814년 통계에 따르면, 러시아인 245명당 한 명꼴로 100세 이상 장수했다. 1838년 러시아에서 100세에서 165세 사이에 사망한 사람은 줄잡아 1,238명이나 되었다. 르종쿠르는 러시아 내무성에서 자료를 제공했다는 이유로 이 수치의 정확성을 명명백백한 것으로 간주했다.

하지만 민주주의자로서 러시아 내무성을 그다지 신뢰하지 않았던 트뢱 박사는 100세 이상 장수인에 대한 러시아의 통계를 다른 식으로 해석했다. 그는 러시아의 자료가 생물학보다 문화와 더 관련이 있다고 보았다.

……러시아에서는 최대한 많은 수의 사람들이 군 입대를 교묘히 피해감으로써

노동력을 보존하고 있다. 이를 위해 지주들은 출생 증명서를 폐기하면서 아들과 손자에게 자신의 이름을 물려주고 있다. 그 결과 세 명이 하나가 되어, 고위 당국자의 눈에 동일한 사람으로 취급되고 있다.

진보주의자이기도 했던 트뢱 박사는 러시아 제국에서 사례를 찾지 않았다. 그는 그 일을 보다 진보적인 20세기 사람들에게 맡겼다.

장수한 사람들의 직업을 통계로 보면 최고상은 만장일치로 성직자에게 주어졌다. 르종쿠르는 이것을 신과 친밀하게 연결된 특권으로 간주했다. 그들의 장수는 '당당하고 평온한 존재il dolce far niente' (다소 무관한 해석)에서 비롯된 것이라고 보았다. 르종쿠르에 따르면 가장 단명한 사람들은 예술가들이었다. 아마 그들은 '물감에서 발산되는 물질을 자주 들이마신 것' (독창적이고 과학적인 설명)에 영향을 받았을 것이다.

르종쿠르로부터 30년이 지난 후 푸와삭 박사가 주장한 수치들이 통계 과학의 발전을 입증했다. 이번에 통계학은 모든 시대와 광범위한 직업을 망라하는 완벽한 것으로 간주되었다. 통계학은 극단적인 사례들을 부각시키는 대신 실제 수명을 조명하도록 고안되었다. 다시 말해 평균 수명을 사회 각 분야에 고루 적용시켰다.

통계학자들에 따르면, 가장 장수한 사람은 신학자였다. 교황, 추기경, 주교, 신부, 목사, 수도사와 수녀들 가운데 장수인들이 즐비했다. 그 다음으로는 철학자가 손꼽혔다. 여기서 고대인들은 근대인들과 차이를 보였다. 전자의 평균 수명은 84세 5개월인 반면 후자의 평균 수명은 67세 2개월에 지나지 않았다. 고대인들이 더 장수한 것은 납득할 만한 일이었다. 그들에게는 철학이 '일종의 법이자 종교'였기 때문이다.

다음은 피타고라스의 사례이다.

피타고라스는 남편들이 첩과의 관계를 끊어야 할 뿐 아니라 아내와 관련하여 정숙의 규범을 준수해야 한다고 주장했다. 그는 여자들에게 여성의 덕목, 특히 정숙을 권장했다. 그는 검약을 모든 덕목의 어머니로 간주했다. 이런 규율을 제시한 목적은 필경 가장 중요한 위생의 규범을 따르기 위함일 것이다.

수명을 기준으로 하자면, 자신의 규율에 충실한 이런 '실천적인 철학자들'은 중세와 근세의 신학자들을 능가할 수 있었다. 유감스럽게도 철학자들의 평균 수명은 근대에 들어 단축되었다. 근대의 철학자들은 장황하게 철학을 논하는 것을 즐기긴 했지만 가르침의 실천은 그리 염두에 두지 않았기 때문이다.

다음으로 등장하는 직업은 학자이다. 학자들은 비교적 장수하는 것으로 알려졌다. 아무리 연구를 많이 하더라도 절대 타인을 해치지 않는다는 것이 그 이유였다. 따라서 부르주아의 두통거리였던 지적 피로는 죽음의 원인에서 배제되었다. 뒤이어 시인이 등장했다. 고대부터 19세기까지 시인들의 이름은 73명이 올라 있었다. 시인들은 평균 62년 4개월을 생존했다. 음악가들은 이보다 거의 일 년 많은 63년 3개월을 생존했다. 정치가와 화가와 의사들에게도 동일한 방식이 적용되었다. 그런데 의사는 논란의 여지가 있었다. 누와르 박사는 의사들이 '장수의 측정 기준에서 가장 낮은 단계에 위치한 집단'이라고 했다. 그런 사람들을 어떻게 믿고 생명을 맡길 수 있겠는가? 이런 아이러니에도 불구하고 푸와삭 박사는 통계를 이용하여 의사들의 수명이 적절하다는 사실을 입증할 수 있다고 생각했다. 그래도 그들은 화가, 시인, 음악가와 현대 철학자들보다 많은 68년 2개월의 수명을 누렸다.

농부들 역시 평균 수명이 길었다(성직자 바로 다음이었다). 흥미로운 점은 하인들도 장수를 누렸다는 것이다. 실제로 그들은 주인보다 더 마음 편한 위치에 있었다. 그들은 '가족의 기쁨과 고통을 함께했지만 그 정도가 심하지 않았으며, 부자들과 같은 무절제함 없이 행복을 공유할 수 있었다.' 거지들에게서도 장수의 사례들이 등장했다. 심지어 좋은 대우를 받는 몇몇 노예들도 유사한 장수의 혜택을 누렸다. 당대의 후펠란트는 끔찍한 죽음의 원인이라며 노예들을 비난했다. 하지만 푸와삭 박사는 좀 더 긍정적인 측면을 보려고 했던 것 같다.

이데올로기에 따라 통계를 왜곡한 사례를 논할 가치는 없다. 일반적으로 통계 수치들이 존중받으면서 왜곡은 더욱 교묘해졌다. 통계학에 대한 경계는 거의 찾아볼 수 없었다. 결국 이런 방법론이 장수학에 정확성과 신뢰성을 가져다 주었다.

목표

르종쿠르의 저서에서 한 장은 '100세를 넘긴 위대한 장수인들'의 긴 목록으로 구성되어 있다. 이는 최장수가 아주 드문 현상이 아니며, 암묵적으로 그 실행 가능성을 입증하는 것이다. 다음은 그 가운데 두드러진 몇몇 사례들이다. 헝가리의 한 농부는 '오직 채식'만 하다가 185세에 사망했고, 188세에 사망한 한 폴란드인 목동은 절대 보드카를 입에 대지 않았다. '러시아인들의 출중한 환경'이라는 구절은 통계학자들이 국수주의에 물들어 있음을 나타낸다. 물론 최고 기록은 영국인이었다. 그는 1696년에 정확히 200세의 나이로 사망했다. 결국 200세라는 한계가 통계학자들에 의해 확인된 셈이다.

루이 누와르 박사도 200세라는 한계에 주목했다. 그는 므두셀라(최소한의 변화를 위해 성경에 실린 그의 수명을 4로 나눔)와 성 뭉고 그리고 30년전쟁에 참가했으며 1801년에 정확히 200세로 사망한 한 러시아인을 훌륭한 사례로 언급했다.

트뤽 박사에 따르면, 수명은 한 세기에서 다음 세기로 옮겨갈 수 있어야 했다(콩도르세 이론의 재판). 그는 가까운 장래에 사람들이 평균 수명이 120세에 이를 것으로 예상했다. 당시 프랑스에서 기록된 평균 수명이 40세였음을 보면 그야말로 장밋빛 전망이었다.

하지만 가장 진전된 논의를 제기한 사람은 피에르 플루랭스였다. 그는 먼저 뷔퐁의 공식에서 출발했다. 그는 뷔퐁의 공식을 전적으로 신뢰했으며 유일한 문제는 곱해야 할 올바른 수치를 확인하는 것이었다. 이것이 바로 플루랭스가 해결해야 할 문제였다. 그는 이 연구에 20년을 매달렸다.

플루랭스는 골단(뼈의 끝 부분) 발육으로 모든 설명이 가능하다고 생각했다. '뼈가 골단에 연결되어 있지 않는 한 신체는 성장한다. 일단 뼈가 골단과 결합되면 신체는 성장을 멈춘다. 이런 현상은 20세를 전후하여 발생한다.' 따라서 첫 번째 수치는 골단의 발육이 완료되어 성장이 멈추는 나이인 20세이다.

다른 수치는 전혀 문제가 되지 않았다. 뷔퐁처럼 플루랭스 역시 '동물 조직의 모든 것이 엄격한 법칙을 따른다'고 확신했다. 다만 이 법칙은 환경에서 약간의 영향을 받았다. 법칙과 연계하여 플루랭스는 새로운 공식이 20세×5=100세라고 주장했다. 뷔퐁의 14×7과 플루랭스의 20×5는 놀랍게도 거의 동일한 답이 나왔다. 20년에 걸친 연구 결과는 뷔퐁의 결론을 확증하는 것이었다. 그렇다면 정녕 그만한 가치가 있었던 걸까?

하지만 이뿐만이 아니었다. 한술 더 떠 플로랭스는 '성장 기간에 5를 곱한 것이 일반적인 수명이라면 최대 수명은 여기에 다시 2를 곱한 것이 된다'고 주장했다. 하지만 새로운 수치인 '2'의 출처를 찾는 것은 쉽지 않은 일이다. 궁극적으로 플루랭스는, 좀 더 직접적으로 25×8로 200의 결과를 이끌어 낸 후펠란트와 동일한 답을 얻었다.

플루랭스는 이렇게 결론을 내리고 있다. '100년이 정상적인 수명이라면, 200년(최소한 150년)은 보기 드문 엄청난 수명이다. 이것이 바로 과학이 인간에게 제공할 수 있는 미래의 전망이다.'

간혹 우리는 과학에 절망감을 느낀다. 20년에 걸친 연구에도 불구하고 이런 논증의 유일한 역할은 일종의 알리바이를 제공했다는 것이다. 과학은 교묘하게 조작되어 뷔퐁의 애매한 표현과 후펠란트의 임의의 결정을 실증했을 뿐이다. 다른 무엇보다도 이 논증은 원형의 모든 조건들의 정당성을 확인하기 위해 사용되었다. 우선 인간의 수명은 누구나 꿈꿀 수 있는 100년이란 한계로 정해졌다. 그러다가 150년으로, 다시 200년으로 늘어났다. 궁극적으로 200세는 달성하기 매우 힘들지만 동시에 일말의 가능성이 남아 있는 수명의 한계였다.

푸와삭 박사는 통계학을 내던지고 환상—그의 표현을 빌리자면, 이성—을 불러들였다.

이성이나 인간 유기체의 법칙에 반하는 것은 절대 불가능하다. 일단 신체의 조화를 깨뜨리는 질병과 그 메커니즘을 손상하는 외부 폭력으로부터 보호받는다면 인간은 수세기 동안 생존할 수 있다. ……성경에 등장하는 선조들의 장수는, 오늘날 지상 인간들의 단명과 비교하면 훨씬 합리적이며, 생리학의 법칙과도 더 조화를 이루었다.

우리는 뜻밖의 새로운 사실을 기대할 수 있다. 특히 뷔퐁의 계산 방식을 이용한 푸와삭이 성장 기간의 실질적인 연장이 가능하다고 주장했기 때문이다. 그는 플루랭스가 선택한 20세가 매우 부적절하다고 생각했다. 그는 인간이 30세, 심지어 35세까지 성장을 지속한다고 주장했다. 그렇다면 그는 이 새로운 수치에 후펠란트처럼 8을 곱했을까, 뷔퐁처럼 7을 곱했을까, 아니면 플루랭스처럼 5를 곱했을까? 모두 정답이 아니다. 그는 3을 곱하기로 결정했다. 그리하여 플루랭스처럼 100세의 수명을 이끌어냈다. 그렇다면 100세와 수세기의 차이는 무엇인가? 전자는 현재 가능한 수명으로, 후자는 미래에 가능한 수명으로 정의한 듯싶다.

하지만 푸와삭 박사는 뷔퐁, 플루랭스와 의견을 달리하면서 장수가 환경적 · 사회적 조건에 지속적으로 순응한다고 주장했다. 문명화된 인간은 미개인보다 더 오래 살며, 유럽인들은 아시아나 아프리카인들보다 더 오래 살 것이다. 장수는 진보와 보조를 맞출 것이다. 따라서 미래의 전망은 활짝 열려 있는 셈이다.

전반적으로 수명에 대한 19세기의 접근법은 온건하고 낙관적인 특징을 가졌다고 할 수 있다. 성경과 전통적인 여타 신화들의 턱없이 높은 수명과 비교하면 이런 접근법은 부르주아의 온건함을 반영하고 있는 것이다. 하지만 다음 세기에 100년의 한계를 넘어서려는 목표는 여전히 낙관적이었다.

미래에 관한 고전으로는 프랑스 천문학자이자 과학 보급자인 까미유 플라마리옹Camille Flammarion(1842~1925년)의 저서가 있다. 1894년에 그는 인간의 멸종 직전까지의 광대한 미래 역사를 그린『세상의 종말La Fin du monde』을 출간하였다. 이 책에 따르면, 인간은 2만 년 후에 진화의 절정에 달한다. 지구에는 체구가 작고 호리호리한 백인(주로 앵글로색슨과 중국인의 합성)들이 거주한다. 인간은 더 큰 두뇌와 정교한 신경계 그리고 텔레파시 능력을 가질 것이다. 다만 유감스러운 점은 장수에 관한 한 별반 차이가 없다는 것이다. 우리의 후손들은 100세까지 젊음을 유지하면서 대략 150세까지 생존할 것이다. 미래로 가 봤자 수명에는 사실상 별 득이 되지 않는 것이다.

반면 콩도르세와 후펠란트는 미래의 전망을 낙관적으로 바라보았다. 사실 플라마리옹은 고전적인 수명의 한계들 중 하나를 미래에 투사했던 것에 지나지 않았다. 그의 과감성 부족은 장수가 그의 첫 번째 관심사가 아니었기 때문이다. 위대한 천문학의 보급자는 영혼의 이동과 다른 혹성에서의 부활을 믿었다. 이토록 무궁무진한 삶과 경험이 우리를 기다리고 있는데, 지구의 삶에 집착할 이유가 무어란 말인가?

하지만 1842년으로 다시 돌아가면 놀랍게도 100세를 넘긴 장수인 목록에 올라 있으며 여전히 생존해 있는 한 프랑스인을 만날 수 있다. 노엘 데 케르조니에르라는 전직 프랑스군 식당 관리 사관은 당시 114세였다(1728년에 출생한 그는 1846년에 118세의 나이로 사망했다). 그에게 많은 관심을 가졌던 르종쿠르는 다음과 같은 인상적인 기록을 남겼다.

예순을 넘기지 않은 것처럼 곱상하게 늙은 노인은 쾌활하며 체격도 건장하다. 그에게는 신체적으로 허약한 부분이 없을 뿐더러 마음의 불안도 전혀 찾아볼 수 없다. 다만 가는귀를 약간 먹었을 뿐이다. 혼자 힘으로 면도할 만큼 손도 온전하다. 안경 없이 읽고 쓸 만큼 시력도 좋은 편이다.

활력 넘치는 젊은이 못지않게 노인의 위액은 풍부한 것 같다. 그는 매일 2킬로그램의 빵을 섭취한다. 하루에 서너 끼쯤 식사하는데, 음식의 특성이나 질은 개의치 않는다. 저녁 8시경에는 설탕을 듬뿍 넣은 차를 마신다. 그리고 나서 죽은 듯이 곤히 잠든다. 혹독한 계절에도 그는 침실이나 침대에 난방을 하는 법이 없다. 그의 주장에 따르면, 자신의 체온만으로도 충분하다.

케르조니에르는 생동감 있는 음성을 가지고 있다. 그는 지금도 손수 작곡한 종교적 아리아를 떨림 없이 즐겁게 노래한다. 그는 평균 신장이지만 체격은 건장하다. 그는 90세의 나이에 16세의 젊은 영국 여인과 결혼했다. 아이를 낳다가 사망한 그녀는 그에게 아들을 남겼다.

이 글에 뒤이어 이 특이한 사람의 비범한 기억력과 박식함에 대한 상세한 설명이 이어진다. 케르조니에르는 과연 새로운 인간 종으로 완벽히 건강한 인간, 즉 미래의 젊은 '100세 장수인'의 선구자였을까?

방법론

우리의 저자들은 장수에 대해 절충주의 방법론을 이용했다. 즉 그들은 전통적인 과학적 방법과 현대적 과학적 방법, 사회적 발전을 위한 연구 계획, 윤리적 규범, 요리 재료 등과 장수를 연계시켰다.

가장 광범위한 연구는 트뢱 박사의 작업이었다. 공화정 지지자이자 좌파였던 그는 사회 문제에 많은 관심을 가졌다. 자연히 그의 책에는 사회 문제의 치유책이 반영되어 있었다. 그의 주장에 따르면, 수명 연장을 위해 가장 먼저 해야 할 일은 주요한 사망 원인인 빈곤을 퇴치하는 것이었다. 따라서 '일자리를 증대하고 경제적으로 편안한 생활을 일반화하는 것'이 필요했다. 사회적 건강이 생물학적 건강의 제1 요소였다.

과학적 방법은 전기로 시작되는 사회적 발전을 위한 정책을 보충해야 했다. 이것은 자연스런 일이었다. 19세기는 전기의 세기이기도 했다. 트뢱 박사에 따르면, '신경 유동물과 전기 유동물' 사이에는 상당한 유사성이 존재했다. 따라서 신경체계—노화 작용의 근원 조직—의 결함을 보충하기 위해 전기를 사용하는 것이 가능했다. 실험 결과 전기를 일으키는 물질이 생명 에너지를 증가시킨다는 것이 입증되었다. 이런 힘은 '활동하지 않는 모근을 깨우기에 충분할 만큼 강력하며, 그럼으로써 머리카락에 젊음의 풍성함과 색조를 가져다주는 것'으로 알려졌다. 전기 자극을 통한 머리카락의 회춘은 전반적인 회춘의 전조를 나타내는 듯했다.

트뢱 박사는 클로로포름(마취제)에도 관심을 가졌다. 그는 클로로포름을 이용하여 환자들을 오랜 잠에 빠지게 함으로써 그들의 생물학적 잠재력을 보존하고 재생하는 일종의 동면과 같은 효과를 볼 수 있다고 주장했다.

한 가지 흥미로운 점은 이런 좌파 과학자가 성경을 존중했다는 것이다. 그는 성경의 정신뿐만 아니라 성경의 문자, 좀 더 정확히 말하자면 그 숫자까지 존중했다. 성서 속의 선조들의 나이를 4로 나누는 것은 그에게 비열한 술수처럼 보였다. 그는, 선조들의 시대에 전기가 존재하지 않았음에도 불구하고 그들이 천 년의 생을 누렸을 것으로 가정했다.

성경은 하나의 신체에서 다른 신체로 전달되는 체온의 장점—유명한 다윗 왕의 방법—에 관한 짧은 논문에서도 훌륭한 자료로 이용되었다. 이와 관련하여 젊은 여자를 만지는 것이 불가능한 사람들일지라도 절망할 필요는 없었다. 건강한 어린아이, 심지어 작고 통통한 개를 만지더라도 유사한 효과를 얻을 수 있기 때문이었다.

누와르 박사는 문제 해결의 열쇠를 성적인 도덕성에서 찾았다. 만약 장수를 원한다면 가장 먼저 유의해야 할 사항은 효과적으로 섹스를 관리하는 것이다. 그는 정열적인 100세 이상의 장수인과 동등하게 장수한 은둔자들 간의 상충되는 습관에 대해 약간의 정돈이 필요하다고 주장했다. 결국 그는 자존심 있는 다른 부르주아들처럼 중용을 선택했다.

젊은 사람들, 특히 어린 소녀들과의 접촉은 유익한 것으로 여겨졌다. 다윗 왕의 명성은 손상되지 않았다. 하지만 환경에 적응하는 것이 중요했으며, 북유럽 기질은 종종 더 강한 처방을 요구했다. 위대한 네덜란드 의사 부르하베Boerhaave는 '이런 과정을 암스테르담의 한 늙은 시장市長에게 성공적으로 적용시켰다. 순전히 고객의 무기력한 상태 때문에 그는 조제약을 두 배로 늘렸으며 시장을 두 소녀 사이에 눕혔다.' 유감스럽게도 실험 결과의 상세한 내용은 알려져 있지 않다.

몇몇 늙은 난봉꾼들은 고령에도 불구하고 무분별한 섹스 행각을 벌였다. 더러는 100세를 넘긴 경우도 있었다. 여기서 토머스 파는 매우 난처한 상황에 처한다. 누와르 박사는 '장수의 살아 있는 상징이 100세의 나이에 어린 소녀를 유혹하여 임신시키는 바람에 교회에서 참회해야 했던' 일화를 인용했다. 비슷한 나이에 아이를 낳은 여자들에 대한 언급도 있었다.

누와르 박사는 모든 반박을 일소에 부치면서 세 가지 명제로 그 주제를 설명했다. 첫째, 성적으로 건강한 100세 이상의 장수인들은 젊은 시절 성적 금욕을 실천한 사람들이었다. 그들이 장수한 이유가 바로 그것이다. 둘째, 은둔자와 은수사들은 성적 금욕 덕분에 장수할 수 있었다. 셋째, 100세의 한계를 넘긴 난봉꾼들의 한 범주가 존재한다. 하지만 이것은 '음란함이 생명을 단축시키는 원인 중 하나'라는 규범을 확증한 것에 지나지 않는다. 100세를 넘긴 대다수 장수인들이 결혼했다는 사실은 이 논거를 뒷받침하고 있다. 적어도 당시의 사고방식에서는 결혼을 '상대적인 성적 금욕'으로 가정했기 때문이다.

한 가지 흥미로운 개념이 등장한 것처럼 보인다. 젊은 시절 섹스를 거부한 사람들이 노년에 그 혜택을 누릴 수 있는 것이다. 여든의 나이에 성 생활을 시작하는 토머스 파를 상상해보는 것도 재미있을지 모른다.

마지막으로 비콩트 드 라파스는 훌륭한 요리에 기반을 둔 전형적인 프랑스식 해법을 권장했다. 음식을 좋아하는 남부 프랑스 토박이인 비콩트는 코르나로와 완전히 정반대의 인물이었다. 그는 장수를 원했지만 식탁에서의 즐거움을 희생시키고 싶지 않았다. 다행스럽게도 그의 연구는 그의 입장을 뒷받침했다. 즉 누군가 장수를 원한다면 그는 베네치아의 금욕주의자가 권장하는 접근법과 완전히 상반되는 방식을 선택해야 했다. '내 생각에 수분이 많은 음식보다 건강에 더 좋은 것은 없다. …… 솜씨 좋은 요리가 세상에서 제일가는 의사다.' 물론 그가 의미하는 것은 프랑스 요리였다. '그 중에서도 프랑스식 요리가 가장 으뜸인 듯싶다.' 그에게 불멸에 이르는 길은 프랑스 요리였다.

비콩트는 애국자인 동시에 엘리트였다. 장수에 대한 그의 전략은 오직 부자들에게만 적용되는 것이었다. 빈자들은 거친 음식으로 그럭저럭 지낼 수 있었다. 그 이유는 과학적으로 입증 가능했다. 반면 부자들은 기름진 음식을 필요로 했다. 다른 사람들보다 자기 신체의 물질을 더 많이 소비했기 때문이다. 그들은 열정과 슬픔이 민감한 조직에 미치는 영향이나 연구로 인한 피로를 보충해야 했다.

하지만 비콩트는 빈자들을 위해서도 몇 가지 방법을 추천했다. 더 나은 작업 환경과 적절한 위생 그리고 질적으로 부족할지라도 최소한 양적으로는 넉넉한 음식이 그것이었다.

각각의 사회적 계층은 장수에 이르는 나름의 경로를 가지고 있었다. 하지만 다른 무엇보다도 최상의 방식은 부유한 프랑스 미식가가 되는 것이었다. 하지만 몇몇 프랑스인들은 절제의 가치를 이해하고 있었다. 가장 널리 알려진 인물로는 '실증주의 철학'의 창설자이자 사회학의 아버지인 오귀스트 콩트Auguste Comte(1798~1857년)가 있었다. 그가 소망하는 합리적 세상은 건강과 장수를 겸비한 세상이었다[『실증 정치체계Système de politique positive』(1851~1854년), 『실증 종교 교리문답Catéchisme positiviste』(1852년)]. 콩트는 위생에 대한 엄격한 원칙에서부터 출발했다. '무엇보다도 신체적·정신적 자극을 점차 감소시켜야 한다. 포도주와 커피와 담배를 줄여야 하며, 끝으로 생명이 끝날 때까지 음식을 서서히 줄여야 한다.' 가장 마지막은 섹스('인간

의 본능 중에서 가장 다루기 힘든 것)를 전혀 하지 않거나 최대한 줄이는 것
이다.[3] 이런 수단을 통해 콩트 자신은 59세까지 생존할 수 있었다. 첫 시도
치고는 그런 대로 괜찮은 결과였다.

이쯤에서 약간의 실망을 피력하지 않을 수 없다. 19세기가 그토록 자랑
하던 과학적 방법은 대체 어디에 있단 말인가? 기껏해야 전기뿐이었다. 대
다수 '전문가들'은 음식과 섹스로 시작되는 전통적인 주제를 재탕하는 수
준에 머물렀다. 나아가 이렇게 구상된 방법론으로 성취하기에 장수는 너무
벅찬 주제로 남아 있었다.

마법의 장수: 파우스트와 그 여자

과학적 프로젝트는 다소 온건했으며 그 전개 과정이 너무 느렸기 때문
에, 상상의 영역에서 장수와 회춘과 불멸에 대해 전통적인 방식으로 접근하
는 것을 막을 수는 없었다. 신과 악마는 좀 더 빠르고 철저하게 일을 성사시
키는 듯했다. 마법의 장수는, 비록 과학의 영역에서는 배제되었지만 예술과
문학의 영역에서는 계속되었다. 과학과 상응하는 것처럼 보이는 이런 흐름
은 장수에 대한 탐색이 19세기 전반에 활발하게 진행되었음을 나타낸다. 픽
션만큼 인간 영혼을 잘 표현한 것도 없었다.

이런 측면에서 유명한 파우스트 전설의 현대적 화신들을 추적하는 것이
도움이 될 수 있다.[4] 파우스트 이야기는 르네상스 시대에 싹트기 시작했다.

회춘한 후 마르가레테와 함
께한 파우스트, 아리 셰퍼
의 삽화.

첫 작품은 1587년에 독일어판으로 출간되었다(『요한 파우스텐 박사에 관한
역사Historia von D. Johann Fausten』). 뒤이어 크리스토퍼 말로Christopher
Marlowe의 『포스터스 박사의 비극적 역사The Tragical History of Dr Faustus』
(1590년에 집필, 1604년에 초판 발행)가 출간되었다. 이 전설과 관련하여 처음 2세기
동안에는 훗날 지배적인 주제에 관한 언급이 없었다. 초창기의 주제는 파우
스트가 메피스토펠레스에게 자신의 영혼을 팔고 그 대가로 얻은 지식과 부
와 권력에 관한 것이었다. 젊음에 관한 언급은 없었다.

젊음과 관련된 주제가 처음으로 등장한 것은 괴테의 『파우스트Faust』
(1770~1775년경 집필) 초판이었다. 이 작품에서 파우스트는 마녀가 지어준 약을
마시고 사랑에 빠진다. 1부의 내용이 포함된 희곡의 한정판은 1832년에서야
간행되었다. 괴테에게 영웅의 회춘은 전반적인 철학적 의미와 비교하여 부
차적인 것이었다. 그럼에도 불구하고 그의 창작은 파우스트 신화를 위한 일
종의 제2의 생애에 대한 시발점이 되었다.

파우스트 신화의 변형은 1859년에 완료되었다. 당시에 샤를 구노
Charles Gounod는 괴테 희곡을 각색한 오페라인 「파우스트」를 작곡했다.
'새로운' 파우스트가 원하는 것은 오직 젊음을 되찾는 것뿐이었다. 회춘의
기적이 무대에서 전개되었다. 파우스트는 서정적 연극에 안성맞춤인 사랑
에 빠진 젊은이가 되었다. 신화는 다른 의미로 격하되었다. 오페라는 파리
는 물론 밀라노(1862년), 런던(1863년), 뉴욕(1864년)에서 차례로 눈부신 성공을 거
두었다. 대중들의 시야에서 괴테의 존재는 구노에 의해 가려졌다.

오늘날 파우스트에 관하여 대부분의 사람들이 알고 있는 것은 원본보
다 각색에 더 가깝다. 이런 세속화는 비판의 여지가 있지만 장수와 관련해서
는 좋은 징조였다. 상상 가능한 모든 해법 중에서 결국 19세기는 회춘을 선
택했다(20세기에도 그 영향을 받았는데 한 예로 르네 클레르René Clair는
1949년에 「악마의 아름다움La Beauté du Diable」이란 영화를 제작하였다).
잃어버린 젊음에 대한 향수는 현대 세계의 공공연한 심리학적 특징인 것처
럼 보인다. 심지어 파우스트의 경우 이야기의 다른 의미들을 덮어 감추기까
지 했다.

여성 파우스트를 창조했던 영국 작가 헨리 라이더 해거드Henry Rider
Haggard(1856~1925년)의 시도도 언급할 만하다. 1887년에 출간된 그의 소설

『그 여자She』에서는 이국적인 아프리카를 배경으로 하여 한 백인 여왕이 '생명의 불'에 뛰어듦으로써 영원한 젊음을 획득한다는 내용을 담고 있다. 2,000살의 나이에도 불구하고 '그 여자'는 여전히 젊은 여인의 모습을 하고 있다. 그녀의 동기는 파우스트의 동기와 유사했다. 그녀의 목적은 사랑이었고, 그 방법은 유혹이었다. 현대 문학에서 '그 여자'는 '요부femme fatale'의 원형이었다. 사실 영원한 여성다움의 신비롭고 혼란스런 측면에 대해 장수(변치 않는 젊음을 의미하는 장수)보다 더 적절한 표현이 어디 있겠는가?

부르주아와 과학자들의 시대에는 종종 낭만적 영혼의 단편, 즉 젊음과 사랑과 유혹을 드러내곤 했다.

빌헬름 1세의 장수의 묘약

서구 엘리트들은 과학과 문학의 경이로움에 경의를 표한 반면 민간전승은 여전히 과거의 방식으로 전설을 엮어가고 있었다. 장수의 전설도 그 중 하나였다. '진실의 핵심'을 발견하기 힘든 그 이전의 창조물들과 달리 현대적 산물들은 실제 사건을 통해 변화의 과정을 좀 더 명확히 보여주었다. 다음은 프로이센의 왕(1861~1888년 통치)이자 독일의 황제(1871~1888년)였던 빌헬름 1세 시대에 대한 흥미로운 헝가리식 해석이다.

제켈리(동부 트란실바니아에 거주하는 헝가리인들)는 독일 황제 빌헬름이 자신만이 아는 비밀의 묘약으로 100세까지 장수한 사실을 전하고 있다. 마르지 않는 건강의 원천인 이 마법의 음료는 일종의 '불멸의 생명수'였다. 이 묘약 덕분에 그는 영원한 삶은 아닐지라도 적어도 경이로운 장수를 누릴 수 있었을 뿐 아니라 광대한 제국을 관리하고 왕위를 넘보는 왕자를 막을 수 있는 힘을 획득할 수 있었다. 왕자 자신은 더 이상 젊음을 유지하지 못한 채 질병에 시달렸다. 그는 아버지를 설득하여 마법의 묘약을 얻는 데 실패했다. 단 몇 방울의 묘약만 얻었더라도 그의 질병은 씻은 듯이 나았을 것이다. 하지만 제국의 왕자에 대한 아버지의 경계를 막아준 것은 황제가 총애하는 두 명의 대신들이었다. 한 명은 검劍을 수호하는 대신이고, 다른 한 명은 이성理性을 수호하는 대신이었다. 이 두 기사들은 하루도 빠짐없이 외출을 했는데, 가는 곳마다 사람들의 찬사를 받았다. 검을 수호하는 기사는 말을 타고 마을을 돌아다녔으며, 그의 동료인 이성을 수호하는 기사는 가마를 타고 이동했다. 세상의 모든 군주들은 독일 황제가 장수의 비밀을 나누어 주길 바랐다. 하지만 그들의 바람은 수포로 돌아갔다. '노인'은 언제나 그들의 국가를 점령함으로써 그들을 짓밟을 뿐이었다. 근래에는 러시아 황제가 이런 시도를 했다. 처음에 그는 관대함으로 원하는 것을 얻을 수 있다고 생각했다. 하지만 그것이 실패로 돌아가자 그는 무력을 사용하기 시작했다. 얼마 안 있어 끔찍한 전쟁이 발발했다.[5]

이 대목에서 어떤 요소들이 결합했는지 확인하는 것은 그리 어려운 일이 아니다. 먼저 황제가 장수했다는 사실(1887년에 90세)이 있고, 그리고 장수와 왕족 간의 전통적인 연계(특히 황제의 경우)와 장수와 권력 간의 독특한 관계가 있다. 민간전승의 기준으로 보자면, 독일 황제의 불멸에 가까운 영속성은 1870년 이후 독일의 유럽 지배를 상징하는 것이었다. 이와 유사하게 유럽에서의 정치적 긴장은 장수의 비밀을 얻으려고 애쓰는 통치자들 간의 경쟁을 약화시켰다. 요컨대 역사와 가공의 이야기 사이에는 미미한 차이가 존재했을 뿐이다.

회춘한 100세 이상의 장수인들

수명을 연장시키는 장수에 대한 소망을 품었던 19세기는 이런 계획에 타당성을 부여하는 기존의 성과들에 전혀 반기를 들지 않았다. 확고부동하게 유지되던 '100세 이상의 장수'를 믿는 사람들에는 앞서 언급한 프랑스인 저자들 외에도 최소한 두 명의 미국인들이 더 있었다. 다니엘 해리슨 자크스 Daniel Harrison Jacques는 자신의 저서 『완벽한 육체Physical Perfection』(1859년)에서 코르나로 모델을 적극 지지하며 150세 이상 장수한 사람들에 대한 10건의 '확증된' 사례들을 언급했다. 몇 년 후 버몬트 대학의 의과대 교수인 윌리엄 스위트서William Sweetser는 자신의 저서 『인간의 생명Human Life』(1867년)에서 헨리 젠킨스와 토머스 파의 최장수인 목록에 몇몇 동포들을 추가시켰다. 그들 중 조지프 크렐레는 141세로 짐작되는 1866년에 사망했다.

이러한 신화의 가공할 만한 비약을 지상으로 되돌리기 위해 영국이란 토양으로 다시 돌아가 보자. 영국은 가공의 노인들과 장수에 관해 가장 엄격한 비평가들 모두에게 우호적인 곳이었다. 후자의 공격은 다음 두 가지 기본 형식을 취하고 있었다. 첫째, 알려진 최장수는 사실이 아니다. 둘째, 설령 그

것이 사실일지라도 권장할 만한 일이 아니다. 전자는 윌리엄 톰스William J. Thoms가, 후자는 월터 베전트Walter Besant가 제기한 논거였다.

윌리엄 톰스(1803~1885년)는 대중적인 전통에 관심을 가졌던 학자로 '민간전승folklore' 이라는 단어를 고안했다. 따라서 그는 사례들의 전설적인 측면을 잘 평가했다. 장수와 관련하여 그는 1873년에 『인간의 장수, 그 사실과 허구Human Longevity, its Facts and its Fictions』를 출간했다. 그의 연구를 통해 젠킨스와 파와 데즈먼드 백작이 다시 젊어졌다. 톰스는 이렇게 주장했다. '토머스 파가 아주 장수한 노인이라는 사실은 의심의 여지가 없다. 아마도 그는 100세쯤까지 생존했을 것이다.' 톰스는 또한 건전하고 검소하게 생활하는 농부들이 장수할 가능성이 높다는 개념도 믿지 않으려 했다. 시골에서는 남아 있는 공식 기록이 정확하지 않기 때문에 이런 현상이 발생한다는 것이 더 타당성 있는 설명이었다.

불멸의 디스토피아

월터 베전트(1836~1901년)는 앞선 세기의 '스위프트 시나리오' 의 반복으로 보아도 좋을 듯싶다. 19세기처럼 낙관주의가 팽배했던 시기일지라도 상충하는 흐름에서 자유로울 수 없었다. 이런 경향은 1900년을 향해 접근할수록 명확해졌다. 다가오는 미래에 대한 두려움이 점점 커졌기 때문이다. '아름다운 시대(belle époque, 1871~1914년까지 서유럽이 평화와 번영을 누렸던 시기)'의 이면에는 긴장감이 점증하고 있었다. 결국 과학과 기술이 인류를 삼켜버리지 않을까? 미래를 약속하는 최고의 세상이 천국보다 지옥에 더 가깝지 않을까? 이즈음 유토피아가 디스토피아dystopia(反反 이상향)로 서서히 옮겨가기 시작했다.

월터 베전트는 다양한 장르를 섭렵한 다작 작가였다. 1888년에 출간된 『내면의 집The Inner House』에서 그는 육체적 불멸의 디스토피아, 즉 궁극적인 장수의 세계를 상상했다. 베전트는 스위프트보다 더 우호적인 전제를 가지고 시작했다. 그가 그린 불멸의 인간들은 더 늙지 않았으며 적령기인 남자 30세, 여자 24세에 머물러 있었다.

베전트가 소설을 쓰고 있던 시기에 한 독일인 학자가 장수의 비결을 발견했다. 수세기 후 2만 4,000명의 불멸의 인간들로 구성된 공동체가 캔터베리에 정착하게 된다. 그 도시는 완전히 변해 있었다(이상하게도 세상의 다른 지역에서 어떤 상황이 벌어졌는지는 독자에게 알려지지 않는다). 사람들은 더 이상 생물학적 이유로 죽지 않지만 사고로 인해 죽을 위험은 여전히 남아 있었다. 이러한 상황이 정신 이상을 가져오게 된다. 불멸의 존재임에도 사고로 죽는다면 그야말로 어리석은 행각이 아닌가! 재난을 피하기 위한 온갖 가능한 수단들이 강구되었다. 지나치게 위험하다는 이유로 사람들은 더 이상 여행을 떠나지 않으며, 자신의 집 안에 꼭꼭 숨어 지낸다.

공동체 구성원들은 누구나 평등했다. 불멸성은 필연적으로 공산주의를 이끌게 되고 그 결과 개인주의와 경쟁 심리가 사라졌다. 지난 세대의 사람들은 끊임없이 분주하게 돌아다녔다. 역동적이고 적극적이었던 그들은 입신출세를 도모하고 후손들에게 밝은 미래를 보장하려고 애썼다. 자신들에게 주어진 시간이 한정되어 있다는 것을 알고 있었기 때문이다. 하지만 자신이 불멸의 존재임을 깨닫는 순간부터 바쁘게 움직일 이유가 없어진다. 궁극적인 목표에 도달한 이상 더 바랄 게 없는 것이다.

모든 사람들이 동일한 방식으로 살아간다. 주택과 방도 똑같다. 그들은 모두 하나의 침실만을 가지고 있다. 남자와 여자도 동일한 옷차림이다. 사람들은 조금만 일하고 대부분의 시간은 휴식을 취한다. 그들은 먹고 마시는 일에 열중한다. 유일한 쾌락은 불멸의 존재로 남아 있는 것이었다. 물론 음식은 대형 식당에서 함께 해결한다. 사랑이 사라지고, 그 결과 자식들도 사라졌다. 후손에 대한 필요성이 사라졌기 때문에 출생은 금지된다. 종교도 더 이상 존재하지 않는다(과거 종교의 기능은 인간들을 위로하는 것이었다). 예술과 과학에 관심을 갖는 사람은 아무도 없었다. 물론 생물학과 의학은 예외였다.

공동체는 전제적인 위원회의 지배를 받으며, 위원회는 다시 영원한 독재를 염원하는 편집증적인 한 개인의 지배를 받는다. 이런 식으로 그는 불멸을 발견하기 이전 시대에 상류 사회로 진출할 수 없었던 가난하고 무지한 소년으로서 자신이 겪었던 좌절에 앙갚음을 하고 있었다.

하지만 잃어버린 세상에 대한 희미한 기억과 박물관 도서실에서 일하는 한 소녀(그녀는 공동체에서 유일한 10대 청소년이다. 사고로 사망한 누군가를 '대신하여' 그녀의 출생이 허락되었다)의 연구에 의하여 점차 반체제 세력이 구체화되기 시작한다. 결국 갈등이 분열을 낳는다. 한쪽은 불멸의 포기를 바라지 않는 자들이다. 설령 그것이 분별 없는 예속 상태를 의미한다 할지라도 그들은 캔터베리를 떠나려 하지 않는다. 다른 한쪽은 죽음을 받아들임으로써 삶의 자유와 행복을 선택하는 자들이다. 그들은 다른 곳으로 떠나며, 이윽고 삶은 죽음의 존재와 후대의 계승으로부터 가치를 얻기 시작한다.

베전트의 독창성은 당시의 두 신화―인간의 생물학적 변화와 공산주의식의 '밝은 미래'―를 연계하고 대조했던 그 방식에 있었다. 이런 두 신화에 반하여 그는 19세기의 개인주의적 자유주의, 그리고 건너려면 위험이 따르는 특정한 생물학적·윤리적 경계에 대한 새로운 인식을 설정했다. 물론 그의 방식은 진보적인 접근법은 아니었다. 하지만 훨씬 진보적인 생각을 가진 사람들에게도 사고의 재료(특히 최근의 공산주의 몰락과 '신인류' 창조의 실패 이후)를 제공할 수 있었다.

제6장

이데올로기 시대의 장수: 20세기 전반기

미생물과 호르몬, 우생학과 공산주의

과학이 득세했던(적어도 상상의 영역에서) 19세기 중반에도 장수에 관한 연구는 단순히 고상한 원리들을 내세우는 위험을 늘 안고 있었다. 권장된 방법들(수혈, 전기 등등)은 신선함을 잃었다. 한동안 똑같은 조언이 반복되었는데, 실제로 그 모든 조언은 결국 절제라는 하나의 권장 사항으로 요약되었다. 다행히 모든 사람들은 그 논쟁을 다소 그럴듯하게 꾸미는 독특한 방식으로 절제의 미덕을 실천했다.

하지만 갑자기 뭔가 새로운 변화가 일어났다. 장수에 관한 연구는 19세기 말과 20세기 초 의학이 이룩한 눈부신 발달로 확장되기 시작했다. 그 이후 인류를 더 좋고 더 건강하게 만들 수 있는 몇 가지 방안들이 실현 가능한 것처럼 보였다.

두 가지 새로운 인자, 즉 미생물과 호르몬이 등장했다. 파스퇴르와 코흐는 전염병 병리학에서 미생물의 역할을 증명했다(1870~1890년은 미생물을 발견하게 되는 중요한 시기였다). 이제 미생물은 싸울 수 있는 존재로 확인되었다. 나아가 좋은 미생물을 사용하여 나쁜 미생물에 대항할 수 있다는 상상도 가능해졌다. 물론 수명을 더 길게 하려면 눈에 보이지 않는 적에 대해 면역성을 가진 유기체가 필요했다.

1900년경, 내분비샘과 그 분비물, 호르몬이 차례로 규명되기 시작하여 20세기 내내 장수의 방법들에 영향을 주었다. 많은 질병들이 호르몬 흐름의 결핍에 의한 것으로 설명될 수 있었다. 분명 유사한 기능 상실이 노화 과정의 원인일 것이다. 노령화는 내분비샘들의 기능 상실로 일어나는 일종의 질병으로, 호르몬으로 치료 가능하다는 개념은 매혹적이었다. 이 방식의 최초 연구는 특정 연령이 지나면 어김없이 결핍되는 분비물인 성 호르몬에 관한 것이었다.

이식술 덕분에 단순한 호르몬 주사로부터 하나의 신체에서 다른 신체로 분비샘들을 이식하는 것이 언젠가 가능해질 것이다. 이런 식으로 유기체에는 항상 호르몬이 자연스럽게 흐를 것이며, 호르몬의 흐름은 이식을 통해 주기적으로 재활성화될 수 있을 것이다. 그리하여 생명이 더 연장될 뿐 아니라 젊음을 되찾게 될 것이다. 사람들은 각자의 분비샘이 늙는 만큼 늙을 것이다. 호르몬은 이제 젊음의 샘에 대한 과학적 증거가 되었다.

인간 생물학을 완성하는 프로젝트는 마침내 계획 단계를 막 넘어선 듯했다. 이와 관련해서 두 가지 시나리오가 상당한 설득력을 가지고 있었다. 하나는 유전 형질을 개선하기 위한 학문인 우생학이고, 다른 하나는 사회와 개인 모두의 변화를 목표로 하는 공산주의 교리인 전 세계 혁명이었다.

프랜시스 골턴Francis Galton은 『유전성의 천재와 그 법칙Hereditary

Genius』(1869년), 『자연의 유전Natural Inheritance』(1889년)의 저자로 우생학을 창시했으며, 그의 제자 칼 피어슨Karl Pearson은 런던대학교 응용수학 교수로 1900년경 유전 메커니즘을 엄격히 제한된 공식으로 표현할 수 있다고 주장했다. 이 두 우생학자는 평범한 자질의 인간(천재들보다 더 많이 태어난 덜 성공한 개인들)을 다산할 수 있는 인종(더 정확히 말해 서구 문명)의 퇴화를 우려했다. 이런 불균형은 적절한 사회 정책과 가족 정책에 의해, 그리고 무엇보다도 유익한 집단을 장려하여(바람직하지 못한 유전의 짐을 진 사람들을 단념케 하여) 바로잡아야 했다. 문제는 인간의 선택이었다. 이 논점은 전체적으로 인종의 형질을 개선했다기보다는 오히려 '좋은 유전성'을 가진 개인들에 집중하고, 나머지 사람들은 스스로 보호하도록 방치했다.

우생학은 진화론, 실제로 몇몇 온건한 사회주의자들의 마음을 혹하게 만든 '진보주의'의 측면을 가지고 있었다(간섭주의 정책은 삶의 조건을 개선하는 것을 목표로 했으며, 합리적 한계 내에서 사회적 불평등을 받아들였다). 그러나 우생학의 본질적 영향은 불평등주의와 엘리트주의로, 우익과 좌익에, 간섭주의와 권위주의적 경향으로, 다시 말해 '자유방임주의laissez-faire'의 부정으로 남아 있다. 증가의 위험이 있는 인류의 '쓰레기들'은 미리 배제되었다. 더 급진적인 우생학자들은 결함 있고 '바람직하지 못한' 요소들의 박멸을 주장했다. 실제로 그들을 제거하려는 구상이 있었고, 나치 독일에서 실행되었다.

장수에 관한 한 장수의 부재가 현저했다. 물론 생물학적으로 '성공한' 개인은 오래 생존할 수 있는 기회를 가졌다. 그러나 우생학자들에게는 사회적 신체가 개인의 신체보다 더 중요했다. 생물학적으로 다른 인간을 창조하기보다 이미 만들어진 형질들을 지키면서 그것들을 점차 모든 인류에게 전파하는 것이 중요했다. 요컨대 우생학자들은 인간 조건의 변화가 아니라 사회생물학적 정화를 옹호했으며, 그들의 프로그램은 진보적이라기보다 보수적이었다.

이와 대조적으로, 공산주의의 생물학적 계획은 공산주의의 사회적 계획과 밀접한 관련을 맺고 있었다. 공산주의의 목표는 수명을 포함하는 인간 조건에 사회적 차별 없이 급진적 변화를 가져오는 것이었다(일단 인민의 적들은 제거되었다). 모든 사람들은 '찬란한 미래'에 민주적 역할을 담당할 터였다. 우생학의 첫째 목표가 좋은 용도를 추구하는 유전이었던 반면, 공산주의는 '신인류'를 창조하려는 생물학적 유전에 눈곱만큼도 관심이 없었다.

이제 이 새로운 과학적·이데올로기적 통합체의 일부인 미생물, 호르몬, 우생학, 공산주의에 관해 살펴보자.

엘리 메치니코프와 불가리아 요구르트의 힘

1900년으로 돌아가 한 가지 흥미로운 사례에 주목해 보자. 엘리 메치니코프 Élie Metchnikoff는 진정한 학자이면서 망상의 탐구자였다. 사실 이 두 가지는 쉽게 양립할 수 있는 것이 아니다.[1] 러시아계 유태인인 메치니코프는 1845년에 태어나 1887년부터 파리의 파스퇴르 연구소에서 일했으며 면역에 관한 연구, 특히 식세포phagocytes의 발견으로 1908년 노벨 의학상을 받았다.

메치니코프는 방법론적 실험 과학자라기보다는 대담한 이론들의 창시자였고, 단순히 미생물과 싸우는 것에 만족하지 않았다. 그의 야망은 생사의 메커니즘을 이해하기 위해 인간 본성 깊숙이 파고드는 것이었다. 그의 마지막 전투는 죽음과 싸우는 것이었다.

메치니코프가 선호한 수명은 150세였다. 그는 성서를 매우 가까이했는데, 아마도 거기에 등장하는 선조들의 수명을 생각한 것 같다. 어쨌든 성서에 기록된 초기 시대의 장수는 그에게 의심할 여지가 없어 보였다. 120년을 산 모세를 예로 들어 메치니코프는 이렇게 말했다. '그 머나먼 시대의 장수는 분명히 현재의 장수보다 진정 더 위대했다. ……그러므로 우리는 성서의 몇몇 인물들의 수명을 100세 또는 120세 이상으로 받아들여야 한다.' 훨씬 후대의 기록들, 특히 성 뭉고의 185세는 논의에 포함시킬 가치가 있다.

왜 수명이 줄어들었을까? 어떻게 다시 수명을 예전보다 더 길게 늘릴 수 있을까? 1903년에 출간되어 1917년에 제5판이 나온 『인간 본성에 관한 연구Études sur la nature humaine』와 같은 시기의 『낙천주의 에세이Essais optimistes』란 암시적 제목의 책에서 메치니코프가 대답을 얻으려 했던 의문이 바로 이것이었다.

메치니코프는 처음부터 수명 단축과 조로루老 현상 모두가 장腸의 장애 때문이라고 주장했다. 우리의 내장에서 일어나는 일은 단테의 『신곡』 가운데 「지옥편」을 무색하게 한다. 내장은 위험한 세균이 지배하는 부패의 왕국이다. 우리가 먹는 모든 것은 부패하여 우리의 식욕을 앗아갈 뿐 아니라 섭식 체제의 불행한 결과를 우리에게 경고한다.

대장이 특히 심하다. 우리 유기체에서 불필요한 기관의 제거는 좋은 결과를 가져올 수 있다. 효과적인 장수 방식으로 권장되는 채식주의도 때로는 별 쓸모가 없다. 채식은 육식이 통과하는 것과 유사한 과정을 거치며, 두 가지 모두 장을 떠나 유기체 전체에 침입하는 부패 세균에게 도움이 될 뿐이다. 그 결과는 '무수히 많은 미생물이 득실대는 대장에서 대부분 나온 독성에 의한 우리 조직들의 중독' 인 조로 현상이다. 이것이 바로 동맥경화증과 죽음 자체의 주된 원인이다.

그렇다면 어떻게 해야 할까? 창자를 떼어내야 할까? 완벽주의자였던 메치니코프는 이런 극단적인 방법을 고려했을지도 모른다. 하지만 메치니코프는 더 나은 아이디어를 생각해냈다. 그의 비책은 오늘날 아주 평범해 보이지만 당시에는 이색적으로 여겨졌던 불가리아 요구르트였다.

100세 이상 장수한 사람의 분포 지역은 점차 서방을 떠나 동쪽으로 이동하고 있었는데 발칸 반도, 특히 불가리아에 많았다. 불가리아 농부들은 장수하는 편이었으며 그들 중 상당수가 100세를 넘겼다. 그곳 농부들은 요구르트를 즐겨 먹었다. 여기에 이 신비의 비결이 있었다.

젖산을 생성하는 미생물은 말 그대로 부패 세균을 추적하여 잡는다. 따라서 다양한 산패유酸敗乳(사우어크림sour cream)는 분명 기적의 치유제였다. '신 우유는 성서에서도 종종 언급된다.' 므두셀라의 969세는 아니더라도 모세의 120세는 설명이 가능했다. 똑같은 제품이 러시아에서도 대량 소비되고 있었다. 이제 우리는 러시아에 100세 이상 장수자가 왜 그렇게 많은지도 알게 되었다.

메치니코프는 노령과 죽음이라는 망령에 시달렸다. 그는 신 우유를 마시기 시작했고 그것을 모든 사람들에게 권했다. 한술 더 떠 그는 '불가리아 젖산간균' 이라는 순수 배양균을 섭취하기 시작했다. 그것은 아마 식욕은 덜 돋우었겠지만 분명 효력은 더 있었다. 좋은 미생물이 나쁜 미생물을 물리쳤다. 장수에 대한 연구는 나름의 과학 시대로 접어들고 있었다.

　장 속을 지배하는 질환에 더하여 메치니코프는 두 가지 근대 질병인 매독과 알코올 중독을 규명하였다. 불가리아 요구르트의 효력에 좀 더 일반적이고 건전한 균형 잡힌 식이요법을 결합하여 이 두 가지 질병을 근절한다면 인간은 자연 상태로 돌아가 150살까지 생존할 수 있을 것이다. 이로써 '인간 본성을 개조하는' 근대 생물학의 사명에 더 충실할 수 있을 것이다.

　메치니코프는 또한 나이에 상관없이 여성에게 관심을 보였다. 그는 음식보다 섹스에 관해 덜 엄격했으며, 젊은 여성들을 가까이 하는 것이 흥분을 유발한다는 사실을 발견했다. '여성은 남성보다 더 쉽게 100세의 나이에 도달한다'라는 흥미로운 사실을 알게 된 것도 메치니코프 덕분이다. 마침내 정의가 바로 섰다! 오랫동안 남자들의 전유물이었던 장수가 드디어 여성의 영역으로 옮겨갔던 것이다. 진정한 20세기가 도래하고 있었다.

　죽음과 맞서기 위해 메치니코프는 스스로 엄격한 습관을 실천했다. 20년 동안 그는 모든 지나친 행위를 삼가면서 술과 담배를 끊었고, 과학적인 식습관을 실행했고, 불가리아 요구르트와 젖산간균을 많이 섭취했다. 그는 1916년에 71세로 사망했다.

보로노프 박사의 원숭이

이제 미생물의 세계에서 호르몬의 세계로 나아가 보자. 물론 그 시발점은 첫눈에도 수명의 대사에 관계하는 것으로 보이는 성 호르몬이다. 이 새로운 과학 모험의 개척자는 프랑스의 생리학자이자 콜레주 드 프랑스의 교수인 샤를에두아르 브라운세카르Charles-Édouard Brown-Séquard(1817~1894년)였다. 노년에 접어든 브라운세카르는 자신의 몸에 양의 고환 생성물을 주입하였다. 그러한 치료 후에 브라운세카르 교수는 학생들에게 기쁜 소식을 전했다. '여러분, 어젯밤 난 브라운세카르 부인을 방문할 수 있었다네.' 하지만 그 후 얼마 되지 않아 그는 사망했다.

브라운세카르의 방법은 나름의 성공(그의 야간 방문)을 거두었지만 일부는 실패(그의 때 이른 죽음)했다. 그래서 완벽한 방법이 필요했다. 이때 러시아계 유태인인 비범한 세르게이 보로노프Serge Voronoff(1866~1951년)가 등장했다.[2] 보로노프는 파리에서 의학을 공부한 후 프랑스에서 외과 병원을 개업했으며 이집트에서 14년을 보냈다. 파리로 돌아온 그는 콜레주 드 프랑스의 실험외과의학연구소 소장이 되었다. 양대 대전 사이에 보로노프란 이름은 제법 유명세를 탔다. 보로노프는 특히 성 문제에서 절제의 고상한 원칙들을 모두 내팽개쳤다. 유전적 에너지의 절약도 바람직했지만 그것을 공급하는 것은 훨씬 더 바람직했다. 장수는 금욕주의자가 아니라 풍부한 자신의 자원을 가지고 후하게 써버리는 사람들의 몫이었다.

보로노프 박사는 80세의 고령에 사랑의 기쁨을 누렸던 위대한 괴테를 자주 거론했다. 또한 빅토르 위고도 언급했는데, 위고의 전기 작가는 다음과 같이 적고 있다. '1885년 1월 1일자로 시작된 그의 노트에는 8회 이상 성교를 하였다고 기록되어 있으며, 83세의 나이로 사망하기 몇 주 전인 1885년 4월 5일로 끝을 맺고 있다.'[3]

보로노프는 자신의 저서 『생명의 샘Les Sources de la vie』(1933년)에서 술고래와 정력가들의 장수를 언급했다. 그는 이렇게 주장했다. '특히 좋은 체질의 생식샘을 타고난 사람은 아주 특별한 생명력을 가진다.' 물리적 힘, 뇌의 창조력, 젊음의 보존이 모두 이 생식샘에 달려 있다. 거세된 남자들은 조로하며 60세가 넘도록 생존하는 경우가 드물다. 과장 없이 합리적으로 말해서 인간은 곧 자신의 생식샘이나 마찬가지라고 할 수 있다.

그렇다면 논리는 분명해진다. 인간은 자신의 샘들이 늙기 때문에 늙는다. 이를 해결하려면 노쇠한 샘들을 새로운 샘들로 교체해야 한다. 장수의 해결책은 고환 이식에 달려 있다.

이 원칙은 명백해 보였다. 게다가 이런 이식은 외과적으로 아무런 어려움이 없었다. 단지 해결해야 할 문제가 있다면 기증자를 어디서 찾느냐 하는 것이었다. 젊은이가 할아버지를 위해 자신의 생식력을 포기할 리는 없었다. 목표물을 조금 넓게, 그렇지만 너무 넓지 않게 선정해야 했다. 브라운세카르의 숫양이 해답이 되었을까? 아니, 그보다는 인간에 가장 가까운 동물인 우리의 사촌 침팬지가 더 나은 재료였다.

1920년 보로노프 박사는 노년기가 다소 빨리 찾아온 남자들에게 침팬지 고환을 이식하기 시작했다. 결과는 놀라웠다. 젊음은 물론 성욕도 돌아왔던 것이다.

보로노프의 첫 번째 환자는 영국인 아서 에블린 리아뎃Arthur Evelyn Liardet 경이었다. 수술 '전'과 '후'에 찍은 두 장의 사진은 말이 필요 없는

의사 보로노프의 기적:
이식 전과 후의 아서 에
블린 리아뎃 경.

명백한 증거였다. 74세의 아서 경은 늙고 쇠약한 데다 얼굴은 축 늘어지고
무표정했다. 이식한 후에 생판 다른 남자가 우리를 바라본다. 젊은 외모의
아서 경은 실제 나이에 비해 25살이나 젊은 50살로 보인다. 그는 '젊은이의
근육질 팔'을 자랑스럽게 과시했고 안경 없이 글을 읽었다. 20년 전에 끝났
던 성 생활도 다시 활발해졌다.

　애석하게도 진료실을 나선 뒤 얼마 안 되어 아서 경은 세상을 떠났다.
보로노프의 수술 때문이 아니라 이 구제 불능의 노인이 되찾은 젊음을 이용
하여 예전 습관으로 돌아가 알코올을 탐닉했기 때문이었다. 아서 경은 진전
섬망震顫譫妄 경련을 일으킨 후 사망했다.

　자신이 유발하지 않은 실패에 조금도 낙담하지 않는 보로노프는 자신
의 방법을 계속 밀고 나갔다. 보로노프는 침팬지들을 데리고 프랑스–이탈
리아 국경에 있는 벤티밀라 근처의 그리말디 저택Palazzo Grimaldi으로 이주
했다. 해마다 환자들의 신체적·생식적·지적 기능이 전반적으로 개선되는
것을 보로노프는 만족스럽게 관찰했다.

　일부 이식 환자들은 아이를 가졌다. 하지만 걱정할 필요는 없었다. 그

1926년의 풍자 잡지 「르 카나르 앙쉐네」의 한 풍자만화에서 보로노프 박사가 레종 도뇌르 훈장을 받고 있다. 대중은 이미 유인원적 특성을 보여주는, 원숭이 고환을 가진 남자들과 원숭이들로 구성되어 있다.

아이들 중 침팬지는 없었다. 이런 민감한 상황에 대해 보로노프는 아이들이 '유인원 증후군'을 나타내지 않을 것이며, 한편으로 전혀 해롭지 않은 유인원의 효력을 보여줄 것이라고 예비 아빠들을 안심시켰다. '이식 환자들은 원숭이의 아빠는 아니지만 늘어난 활력과 육체의 힘, 유인원 샘으로 유달리 튼튼한 아이들을 낳는다.'

이때까지는 원래 의도했던 대로 남자들에게만 시술이 행해졌다. 그러다가 1923년에 보로노프는 최초로 난소 이식을 시도했다. 하지만 결과는 그다지 좋지 못했다. 난소를 이식 받은 여성들은 더 젊어졌지만, 그 정도가 남자들에 미치지 못했다. 장수에 관한 연구는 전통적으로 그랬듯이 남자를 위한 것처럼 보였다. 낙천적이었던 보로노프는 자신이 여성 환자들의 가임 기간을 늘려줄 수 있다고 믿었다.

하지만 몇 가지 문제점들은 여전히 남아 있었다. 이용 가능한 침팬지 고환(혹은 난소)은 당연히 제한적이었다. 어떻게 모든 사람을 만족시킬 수 있겠는가? 혜택은 소수의 특권층에게만 한정되었다. 게다가 이식 효과 역시 노화를 이기지 못해서 보통 6년에서 10년 이상 지속되지 못했다. 그 때문에 두세 번씩 수술을 반복해야 했다. 이것은 또다른 침팬지를 필요로 하는 일이었다.

하지만 미해결 문제들은 제쳐 두고 진정한 생물학적 혁명이 머지 않아 일어날 것 같았다. 그것은 아마 인류 역사의 커다란 전환점이 될 터였다. 보로노프의 한 전기 작가는 '기적'이자 '이 세기의 가장 놀라운 발견'이라고 자신 있게 말했다. '인간을 불멸에 가까이 다가가게 하는 것은…… 분명 기적적인, 거의 성스러운 일을 수행하는 것이다.'[4]

몇 년 만에 불멸은 가까이 다가왔다. 하지만 보로노프는 그 이상을 바라고 있었다. 그는 뷔퐁의 계산법을 20×7로 바꾸었다. 이는 새로운 '평균' 수명 140세였다. 남은 문제는 이런 식의 수명 연장에 필요한 침팬지의 수를 계산하는 것뿐이었다.

하지만 한 가지 사소한 의문이 수수께끼로 남아 있다. 왜 보로노프는 정작 자신에게 이식을 시도하지 않았을까? 더욱이 70세의 나이에 그는 20세의 젊은 여인과 세 번째 결혼을 했다.

보로노프 박사의 명성은 현란한 곡선을 그렸다. 그의 추락은 영광으로의 부상만큼이나 갑작스럽게 진행되었다. 그는 빠르게 백과사전에 등재되었다가 빠르게 다시 백과사전에서 사라졌다. 그의 기적은 잘해야 노화의 일시적인 완화 효과로, 나쁘게는 사기꾼이 시도한 일종의 플라세보 효과로 축소되었다. 보로노프의 시도는 과학적으로 인정받지 못했지만 그럼에도 불구하고 장수와 성교 능력 간의 전형적 관계를 가장 특징적으로 보여줌으로써 부정할 수 없는 신화적 여운을 남겼다.

궤니오 박사, 혹은 100세까지 사는 기술

두 러시아인들의 영웅적이고 기발한 시도 후에, 알렉산드르 궤니오 Alexandre Guéniot가 더 현명하고 실용적인 태도와 훌륭한 옛 방식에 기초한 체계를 가지고 나타났다. 궤니오는 200세 또는 150세의 수명이 아닌 100세라는 도달하기 쉬운 한계를 목표로 삼았다. 이것은 1931년에 처음 출간된 『100년을 사는 법 혹은 수명을 연장하는 기술Pour vivre cent ans ou l'art de prolonger ses jours』이라는 그의 책 제목에 명확히 언급되어 있다. 궤니오의 가장 현명한 행위는 그의 생각이 세인의 주목을 받았을 때 자신의 경험을 예비 100세 이상 장수인들에게 나누어 주었다는 것이다. 1832년에 출생한 궤니오는 그때 막 98세 생일을 맞이하고 있었다.

궤니오 박사에 따르면 인간은 100세를 살도록 운명지어졌다. 인간은 75세 또는 잘해야 85세를 겨우 넘기기 때문에, 문제는 이 두 연령 사이에서 자연스런 한계 수명을 되찾는 것이었다. 궤니오는 좀 더 과감한 방법들을 알고 있었지만, 그 방법들을 그다지 신뢰하지 않았던 것처럼 보인다. 그는 인간의 존엄성에 호소하는 우생학의 '과장된 죄의식'을 비난했다. 그는 호르몬을 배척하진 않았지만, 경제적 사용이 중요하다고 주장했다. 성 관계는 60세 혹은 많아야 65세에 그만두어야 한다. '생식기관 분비는 그 분비물들을 생성하는 유기체를 위해 계속 유지되어야 한다. 고갈되기보다는 단순히 줄어든 이런 물질들은 꾸준히 생명의 샘을 공급할 것이다. 따라서 이런 생리적 자극제의 손실도 더 이상의 배출도 없어야 한다.' 이 방법은 확실히 이식보다 더 실용적이었다. 하지만 보로노프 방식과는 그야말로 상반되는 방식이었다.

실제로 절제만큼 중요한 것은 없다. 인간은 적당히 먹고, 적당히 마시고, 적당히 성 관계를 해야 한다. 비타민을 섭취해야 하지만 걱정할 필요는 없다. 이제 의학적으로 규명되기 시작한 이런 물질들은 일상의 음식물에 풍부하기 때문이다. 마지막으로 가능한 한 산소를 많이 마셔야 한다. 신선한 공기를 호흡하고 걷기 같은 육체적 운동이 바람직하다.

궤니오는 조용한 삶을 높이 평가하는 한편 최근의 많은 방식들이 장수로 이끌지 못한다고 주장했다. 신선한 공기는 이상적이지만 나체주의는 삼가야 한다. '자연 상태에서 우리는 동물처럼 모피나 깃털로 덮여 있지 않기 때문이다.' 신체에 해가 될 수 있는 과격한 복싱과 럭비를 제외하고 스포츠는 권장해야 한다. 한 가지 흥미로운 점은 담배가 어려움 없이 이 시험에 통과했다는 것이다. 궤니오는 이렇게 주장한다. '니코틴은 흡연자들에게 나쁜 영향을 거의 끼치지 않으며, 흡연은 단조롭게 시간을 보내야 하는 많은 사람들에게 유용하다. 게다가 흡연자 중에는 담배로 인해 100년 이상의 장수의 기쁨을 빼앗기지 않은 사람들이 많이 있다.' 사실 이런 도락은 시간 때우기이다. 마지막으로 강한 알코올은 권장되지 않았지만 친절한 프랑스인인 궤니오는 적절한 와인의 소비를 용인하며 실제로 권장하기도 했다. 하지만 '지적 노동자는 하루 60센티리터, 힘든 육체 노동을 하는 사람은 하루 1.25 리터'까지로 한정하였는데 이것은 결코 적은 양이 아니었다.

궤니오의 방식은 현대화한 코르나로를 연상시킨다. 분명 두 사람은 자신의 말에 충실하였다. 이론과 실천의 조화가 힘든 분야에서 그들은 거의 예외적인 존재였다. 대부분의 장수 전문가들은 불운하게도 젊어서 죽었거나 그리 오래 살지 못했다. 하지만 궤니오 박사는 1935년에 102세 10개월의 나이로 생을 마감했다.

오늘날 궤니오의 방식을 따르는 사람들이 얼마나 될지는 잘 모르겠다. 시대가 바뀌었고, 사람들은 담배보다 성을 더 선택하는 경향을 보이고 있다.

우생학의 옹호자: 알렉시 카렐

의학의 진보는 수명과 관련하여 주목할 만한 향상을 보장하는 듯했다. 하지만 알렉시 카렐Alexis Carrel(1873~1944년) 박사는 이런 관점에 동조하지 않았다. 1912년 노벨상을 수상했으며 의학 베스트셀러 『인간, 그 미지의 것 L'Homme, cet inconnu』(1935년)의 저자인 카렐에 따르면, 수명의 향상은 착각이었다. 평균 수명은 분명 늘어나고 있었지만 실제 수명에는 변화가 없었다. '오늘날 45세의 남자는 지난 세기보다 80세에 도달할 가능성이 적다. 비록 평균 수명은 더 늘어나고 있지만 장수자는 감소하고 있음이 틀림없다.'

카렐은 적어도 그때까지 한계 수명을 늘리는 데 별다른 역할을 하지 못하는 것으로 입증된 의학과 위생학은 아무 쓸모가 없다고 주장했다. '주택의 난방, 환기, 조명, 식품 위생, 침실, 스포츠, 주기적인 의료 검진, 전문가들의 증가에도 불구하고 인간의 최대 수명은 단 하루도 늘지 못했다.' 두드러진 유일한 변화는 신체적 외모뿐이다. 노인들은 아직 젊게 보이지만 어쨌든 늙는다. 그들은 아직 '젊을 때' 죽어가는 특권을 가지고 있을 뿐이다.

20대처럼 테니스를 하고 춤을 추며, 젊은 여자와 결혼하기 위해 조강지처를 버리는 가짜 젊은이들은 뇌와 심장과 신장의 질병에 취약하다. 때로는 그들의 조상들이라면 아직 억센 손으로 밭을 갈거나 일하고 있을 나이에 그들은 침상과 사무실 혹은 골프장에서 갑자기 죽음을 맞이한다.

이런 회의적인 관찰은 장기적으로 장수자가 증가할 조짐이 보이지 않는다는 의미는 아니다. 그러나 이 시점에서 한 가지 의문이 떠오른다. 삶을 연장하는 것이 진정 현명한 일일까?

장수는 그것이 노령보다 젊음을 연장하는 경우에만 바람직하다. 하지만 실제로 노령의 기간은 젊음의 기간보다 더 늘어나고 있다. 이 기간에 개인은 스스로를 돌보지 못하고 남에게 짐이 된다. 모든 사람이 90세까지 산다면 그런 노인들이 짊어져야 할 무게를 남은 인간들은 견딜 수 없을 것이다.

궤니오 박사와 달리 알렉시 카렐은 우생학의 가장 열렬한 지지자였다. 궤니오는 자신의 저서에서 인종의 생물학적 개선을 위해 바람직하지 못한 요소들(범죄, 타락)에 의한 출산을 금지하고, 실제로 그것들을 물리적으로 제거하는 것에 찬성한다고 주장했다. 이런 프로그램에서 노년기의 사람들에게 친절해야 할 하등의 이유가 없었다.

무엇보다도 우리는 병자, 중풍환자, 치매자의 수를 늘리지 말아야 한다. 실제로 죽음 직전까지 건강을 연장할 수 있더라도 모두가 장수하도록 하는 것은 바람직하지 않다. …… 왜 불행하고 이기적이고 어리석거나 쓸모없는 사람의 수명을 늘려야 하는가? 중요한 것은 인간의 양이 아니라 질이다.

여기에 애매한 표현이 들어설 여지는 없다. 인종을 개선하여 수명을 연장시킬 만한 가치 있는 인간을 만들든지, 진정으로 장수를 누릴 자격 있는 소집단의 수명을 연장시키든지 둘 중 하나다. 적어도 후자를 위해서라도 연구는 계속되어야 한다. 최근에는 이런 주장이 혐오감을 불러일으키고 있다. 그러나 당시에는 '정치적으로 올바른 것'처럼 보였으며, 어쨌든 이 '우생학자'의 주장은 널리 받아들여졌다.

카렐의 방법들은 몇 가지 비슷한 방식을 동시에 적용한 것을 제외하고 이렇다 할 새로운 것이 없었다. 카렐은 젊은이의 혈액을 노인에게 수혈한다면 효과가 있을 거라고 믿었다. 이것은 17세기에 부상했다가 간간이 장수의 방법으로 재등장했던 개념이다. 보로노프 방식은 '노령이 분비선 하나의 기능 정지가 아니라 모든 조직과 체액의 변화에 기인하므로' 지나치게 단순화한 방법으로 판명되었다. 따라서 유기체는 훨씬 큰 규모로 재생해야 하며, 보로노프의 이론을 발전시킨 다르티게Dartigues 박사의 주장대로 하나의 이식이 아닌 훨씬 더 많은 이식을 필요로 한다. 가령 노인의 모든 분비샘들을 사산아의 분비샘들로, 노인의 피를 젊은이의 피로 교체해야 하는 것이다. 결과는 자명하다. 지금 당장은 신체 거부 반응 때문에 그런 치료를 하지 못하지만 과학의 발달로 언젠가는 가능해질 것이다.

인간 재창조: 결정론에서 주의설까지

　지금까지 조사한 장수 프로젝트들 가운데 일부는 방법론적 관점에서 비현실적인 데 반해 객관성 측면에서는 오히려 적절해 보인다. 그렇다고 모든 사람들의 취향이 다 이런 식은 아니었다. 수명을 몇 년 더 연장하기 위해 분별 있는 생활을 하는 것이 무가치한 야심으로 보일 수도 있는 것이다. 아무튼 인간을 재생하고 재창조하기 위해서는 훨씬 더 많은 것들이 필요하다. 인간은 자연이 느리고 불완전하게만 관리할 수 있는 것을 의도적으로 빠르게 성취할 수 있다. '신인류'와 '초인'은 자연의 부산물이 아니다. 그들은 인간의 행위로 창조되고 창조될 것이다. 그들은 19세기에서 20세기에 걸친 이념적 부산물이다.

　이 시기의 과학과 사상에서는 상반되고 상보적인 두 가지 조류, 즉 결정론determinism과 주의설voluntarism이 크게 부각되었다. 결정론은 환경에 의한 엄격하고 효과적인 행동을 제시하며, 주의설은 인간에 의한 마찬가지의 엄격하고 효과적인 행동을 제시한다. 이 두 극단 간의 불일치는 너무나도 명백하다. 그 때문에 결정론에서 주의설로의 이동은 매우 쉬운 편이다. 자연이 정확한 계획과 법 체계에 따라 행동할 수 있다면, 인간도 차례로 똑같은 계획과 체계에 따라 행동할 수 있다. 단지 필요한 것은 그 메커니즘을 이해하고 조절하는 열쇠를 찾는 것뿐이다. 이런 식으로 인간은 자연보다 더 낫게 더 빨리 행동할 수 있다. 자연은 때때로 길을 잃지만 인간의 이성은 길에서 벗어날 이유가 없다. 하나의 원리에서 다른 원리로 이동하는 것은 현대사의 가장 특징적이고 결과 지향적인 단면으로 간주할 수 있다.

생물학적 진화—그리고 장수—의 측면에서 '결정론—주의설'의 이 이상한 연계는 라마르크와 다윈에서 출발하고 있다. 1800년경 진화론이 막 태동했을 때 라마르크는 유기체가 환경 영향의 직접적인 결과로 변화하며, 그 후 이런 변화들이 유전으로 계승된다고 주장했다. 50년 후 다윈은 획득 형질의 유전성을 부인하지 않고, 환경에서 최적으로 적응한 유기체의 생존에 관한 자신의 이론을 구축했다.

두 사람의 견해는 결정론이었다. 그들은 환경의 요구에 따라 진화가 발생한다고 나름의 방식으로 설명했다. 주의설은 우리가 앞에서 언급한 변증법에 따르지만 라마르크의 논증을 편애하면서 진화론을 채택했다. 실제로 생물학적 주의설에서는 새로운 인종의 효과적인 창조에 필요한 조건으로써 획득 형질의 유전성을 강조하고 있다.

조지 버나드 쇼: 의지의 진화론

역설적으로 들릴지도 모르지만, 장수와 관련하여 형이상학적 생물학에서 가장 두드러진 인물들 중 하나를 무대극에서 발견하게 된다. 하지만 그 인물이 조지 버나드 쇼라면 그리 역설적이라고 할 수는 없다. 이 유명한 아일랜드 작가는 두 가지 이유에서 우리의 흥미를 끈다.

첫째, 쇼는 '장수'를 이론화했을 뿐 아니라 성공적으로 실천했다. 장수는 실천이 이론보다 훨씬 어려운데, 이 헌신적인 채식주의자는 94세까지 장수했다. 둘째, 이론가로서 그는 편안한 길을 피했다. 다른 주제를 다룰 때처럼 장수를 다루면서 쇼는 자신의 작품을 통해 부르주아 계급에게 공포까지는 아니더라도 적어도 불안감을 안겨 주려고 했다.

장수를 다룬 쇼의 희곡은 『므두셀라로 돌아가라Back to Methuselah』라는 의미심장한 제목으로 1921년에 출간되었다. 독자들은 성향에 따라 이 책을 재미있게 여기기도 했고, 굉장히 지루하게 여기기도 했다. 하지만 이 책은 엄청난 길이로 인해 어떤 경우에든 무대에 올리는 것이 사실상 거의 불가능하다. 이 희곡에서 중요한 것은 아마도 기나긴 서문에서 상세히 설명하는 이론들이 아니라 쇼 자신의 이론들에 대한 간단한 설명이다. 이 희곡에서 이 위대한 아일랜드인은 탁월한 집필 능력을 마음껏 펼쳐 보이고 있다.

므두셀라로 거슬러 올라간 쇼는 라마르크에게로, 즉 획득 형질의 유전성(현대 생물학에서 인정하지 않지만 인간의 재생에 중요한 메커니즘인 계승적인 작은 변이)으로 돌아왔다. 그는 자랑스럽게 자신을 '신 라마르크주의자'라고 선언했고, 라마르크의 이론을 좋아하며 적어도 그 이론이 암시하는 것이 '의지의' 진화론임을 믿어 의심치 않는다고 주장했다. 기린의 목을 어떻게 설명할 수 있을까? 땅에서 몇 미터 높이에 있는 가지의 잎에 도달하기 위해 기린은 자신의 목을 뻗지 않을 수 없었다. '소망과 시도에 의해 기린은 긴 목으로 진화했다'라고 쇼는 말한다. 마찬가지로 '당신에게 눈이 없더라도 보길 원하고 계속해서 보려고 시도한다면 당신은 마침내 눈을 갖게 될 것이다.' 반대로 말하면 당신에게 눈이 있더라도 보길 원치 않는다면 어느 날 당신은 영영 눈을 잃게 될 것이다.

이 이론은 생물의 존엄성을 존중하는, 상상할 수 있는 유일한 형태의 진화론이다. 이것은 지성이라고는 전혀 찾아볼 수 없는 단순하고 막연한 사건에서 출발하는 다윈의 '자연선택설' 과 완전히 정반대 편에 위치한다. 만약 이 '섬뜩한 숙명론' 이 옳다고 입증된다면, '바보와 악당들만이 삶을 견딜 수 있을 것이다.'

쇼가 다윈에 반기를 들고 라마르크를 지지하며 전파했던 이론은 그가 새로운 성서로 간주했던 '창조적 진화론' 이라는 교리이다. 『므두셀라로 돌아가라』의 서문은 아주 쉽게 성서가 된다. 쇼에 따르면 창조적 진화론은 '지금 모든 현자들이 열망하여 찾고 있는 진정한 과학적 종교다.'

이 새로운 종교가 평균 수명과 관련하여 무엇을 제공할지 쉽게 이해할 수 있다. 그것은 필요와 욕구에 적응하는 다양한 장수의 문을 열었다. 오늘날 인간에게 가능한 평균 수명 70세는 편의주의적 이유들로 정해졌을 뿐이다. 만약 원한다면 인간의 수명을 300년 혹은 3,000년까지 늘릴 수 있다. '개인의 삶의 길이도 분명 의지로 바꿀 수 있기 때문이다.'

이런 논리에 따르면 궁극적으로 죽음에 대한 개념에도 변화의 여지가 있다. 죽음은 '영원한 삶의 상태' 로 볼 수 없다. 실제로 죽음은 '과잉 인구를 막으며 인간을 지속적으로 재생하기 위해 도입되는 수단' 일 뿐이다. 유일하게 남은 제한은 지구가 지탱할 수 있는 인간의 숫자다. 우리가 보다 많은 세대들을 공존하게 할 수 있다면 인구과잉 문제가 완전히 해결될 때까지 그에 따라 수명은 증가할 것이다. 그때에는 그 무엇도 인간이 불멸의 존재가 되는 것을 막지 못할 것이다.

쇼의 서문은 이 이론을 적용한 희곡이다. 모든 것은 아담과 이브에서 시작된다. 그들은 불멸의 존재로 창조되었지만 죽음을 받아들이고 아이들을 낳기로 결정한다. 그렇게 인종의 불멸을 위하여 개인의 불멸을 포기한다. 바나바 형제(형은 생물학자, 동생은 신학자)는 인간의 삶은 짧지만 300세까지 연장될 거라고 주장하는 '새로운 복음'을 쓰고 있다. 이런 식으로 오늘날 아동기의 정신 상태를 남겨 두지 않고 생애를 마감하는 인간이 자신의 잠재력을 개발하고 성숙시킬 수 있는 시간을 갖게 될 것이다. 이런 생물학적 혁명을 이룩하는 수단은 그야말로 간단하다. 그것을 믿고 원하기만 하면 되는 것이다.

다음 장면은 250년 후인 2170년에 전개된다. 혁명이 일어났음이 분명하다. 270세나 280세가 된 최초의 신인류가 이미 주목의 대상이 되고 있다. 또다시 시간을 훌쩍 뛰어넘어 우리는 서기 3000년 골웨이 만 해변에 있다. '브리튼 제도'에 살고 있는 신인류는 세계의 다른 곳에 살고 있는 짧은 수명의 인류를 경멸의 시선으로 바라본다(그때까지 그들을 너그럽게 봐 줘야 할지 근절해야 할지 아직 결정되지 않았다). 마지막 장면은 머나먼 미래인 31920년에 펼쳐진다. 인간은 이론적으로 불멸의 존재가 된다(인간은 여전히 죽지만 사고에 의해서만 죽을 뿐이고 수백 년 또는 수천 년을 생존한다). 정신은 육체를 정복했고, 유기체의 동물적 기능은 최소한으로 줄어들었다. 여성들은 더 이상 아이를 낳지 않는다. 그 대신 아이들은 알에서 청년 상태로 부화하여 4년을 사랑, 예술과 과학의 놀이(인류의 과거 오락에 대한 까마득한 기억)에 탐닉하며 보낸다. 이 시기를 거친 후 성인이 되는데, 성의 구별도 거의 없는 그들의 삶은 완전히 정신적인 것이다. 다음 단계는 공간과 물질의 제약에서 자유로운, 순수한 정신적 존재를 위해 육신을 포기하는 것이다. 이 모든 진화는 단순히 의지의 문제다.

어쩌면 쇼가 300년을 살도록 운명지어진 선택 받은 사람일지도 모른다. 그러면 그는 인류를 위해 새로운 시대를 열게 될 것이다.

쇼는 주변 사회에 대한 신랄한 비판으로 유명했으며, 때로는 자신이 표적이 되기도 했다. 그러나 일단 유토피아로 유혹하는 노래를 듣게 되자 유머 감각과 부조리 인식 능력이 그의 곁을 떠난 것처럼 보인다. 이것은 모든 유토피아인들이, 찬란한 미래를 예찬하여 노래하는 모든 이들이 지불해야 하는 대가다. 2세기에 걸쳐 인간 조건의 근본적인 변화의 개념에 다가가는 시대의 조류가 반영된 이 노래는 실로 매혹적이었다. 새로운 사회는 정신적으로 생물학적으로 다시 젊어진 신인류를 낳을 것이다. 바로 여기서 장수의 역사와 공산주의 역사의 만남이 이루어진다.

이런 점을 고려하면 왜 구소련의 경험이 쇼를 감탄하게 했는지 쉽게 납득할 수 있다. 쇼는 비순응주의nonconformist 입장을 표방했지만 구소련의 모든 것에 감탄했다. 그런데 그를 매료시켰던 것은 마르크스주의가 아니라 스탈린주의였다. 마르크스주의의 사회 결정론을 다윈의 생물학적 결정론만큼이나 혐오했던 쇼는 마르크스와 다윈을 인정하지 않았다. 그러나 공산주의는 결정론과 주의설 사이에서 고전적인 경로를 따랐다. 스탈린주의는 마르크스주의를 무한한 주의설로 바꾸어 놓은 것에 지나지 않았다. 인간 조건의 근본적 변화를 포함하여 모든 것이 가능해졌다. 이것이 쇼에게 엄청난 기쁨을 가져다 주었다. 죽기 한 해 전인 1949년에 쇼는 유전적 숙명론에 마지막 독설을 퍼부었다. 그는 그런 교리를 견딜 수 있는 국가는 하나도 없다고 주장했다. 그는 존재를 위한 이성이 사회와 인간을 완벽하게 만들 수 있는 사회주의 국가는 물론이고 그 어떤 국가도 이런 교리를 견딜 수 없다고 주장했다. 따라서 새로운 므두셀라는 곧 구소련에서 태어날 터였다.

소비에트 혁명: 유전과의 싸움

러시아 혁명은 프랑스 혁명의 대의를 받아들였지만 더 야심적인 목표와 더 강력한 수단으로 세상을 재창조하고 인간을 개조하는 데 목표를 두었다. 이 새로운 황금기는 그 전형에 따라서 인간의 회춘, 생명력과 지적 능력의 폭발로 특징지어졌다.[5]

'인간의 인간에 대한 착취'를 종식시킴으로써 인류는 꽃필 수 있다. 이 목표에 도달하기 위해 공산주의의 '프롤레타리아' 이데올로기는 우선 노동(본질적으로 육체 노동)의 방법론을 옹호했다. 엥겔스의 이론에 따르면 원숭이를 인간으로 변화시켰던 노동이 인간을 '신인류'로 변화시킬 것이다. 노동과 관련된 두 번째 위대한 법칙은 공동체 내의 생활이었다. 수십 년 동안 구소련과 여타 공산주의 국가들의 교육 체계는 마카렌코Makarenko의 교육학에 기초하고 있었는데, 그 키워드는 '노동'과 '집단성'(여기에 공공연히 주장하진 않지만 널리 이용된 '세뇌'를 추가해야 한다)이었다.

'신' 인류는 정신뿐 아니라 육체에서도 노인과 달랐다. 소비에트 러시아의 지도자로서 러시아 혁명에 공헌했던 트로츠키는 1924년에 이 문제에 관한 에세이를 저술했다. 그는 에세이에서 인간들이 유례없이 더 강해지고 현명해지고 치밀해질 것이라고 주장했다. 그들은 호흡, 혈액 순환, 소화, 생식 같은 물리적 과정의 조절법을 배울 것이다. 하지만 이 모든 것을 성취하려면 유전이라는 적을 극복해야 한다. 유전은 수백만 년 동안 변함없이 우리의 삶을 계획대로 진행시킨 폭군이다. 하지만 차르와 의회 같은 앙시앵레짐(구체제)의 모든 해악처럼 유전은 간단히 폐기될 것이다. 인간이 자신을 우수한 사회적 · 생물학적 존재로 탈바꿈시키고 싶다면 생물학적 숙명론을 버려야 한다. 트로츠키는 스탈린으로 인해 생을 마감했다. 그러나 두 사람의 갈등과 상관없이 그들 모두 위대한 혁명의 도취로 말미암은 고삐 풀린 주의설을 표방했다는 사실을 간과해서는 안 될 것이다. 차르가 패배했다면 인간본성 또한 왜 패배하지 않겠는가?

진보는 식물 세계부터 시작하여 단순한 것에서 복잡한 것으로 질서 있게 나아가야 한다. 신 생물학의 창시자는 이반 블라디미로비치 미추린Ivan Vladimirovich Michurin(1855~1935년)와 트로핌 데니소비치 리센코Trofim Denisovich Lysenko(1898~1976년)였다. 미추린은 생물학 교육을 받지 않은 단순한 아마추어(상상력이 매우 풍부한) 원예가였다. 반면 스탈린의 지지를 받는 농학자였던 리센코는 러시아 농업의 최고 실권자가 되어 굶주린 러시아인들에게 풍작을 약속하였다. 이 생물학의 마법사들은 수많은 새로운 종의 과일나무와 곡류를 개발하려 했다. 하지만 이는 사실이 아닌 신화처럼 보였다. 스탈린이 마르크스를 언급했듯이, 그들은 다윈을 언급했지만 실상 라마르크에 더 가까웠다. 라마르크(그리고 문학 영역 안에 남아 최소한의 호소력을 가질 수 있었던 쇼)처럼 그들은 획득 형질의 유전을 믿었다. 그래서그들은 일련의 약간의 수정을 통해 살아 있는 유기체를 개조하려고 했다. 머지않아 일상 세계는 아닐지라도 적어도 소비에트 신화에서만큼은 크게 성공한 돼지와 소들이 등장할 터였다. 다음 차례는 인간이어야 했다. 실제로 인간은 벌써 변화하고 있었다.

카프카스의 정력적인 노인들

이 무렵 카프카스의 100세 이상 장수자들이 주목을 받았다. 그들에 관한 자료는 장수 연구의 역사에서 다소 불가사의하게 여겨지고 있으며, 그들을 둘러싼 논쟁은 50년 동안 계속되고 있다. 이 믿어지지 않는 노인들에 관해 비판하는 사람들은 생물학적 불가능성을 주장한다. 하지만 러시아인들과 일부 미국 과학자들이 포함된 지지자들은 반대자들이 무지와 시기에 차 있다고 주장한다. 이 논쟁은 구소련과 공산주의 실험에 대한 개인적인 견해에 따라 찬성하고 반대하는 이념적 성향을 띠고 있었다.

미국의 인류학자 술라 베넷Sula Benet이 1976년에 출간한 『100세까지 사는 법How to Live to be 100』이 전형적인 사례다. 구소련 당국으로부터 많은 지원을 받았던 베넷은 별 어려움 없이 각 지방의 므두셀라들을 전부 조사할 수 있었다. 그들의 장수 비결은 미국의 개인주의와 현저히 대비되는 그들의 사회적 통합 능력에 있었다.

이 모두가 1930년경에 시작되었다. 물론 지역의 전통은 훨씬 오래 되었지만 그들의 본격적인 이데올로기와 미디어 출현은 정치적 영역의 스탈린, 생물학 영역의 리센코의 출현 시기에 상응하는 것이었다. 1930년에 가장 이른 증언 중 하나는 프랑스의 공산주의 작가 앙리 바르뷔스Henri Barbusse가 1927년의 소련 여행에서 받은 인상을 담은 책 『러시아Russie』이다. 책 내용은 대부분 '살아 있는 최고령 남자'와의 잊을 수 없는 만남으로 채워져 있으며, 장수에 관한 몇 가지 일반적 진술도 곁들이고 있다. 문제의 인물은 니콜라스 차프코브스키라 불리는 사내로 그루지야의 자치공화국인 아브하즈의 한 마을에 거주했다. 그는 146세였다. 비록 120년 동안 해오던 수영은 포기했지만 그의 신체적 건강은 나무랄 데가 없었다. 성에 관한 한, 다른 모든 100세 이상 장수자들처럼 매우 정력적이었던 차프코브스키는 26세의 아가씨를 딸로 두고 있었다.

몇 년 후인 1937년, 아브하즈 공화국의 수도 수후미 주변의 몇몇 마을을 조사하여 107세에서 135세 사이에 있는 12명의 장수인들을 확인했다. 이 노인들은 정말 생기에 넘쳤다. 조사 보고서에는 이렇게 적혀 있었다. '이들 중 몇몇은 혼자 사다리에 올라가 포도나무에서 잘 익은 송이를 따 방문객들에게 준다.'

가장 젊은 107세의 남자는 어려운 시절을 보내고 있었다. 성적 욕망에 시달렸던 그는 젊은 아내를 찾고 있었다. 그는 자신의 나이를 70세로 속였는데 홍조 띤 얼굴로 봐서는 건강에 아무 문제도 없을 것 같았다. "동년배들과 주변 사람들이 그 사실을 폭로하자 그 남자는 '난 결혼하고 싶을 따름이오. 이 세상에 어느 누가 100세 노인과 결혼하고 싶겠소? 하지만 70세라면 결혼할 여자가 있을 게 아니오'라고 고백했다."

더 인상적인 기록들에서는 같은 지역의 여러 장수자들, 특히 155세에 죽은 농부와 아직 살아 있는 150세의 또 다른 인물을 언급했다. 그러한 장수자가 아브하즈에서만 발견되는 것은 아니었다. 카프카스 산맥의 모든 계곡들에 유독 장수자들이 많았다. 체첸 공화국 그로즈니 근처에서 연구자들은 147세와 166세의 주민을 발견했다. 차밀로 알려진 166세의 남자는 19세 중반 독립 운동의 위대한 영웅이었다. 체첸 사람들 중 불멸에 다가간 이 상징적 인물들은 스탈린 시대의 러시아를 난처하게 만든 것 같지는 않았다. 민족주의 문제는 모두가 만족할 정도로 원만히 해결되었으며, 모든 인종 집단이 거둔 성과는 소비에트 가족 전체에 자부심을 주었다.

여기서 우리는 두 가지 다른 특색의 혼합을 목격하게 된다. 첫 번째는 카프카스 사람들의 자연스런 장수이다. 카프카스 산록의 주민들은 자연환경과 생활방식 덕분에 오래 장수하며 살았다. '카프카스 산맥은 오크나무 생산만큼이나 100세 이상 장수자들을 많이 배출한다'고 바르뷔스는 설명하였다. 그러나 두 번째는 장수 지역이 단순히 어떤 산맥이 아니라 구소련의 산맥이었다는 것이다. 카프카스의 100세 이상 장수자들은 정권의 심장부에 매우 소중한 한 프로젝트의 실행 가능성을 입증했다. 그들이 혜택 받은 환경은 카프카스 산맥의 기후뿐 아니라 혁명 이후 정립된 새로운 사회적 풍토 덕분이었다. 그 사회는 장수자들을 보유할 만했다. 그곳은 여전히 정력적인 노인들이 자신들의 진정한 역할을 발견하는 사회였다. 평화롭지만 무기력한 생활과 거리가 먼 그들은 공동체의 생활에 적극적으로 참여했으며, 그에 따라 더 젊은 세대의 귀감이 되었다.

보고몰리츠 박사는 이렇게 적었다. '100세에서 150세까지 사는 것뿐 아니라 사회주의 사회의 적극적인 구성원으로 영예로운 지위를 유지하는 것도 가능하다.' 100세를 넘겼지만 예전처럼 일을 멈추지 않는 콜호스(집단농장)의 농민 코소레츠 동지를 보라. 또 121세의 나이로 주저하지 않고 소련의 건설에 참여하고 있는 쿠시엔초바 동지를 보라.

카프카스인들은 오데사에서 블라디보스토크에 이르기까지 구소련 전역에 분포되어 있는 100세 이상 장수자들의 아방가르드였다. 수십 년 동안 각지에 산재한 100세 이상 장수자들은 강제노동수용소(굴라크Gulag)의 존재를 가리는 데 기여해 왔다. 장수의 신화가 진정한 죽음의 노동을 감추었던 것이다.

카프카스인들에게 장수자가 많았던 것은 또한 작지만 중요한 또 다른 요인으로 설명될 수 있다. 그루지야의 작은 마을 고리Gori에서 태어난 스탈린 자신이 카프카스 출신이었던 것이다. 카프카스인의 활력이 신화적으로 확대된 것은 크렘린의 주인에게 끊임없이 행해진 아첨의 한 요소였다. 그럼에도 불구하고 스탈린은 74세의 나이로 세상을 떠났다. 어떤 효과가 스탈린의 생명을 3,000년까지 연장시키지 않은 것이 천만다행인 듯싶다.

보고몰리츠 혈청과 찬란한 미래의 회춘 효과

1881년에 태어난 알렉산드르 보고몰리츠Aleksandr Bogomoletz는 파리의 파스퇴르 연구소 연구원으로 일을 시작했다. 러시아 혁명 후에 그는 독특한 혁명 운동으로 의학과 정치와 연관된 활동에 참여하게 되었다. 우크라이나 과학아카데미 원장, 키예프 생물학 및 실험병리학연구소의 창립자, 스탈린상 수상자이자 소련 최고회의 의원이었던 보고몰리츠는 스탈린의 지지로 구소련 사회에서 상당한 권한을 누린 일종의 순응주의 과학자 또는 과학 행동가로 볼 수 있다. 그는 장수에 관한 최고의 공산주의 전문가가 되어 1938년에 『생명의 연장Prolongation of Life』을 출간하였다.

이 책은 카프카스뿐 아니라 구소련의 모든 지역을 총괄하여 100세 이상 장수자들에 대한 완벽한 개관을 제공한다. 이 책에는 100세 이상 장수자들이 르종쿠르의 옛 통계 수치와 비슷한 수만 명이라고 나와 있다. 비록 이번에는 일부 귀족의 과장을 밝히는 것이 더 이상 가능하지 않지만 말이다. 장수 집단은 분명히 고무적인 방식으로 증가하고 있었다.

이런 현상은 자연스럽다. 인간은 150세 또는 그 이상까지 건강하게 살도록 운명지어졌기 때문이다. 이런 장수자 총계 수치에 도달하기 위해, 많은 전임자들이 그랬듯이 보고몰리츠도 뷔퐁의 방법을 채택했다. 그는 20 혹은 25에 7을 곱하여 평균 한 세기 반을 도출하고 있다. 어쨌든 '100년은 인간 수명의 최대치가 아니다.' 이것은 수많은 100세 이상 장수자들이 입증했듯이 명백한 사실이다.

그렇다면 왜 인간이 이런 나이에 도달하기 힘든 것인지를 이해하는 문제가 남는다. 보고몰리츠의 설명에 따르면 그 원인은 주로 사회에 있다. 자본주의 사회에서 150세까지 사는 것이 어떻게 가능하겠는가? 착취와 기아, 추위, 과로는 대다수 사람들이 부여 받은 수명을 끝까지 누릴 수 없게 한다. 게다가 온갖 질병들이 인간 유기체를 해친다는 생물학적 질서의 이유들이 있다.

이 원인들은 곧바로 결론에 이르게 한다. 첫 단계는 착취를 없애고, 사회적 평등을 이루고, 노동을 존중하는 것이다. 이것은 정확히 구소련에서 행한 일이고, 그 결과는 많은 100세 이상 장수자들의 출현으로 나타났다. 분명한 결론은 이랬다. '사회주의 상황에서의 사회적 환경이 인간의 건강과 장수에 유리할 수 있다.'

다음 단계로 질병들과 싸우고, 유기체를 강화시킬 필요가 있다. 이것은 생각만큼 복잡하지 않다. 보고몰리츠 박사가 필요한 수단을 완성했기 때문이다. 그의 발견의 핵심은 세포독소 혈청으로 그의 이름을 따 '보고몰리츠 혈청'이라고 한다. 보고몰리츠 혈청은 거의 만능 치료제이다. 파리 의학부의 앙리 드소이유Henri Desoille 교수가 쓴 1950년 프랑스 판의 서문은 보고몰리츠 혈청의 인상적인 효과들을 열거하고 있다. 이 혈청은 감염, 암, 골절, 일부 정신 질환의 치료에 동등한 효과를 보인다. 게다가 무엇보다도 생명을 지켜준다. 보고몰리츠 박사에 따르면 이런 치료 방식은 수혈과 결합하여 암과 실명 같은 광범위한 질환들을 치유할 수 있다.

사회적·신체적 건강은 150세까지(또는 그 이상) 사는 비결이다. 보고몰리츠 박사의 건강을 제외하고 모든 것이 완벽하게 발전하고 있었다. 1946년에 그는 장수 전문가로서는 다소 불행하게도 65세의 나이로 사망하였다.

다행히 여러 전선에서 죽음과의 싸움이 치러지고 있었다. 그 가운데 생물학자로 젊은 나이에 죽은 니콜라이 크렌케Nikolai P. Krenke(1892~1939년)의 해결책이 더할 나위 없는 독창성을 보여준다. 그의 이론에 따르면 노화와 회춘이라는 상반되는 경향들이 각 유기체 내에서 싸움을 벌이고 있다. 그리고 죽음으로 향하는 선형 운동 대신 '노화 사이클'을 통과하는 더 복잡한 운동이 있다. 크렌케는 자신의 이론을 식물에 적용시켰다. 그 방법을 확대하여 노령이 불가피한 것이 아님을 입증하지 못할 이유는 없었다. 그 결과 새로운 젊음의 회춘도 가능할 수 있었다.

이런 주제와 관련하여 루마니아 학술원 원장이자 작물학 교수 트라이안 살부레스쿠Traian Salvulescu는 기록을 남겼다. 다음은 1952년에 살부레스쿠가 동료 과학자들과 함께 주장한 내용이다.

노화 과정과 회춘 과정의 속도는 주로 외적 조건에 달려 있다. 동물과 식물의 그 속도는 주변의 물리적 환경에, 인간의 그 속도는 사회적 환경에 달려 있다.

자본주의 사회에서 회춘 사이클은 혹독하게 방해 받는다. 아이들과 젊은이들은 일찍 나이 들고, 심각한 사회적 해악과 경제적 위기와 전쟁으로 많은 사람이 죽는다. ……이것들은 노화의 징후이며, 그 끝은 필연적으로 죽음이다.

사회주의 사회에서 사회적 요인들, 경제적 기반, 생산과 하부 구조의 관계는 노화를 억제하고, 회춘 사이클로의 복귀를 촉진한다.

세상의 회춘과 인간의 회춘의 결합보다 혁명과 장수의 밀접한 관계를 더 잘 보여주는 것은 없다.

스탈린주의는 실제 역사와 평범한 삶의 모든 국면을 아우르는 완벽한 신화를 창조했다. 비록 신뢰성을 잃었지만 이 가공의 담론은 고유한 순응주의 프로젝트의 지지를 받아 이 붉은 독재자의 죽음 후에도 살아남았다. 하지만 스탈린주의는 서서히 퇴조했으며, 핵심 이데올로기에 미미한 영향을 주고 있을 뿐이다.

장수도 똑같은 패턴을 따랐다. 카프카스의 장수자들은 지상에서 줄어들었지만 완전히 사라지지는 않았다. 1974년에 이 지역에서 한 여인은 140세 생일을 맞이한 후 이듬해에 사망했다. 대부분 교화적 내용인 그녀의 인생담은 앞에서 소개한 술라 베넷의 책에 상세하게 나와 있다. 그 여인은 집단농장에 가입했을 때 85세였고 104세에 소련 최초의 농업 박람회를 참관하러 모스크바로 여행했다. 128세에도 그녀는 여전히 일을 했다. 그녀의 일하는 속도와 기술은 다른 노동자들의 모범이 되었다.

프랑스의 과학 저널리스트 루시엥 바르니에Lucien Barnier는 1958년에 출간한 『소련 과학자들은 무엇을 꿈꾸는가À quoi rêvent les savants soviétiques』라는 기대되는 제목의 저서에서 문제의 꿈 가운데 회춘을 포함시켰다. 구소련에서는 노보카인(국소마취제)을 주사하여 노인들의 머리색을 되돌려 주고 있었다. 또한 다른 무엇보다도 '일할 능력과 기억을 가지고' '장수하는 희망'을 노인들에게 심어 주었다. 1960년경에도 질병 없는 150세의 삶이라는 목표는 변화하지 않고 남았다. 이 목표는 그 이후에도 수정되어 이어졌는데, 적어도 2000년에 출생한 아이들에게 한 세기의 삶을 제공한다는 야심적인 목표가 되었다. 찬란한 미래는 그 광채를 일부 잃었지만 가능한 최선의 세상을 계속하여 제공하고 있다.

궁지에 몰린 죽음

그와 동시에 비밀에 싸인 죽음은 그 작용을 밝히고 통제하고 회피하고 역행시킬 수 있다는 희망으로 탐색되고 있었다. 그 과정을 거꾸로 할 수만 있다면 그것은 신인류를 향한 놀라운 신기원을 열게 될 것이다.

죽은 자를 부활시키는 것은 구소련 의학계가 몰두한 과제였다. 전쟁 직후에 한 과학자 집단이 (좋은 이유로) '복잡하다'고 묘사되는 방법을 개발했다. 그것은 인공 소생술과 병행하여 '거의 사망한' 환자들의 동맥에 혈액을 주입하는 방법이었다. 이 방식으로 소생한 소련 병사들 중 한 명은 자신의 대대가 베를린에 진입하고 있을 때 지뢰 폭발로 '죽은' 병장 이고르였다. 이 복잡한 방법을 실행하자 임상적 죽음 후 20분이 지나 그는 눈을 뜨고 물을 찾았다. 다음날 이고르의 첫 반응은 붉은 군대가 베를린을 점령했는지를 묻는 것이었다.

10년쯤 지나 소련의 경이적인 성과에 관한 전문가 루시엥 바르니에는 부활이 회춘의 상보적인 방식이라며 적절한 표현을 했다. 그 현상은 이미 일어난 것으로 보였다. '소련 과학자들은 이론적 죽음 후 개들은 1시간, 원숭이들은 20분, 인간은 50분이나 60분쯤 지나 소생시켰다.'

하지만 의학적 진보의 대중화는 실제로 과학보다 정치적 선전에 더 가까웠다. 그들은 죽음을 언젠가 효과적으로 치료하게 될 '치료할 수 있는' 질병으로 표현했다. 이런 견해의 가장 강력한 주장은 영국의 외과의사로 소련의 동료 과학자들과 어깨를 나란히 했던 공산주의 과학자 존 버널John D. Bernal에게서 나왔다. 1952년 2월 세계적인 잡지 「데팡스 드 라 페Défense de la paix(평화의 수호)」에 그는 '과학은 죽음을 물리칠 수 있다La science peut faire reculer la mort' 라는 제목의 놀라운 논문을 실었다.

질병 치료는 그 자체로서 패배를 인정하는 것이다. 진정으로 건강한 사회는 질병의 출현을 허용하지 말아야 한다. 노령도 질병도 필요한 병이 아니다. ……죽음 자체는 절대적으로 필요한 것이 아니지만 환경에 의해 결정된다. 우리가 죽음을 더 이해할 때 죽음을 연기할 수 있을 뿐더러 어쩌면 죽음을 없애버릴 수 있을지 모른다.

이런 상황은 그리 멀지 않은 장래에 '인간들이 지성을 사용하여 전체를 위한 복지와 새로운 정신, 새로운 문화를 창조하는 국가들에서', 즉 소련과 중국에서 벌어질 것이다.

죽음을 없애는 것, 이것은 콩도르세가 감히 시도해 보지 못한 결정적 단계이다. 그는 '인간은 불멸의 존재가 될 수 없을 것이다' 라고 조심스럽게 단언했다. 공상과학 소설조차 그렇게 멀리 가는 경우는 드물다. 하지만 새로운 질서에 도취된 한 외과의사에게는 불가능이 없었다(그보다 앞서 조지 버나드 쇼가 그랬던 것처럼 말이다). 버널은 혁명이야말로 인류가 역사적으로 성취했거나 꿈꾸었던 단계로 상승했음을 보여주는 것이라고 말했다.

질병은 물론, 어쩌면 죽음도 부르주아의 '특권'이었다. 두 가지 모두 사회 유기체의 실패가 생물학적으로 반영된 것이었다. 병든 사회는 병든 개인을, 건강한 사회는 건강한 개인을 만들 것이다. 그리고 불멸을 공언하는 정치 체제는 불멸의 개인을 만들 것이다. 요컨대 장수에 대한 연구는 항상 이데올로기에 휘둘렸다.

1958년에 출간된 발렌티나 주라블료바Valentina Zhuravlyova의 공상과학 소설 『시간과의 싸움Battle against Time』은 불멸에 관한 공산주의 논리의 완벽한 본보기를 제시한다. 불치병에 걸린 한 의사의 중요한 기능들이 19년 동안 정지된다. 그러는 동안—아직 좀 이르지만—공산주의는 승리하고 논리적으로 병든 사람은 더 이상 존재하지 않게 된다. 이 시대에 죽은 의사는 다시 소생하게 된다. 의식을 되찾은 그는 세월이 지났어도 전혀 나이 들어 보이지 않는 자신의 모습에 놀란다. 그에 관한 설명은 간단하다.

우리는 노령을 정복했다. 노령은 돌이킬 수 없는 과정으로 여겨졌다. 하지만 우리는 그 과정을 거꾸로 돌릴 수 있음을 증명했다. 지금은 그것이 특정 조건 내에서만 제한적으로 가능하다. 하지만 시간이 지나면 우리는 그것을 완전히 극복할 것이다. 병원을 떠날 때 아무도 당신을 알아보지 못할 것이다. 이것이 바로 공산주의다!!

오늘날 이런 주장은 우리를 재미있게 할 수도 있고, 분노하게 할 수도 있다. 하지만 무엇보다도 우리는 이를 이해하려고 해야 한다. 장수에 대한 이런 성공은 공산주의의 유혹, 특히 스탈린주의나 마오쩌둥주의 같은 강경 노선들을 다른 어떤 논증보다 더 잘 설명하고 있다. 인간은 언제나 다른 세계와 더 나은 인간 조건, 전래의 노예 상태로부터 자유를 꿈꿔 왔다. 새로운 사회는 이런 꿈을 실현하며, 인류를 지금과 모든 것이 다른 세계로 나아갈 수 있도록 할 수 있는 것처럼 보였다. 과학 언어를 포함하여 언어에서 불가능이란 단어를 제거할 수 있는 시대였다.

오랫동안 존재해 왔고 막 실현될 듯했던 이런 희망은, 역사의 부정에도 불구하고 환상의 힘과 집요함을 보여준다. 그 무엇도 동화에서 신화적 요소를 제거하는 것보다 더 고통스럽지 않을 것이다. 그 무엇도 유토피아를 포기하는 것보다 더 아프지 않을 것이다. 조지 버나드 쇼를 너그럽게 이해해야 할 것이다. 다른 모든 이들처럼 그 역시 뭔가를 믿어야 했다.

서방의 불쌍한 인간들(적어도 그들 중 더 순진한 사람들)에게 동방은 마르지 않는 젊음의 샘으로 보였다. 루마니아의 수도 부쿠레슈티는 모스크바의 경쟁자가 되었다. 부쿠레슈티에 위치한 아나 아슬란Ana Aslan 박사의 '100세 이상 장수인 공장'에서는 '게로비탈' 코스(프로카인에 기초한 치료법)를 보완하여 시행했다. 이 공장에 머무는 것은 건강은 물론 젊음까지 되찾을 수 있는 최선의 방법처럼 보였다.

불행하게도 통계 자료는 다른 이야기를 들려주고 있다. 공산주의 국가들의 수명은 답보 상태이거나 실제로 줄어든 반면 서유럽 국가의 수명은 늘어났기 때문이다. 열악한 노동 조건, 부족한 영양 상태, 부적절한 보건 제도 등등이 그 이유였다. 오늘날 전前 공산주의 세계와 서방 세계 간의 수명 차이는 거의 10년에 달한다(분명 서방이 더 길다). 전설적인 카프카스인들은 이미 죽었거나 노령으로 죽어가고 있다. 이제는 오래 살고 싶다면 카프카스 산맥(모스크바나 부쿠레슈티는 물론이고)이 아닌 서구의 대도시로 이사해야 할 것이다.

18인종과 20억 년: 스테이플던이 그리는 미래

지난 두 세기 내내 시간과 공간은 계속 확대되었다. 지구가 완전히 폭발하지 않는 한 상상력을 자극한 것은 우리 지구 공간이었다. 19세기에 태양계가 영향력을 갖기 시작했다. 그러자 예전에 세상의 끝이나 외딴 섬들에 쏠았던 관심이 행성(주로 금성과 화성)으로 옮겨갔다. 최근 우리는 한층 더 발전하고 있다. 상상 속에서 은하계들을 여행하는 것은 우리의 즐거움이 되고 있는 것이다.

성서 속에서 지구와 인류는 고작 수천 년(19세기까지 지지를 받은 제임스 어서의 계산법에 따르면 기원전 4004년부터) 동안 존재했다. 한편 종말은 훨씬 더 가까울지도 모른다. 18세기에 뷔퐁은 지구의 나이가 7만 5000년이고, 생명체는 4만 년 동안 존재하며, 모든 생명이 16만 8000년에 소멸한다고 주장했다. 19세기 중반 영국의 지질학자 찰스 라이엘Charles Lyell은 이미 지구의 나이를 2억 4천만 년으로 추정했다. 오늘날 그 수치는 근 50억 년으로 늘어났다. 지구에 인간이 거주한 기간도 더 길어졌다. 19세기에 선사 시대의 유적을 발견했던 초기에는 인류의 역사를 약 1만 년으로 추정했다. 그러다가 수십만 년을 거쳐 최종적으로 1백만 년 이상 또는 수백만 년으로 정해졌다. 미래는 대칭적으로 늘어났다. 플라마리옹Flammarion은 인간을 비롯하여 생명체가 1천만 년 동안 존재했으며 또 다른 1천만 년을 존재할 거라고 믿었다. 웰스H. G. Wells의 시간 여행자(1895년에 발표한 『타임머신The time machine』이란 소설에서 등장─옮긴이)는 3천만 년에 지구의 종말을 목격한다. 오늘날에는 지구의 미래를 적어도 50억 년(과거만큼 장구한 시간)으로 추산하고 있다. 이론적으로 인류는 대격변으로 퇴화하거나 멸망하지 않는 한 앞으로 과거와 동일한 기간 동안 존재할 것이다.

시간과 공간은 더 이상 고정된 배경을 제공하지 않았다. 시간과 공간은 19세기와 20세기의 두 가지 강력한 개념─생물학적 측면의 진화론과 진보(기술적·사회적·도덕적 측면의 진보)의 개념, 그리고 이와 상반되는 타락 또는 데카당스 개념─에 의해 비옥해졌다. 그 결과 인류는 자연적 요소, 그리고 어떤 한계를 넘어 자신의 본성을 개조하는 능력으로 지속적인 변화를 거듭하고 있다. 웰스는 1백만 년의 인간이 커다란 머리(뇌의 발달)와 최소한으로 줄어든 몸(동물적 기능의 축소)에 촉수 다발을 가진 문어 같은 형상을 하고 있을 것이라고 상상했다. 또 다른 시나리오에서 웰스는 두 가지 다른 종으로 분화된 인류가 등장하는 80만 2701년을 묘사하고 있다. 두 사건 모두 진화의 필연적 결과였다. 하지만 이런 오랜 경로와 자연의 독단적 결정에 굴복하는 대신 인간이 자신의 계획에 따라 행동하여 자신을 변화시켜야 한다는 개념(버나드 쇼와 공산주의 사례에서 엿보이는 개념)이 널리 퍼졌다.

이 모든 흐름은 영국 작가 올라프 스테이플던Olaf Stapledon(1886~1950년)의 작품 『최후의 인간과 최초의 인간Last and First Men』(1930년)에서 통합되었다. 이 작품은 분명 픽션이지만 역사가나 철학자의 미래관을 보여주고 있다. 시간의 팽창, 정제된 진화론, 결정론과 주의론 및 진보와 데카당스 간의 동요가 이 작품에서 놀랍게 표현되고 있다. 웰스에게는 1백만 년도 긴 세월이었지만 스테이플던은 다음 20억 년의 인류 역사를 이야기하고 있다. 웰스에게 진화는 한두 가지 인종으로 이어지지만 스테이플던은 무려 18인종(게다가 수많은 아종들과 변종들이 더해진다)을 묘사하고 있다. 웰스의 소설에서 진화의 경로는 일직선적이지만 스테이플던의 진화는 모든 방향으로 이어지고 가로지르고 상하로 오르내리는 무수한 경로를 가지고 있다. 그는 개조 인간, 초인, 열등인을 상상한다. 이것은 전체적으로 위로 나아가는 순환의 역사이다. 마지막으로 웰스는 여전히 서서히 진행되는 자연법칙을 묘사하고 있지만 스테이플던의 진화는 인간의 생물학적·환경적 요소와 인간의 의도적·직접적 행위에 의해 결정된다. 웰스가 표현하는 개념들은 19세기 말에 가히 혁명적이었다. 웰스의 작품과 스테이플던의 작품은 불과 30년의 시차를 두고 있을 뿐이지만 사물을 바라보는 방식의 변화는 놀라울 정도다. 하지만 어디까지나 문학 속에서 꿈과 계획이 이상적인 상태로 표현되고 있을 뿐이다. 이제 과학이 그 뒤를 따라가기 위해 최선을 다할 것이다.

1천만 년 후 우리의 직계 후손인 '제2의 인간'이 지구를 차지하게 된다. 제2의 인간은 우리와 닮았지만 신장과 두개골이 더 크다. 수명은 장수의 개념을 반영하면 다소 실망스러운 수준인 200세이다. 할러와 후펠란트가 약속한 것과 동일한 수명이다. 어쨌든 우리는 두 세기에 걸쳐 새롭게 정립된 수명을 직접적으로 관찰할 수 있는 좋은 기회를 갖게 되는 셈이다. '제2의 인간'은 20세에 사춘기를 경험하고, 50세쯤에 장년기에 이른다. 190세쯤에 기력이 약해지기 시작하다가 그 직후 진정한 노령을 경험하기 전에 죽는다.

이와 대조적으로 제3의 인간들은 비교적 짧은 60년의 수명을 갖는다. 장수의 관점에서 이런 퇴보는 다른 자질과 성과로 보상받는다. 제3의 인간들은 생물학적 조작을 통해 반 인조 인간인 제4의 인간을 창조한다. 사실 제4의 인간은 튜브와 전기 회로, 다양한 다른 기계 장치로 생존하는, 딱딱한 껍질(두개골) 안에 들어 있는 거대한 두뇌일 뿐이다. 그들이 가진 순수한 두뇌는 강력한 지성과 무한한 호기심을 갖지만, 감정과 도덕적 가책은 전혀 느끼지 못한다. 그들은 지구의 주인이 되어 예전 인종들—그의 창조자들—을 노예로 만든다. 이론적으로 그들은 불멸한다. 이 제4의 인간은 텔레파시로 소통하는 개체가 1만 명이 될 때까지 증식한다.

자신의 힘과 나약함(육신의 결여와 육신에 의존하는 모든 인간 자질)을 잘 아는 제4의 인간은 제5의 인간을 창조하여 균형 있는 결과를 얻으려는 시도를 한다. 제5의 인간을 창조하면서 제4의 인간은 멸종한다. 제5의 인간은 제2의 인간(또한 우리 자신)의 좀 더 완벽한 형태로 커다란 뇌와 큰 신장(현대인의 두 배의 신장)을 가지고 있다. 초기에 제5의 인간의 수명은 3,000년이었지만 계속적으로 개량하여 5만 년에 이른다. 그들은 달과 충돌 위험에 처한 지구를 떠나 금성으로 이주한다.

'금성'에서의 인류 역사는 지구보다 약간 더 오래 지속된다. 후기 인종들 중 한 인종은 해왕성으로 이주한다. 그곳에서 육체적 · 지적 · 정서적 능력에서 최고에 이른 제18(마지막)의 인간이 번성한다. 이 인종은 거의 불멸에 가까운 25만 년이라는 긴 수명을 누린다. 하지만 진정한 불멸에는 결코 도달하지 못한다. 역설적으로 수만 년 또는 수십만 년의 긴 삶을 누리는 이들은 죽음을 인식하는 데 있어 단명하는 현재의 우리들보다 훨씬 더 어려움을 겪는다. 불멸의 문턱에서 죽는 것은 태어나는 순간부터 우리에게 '익숙한' 오늘날의 죽음보다 훨씬 더 불공평해 보인다. 하지만 삶에 의미를 부여하는 것은 분명 죽음이다.

마지막 인간의 최후는 갑작스럽고 불공평하다. 우주 폭발로 생긴 방사선이 태양, 행성들, 생명에 영구적인 영향을 끼친다. 모든 것이 멸망하는데, 이 뛰어난 인간들은 그 사실을 냉정하게 받아들인다.

온갖 종류의 기술 혁신을 묘사한 후에 스테이플던은 최후의 인간이 태양계 너머 은하계의 다른 곳 혹은 다른 은하계로 이주하는 형태의 다분히 상식적인 탈출 경로를 거부한다. 이런 점에는 보면 스테이플던은 19세기의 틀─인간은 태양계 내에 묶여 있는 것─에서 여전히 벗어나지 못하고 있다.

제임슨 위성

1958년 제임슨 교수는 사후에 자신의 몸이 손상되지 않게 영구히 보존할 수 있는 기술을 완성했다. 그것은 시신을 작은 우주선 안에 넣어 육체의 부패를 막아줄 지구 궤도의 우주 공간으로 보내는 것이었다. 제임슨 교수의 욕망은 실행되어 그는 사후 4천만 년 동안 '인공위성'에서 보낸다. 그 사이에 인류는 사라지고 지구는 사막화된다. 그 위성은 마침내 우리 태양계에서 수백만 광년 떨어진 조르 행성에 사는 조로메스인들의 성간星閒 원정대에 의해 발견된다. 조로메스인들은 오래 전에 육체를 버리고 뇌만을 가지고 있었다. 뇌는 금속 상자에 넣어지고 대신 인조 신체(네 개의 다리, 여섯 개의 팔,

몇 개의 눈을 포함하여)를 가지게 되었다. 그들은 텔레파시로 의사 소통을 한다. 궁극적으로 그들은 불멸의 존재이다. 이런 이상한 창조물들에게 발견된 제임슨 교수의 뇌는 생명을 되찾아 어떤 기계 내부에 안치된다. 이로써 제임슨 교수(더 정확히 말하자면 그의 뇌)는 불멸의 존재로 새로운 삶을 시작한다.

위의 내용은 미국 작가 닐 존스Neil R. Jones가 1931년에 출간한 『제임슨 위성The Jameson Satellite』(20여 가지 삽화로 구성되었으며 마지막 판본은 1951년에 출간되었다)을 요약한 것이다.[6] 현재 우리는 웰스의 저술이나 스테이플던 논증의 변증법적 엄격함으로부터 멀리 동떨어져 있다. 그럼에도 '제임슨 이야기'는 장수에 대한 상상의 표현에서 흥미로운 위치를 차지하고 있다. 이것이 다음 몇 가지 흐름을 종합하고 있기 때문이다.

첫째, 다소 먼 미래에 소생하기 위해 죽은 상태의 신체를 보존하는 프로젝트가 다루어지고 있다. 1766년에 영국의 해부학자이자 외과의사인 존 헌터John Hunter(1728~1793년)는 살아 있는 잉어 몇 마리를 냉동했다가 되살리겠다는 희망으로 해동 실험을 수행했다. 불행하게도 잉어들은 살아나지 못했다. 헌터는 매우 낙담했다.

지금까지 나는 사람을 냉동함으로써 특정 기간 생명을 연장하는 것이 가능하다고 생각했다. 신체를 해동할 때까지 모든 활동과 대사 작용은 정지될 것이다. 만약 인간이 이런 방식으로 자신의 마지막 10년을 포기한다면 수명을 천 년까지 연장할 수 있을 거라고 생각했다. 그리고 100년마다 해동하면서 냉동 상태로 있는 동안 무슨 일이 있었는지를 듣게 될 것이다.[7]

얼음더미에서 1만 년을 보낸 후에 완전히 변해버린 인류에게 발견되어 부활하고 있다. 루이 부세나르의 『얼음더미 속에서의 1만 년』의 삽화(파리, 1890년).

이런 '실험' 은 1890년 프랑스 작가 루이 부세나르Louis Boussenard의 단편 소설 『얼음더미 속에서의 1만 년10,000 ans dans un bloc de glace』에서 반복되었다. 이 소설은 1886년에 얼음 속에 갇힌 한 북극 탐험가의 소생을 묘사하고 있다. 1만 년 후인 11886년에 이 탐험가는 후손들에게 발견된다. 그동안 크게 진화(웰스의 작품 속에서보다 더 빠른 진화)한 인류는 연약한 신체로 지탱되는 '큰 머리' 와 공중 부양 능력을 가지고 있다. 제임슨의 이야기처럼 이 소설도 예기치 않은 생존의 사례를 다루고 있다. 이런 개념을 다룬 또 다른 사례로는 신체를 보존하는 냉동 기술을 치료 목적으로 이용한다는 내용의 주라블료바의 소설(앞에서 인용한 이 소설은 존스의 작품 이후에 출간되었다)이 있다.

둘째, 『제임슨 위성』에서는 신체의 다른 부위와 명확히 차별되는 두뇌를 다루고 있다. 웰스, 스테이플던, 버나드 쇼는 각자 나름대로 두뇌(달리 말해 순수 생각과 의식)의 발달과 '동물적' 기능의 상대적인 쇠퇴를 그럴듯한 진화 결과로 간주했다. 진정 불멸의 가치를 지닌 것은 두뇌뿐이었다. 평범한 삶이라면 섹스와 음식이 오락거리로 적절하겠지만, 불멸의 삶에서는 지성으로 충분했다(이런 관점은 종교의 영적인 내세 개념이 세속화한 것이라고 볼 수 있다). 오귀스트 콩트는 유사한 맥락에서 자신의 금욕주의와 영화靈化 관념을 반영한 흥미로운 개념을 피력했다. 그는 두뇌가 '둘 내지 세 개의 육체를 소모할 수 있다'[8]고 믿었다(당시에는 대부분의 사람들이 오늘날 사람들보다 젊은 나이에 죽었지만, 육체는 없어지더라도 두뇌는 영원히 정지된 채로 남는다는 환상을 가지고 있었다. 오늘날에는 정반대 양상이 벌어지고 있는 것 같다. 즉 신체는 유지되지만 두뇌는 그보다 일찍 기능을 잃어버린다). 벨기에 작가 마르셀 티리Marcel Thiry는 『안느 퀘르를 위한 협주곡Le Concerto pour Anne Queur』(1949년)에서 뜻밖의 해결책을 내놓았다. 이 책에서 티리는 뇌와 두개골만을 보존하여 죽은 자를 소생시키는 방법을 묘사하고 있다. 티리에 따르면 그 결과 인간은 다소 불쾌한 외모를 갖게 되지만 최고로 현명한 영적 존재가 된다.

제임슨 교수의 모험에서 눈여겨볼 것은 지구와 우주 사이에 가로막힌 장벽의 제거다(당시 스테이플던은 최후의 인류가 태양계의 경계를 넘는 것을 금지했다). 그 결과 시간과 공간은 무한대로 확장된다. 불멸은 유한한 공간 내에서 견딜 수 없으며, 인간이 끝없는 의식의 모험 속에서 무한히 여행할 수 있는 능력을 부여 받을 때에만 제 기능을 할 수 있다.

제임슨이란 가공의 인물은 진정한 후손들을 가졌다. 이 내용은 나중에 다시 논의할 것이다.

므두셀라에 대한 상반된 견해: 카렐 차페크과 올더스 헉슬리

하지만 이런 방식을 원치 않는 사람들이 있다. 이 사람들은 진보의 반대자일까 아니면 단순히 상식의 반대자일까?

버나드 쇼가 죽은 지 일 년 후 체코 작가 카렐 차페크Karel Čapek(1890~1938년)가 희곡 『마크로플로스 가의 비밀Věc Makropulos』에서 장수를 주제로 다루었다. 이 희곡의 여주인공은 337세의 젊은 여인이다. 그녀는 1585년에 태어나서 아버지 마크로플로스 박사가 애초에 황제 루돌프 2세를 위해 고안했던 장수 처방의 혜택을 누린다. 300년이 지난 후 이 처방을 반복해야 하기 때문에 이 '나이 든 젊은 여인'은 그것을 다시 할 것인지에 대한 모종의 결정을 내려야 했다. 주변 사람들은 그녀 아버지의 문서를 발견하고 오랫동안 토론을 벌인다. 일반적인 의견은 모든 인류에게 혜택을 주자는 것이다. 엘리트주의적인 접근법도 제안된다. 즉 소집단(장수 귀족계급)에게 처방전을 맡겨 그들이 다른 사람들을 지배하도록 보장해야 한다는 것이다.

하지만 처음에는 무척 흥분했음에도 불구하고 등장인물들은 점차 지나치게 오래 사는 삶의 위험을 인식하게 된다. 마크로플로스 박사의 딸은 자신의 치유될 수 없는 지루함을 설명한다. 그녀는 분명 죽음을 두려워하면서도 평범한 운명의 인간들을 시기하고 있다. 감정과 열정 그리고 인간의 삶에 의미를 부여하는 모든 것들은 정상적인 수명 내에서, 죽음에 의해 가치를 제공받는 생애에서 존재 이유를 갖는다. 수백 년 살아가는 존재에게는 아무런 삶의 걱정도 남지 않는다. 시간의 강을 방해 받지 않고 항해해 가는 사람에게는 그 무엇도 가치가 없으며, 이런 무관심은 죽음보다 더 나쁜 것이다. 이 역설적인 결론은 죽음 없는 삶은 살아가는 보람이 없다는 것이다. 결론은 헛된 희망을 품게 하는 '마크로플로스의 처방'을 불태우는 것이다. 즉, 현명한 유일한 선택은 삶을 그대로 받아들이는 것이다.

영국 문학의 모든 세기마다 '반反 장수' 전문가가 주목을 끌었다. 18세기에는 스위프트, 19세기에는 베전트가 있었고 20세기에는 『여러 해 여름이 지난 뒤 백조 죽다After Many a Summer Dies the Swan』에서 장수의 신화를 해부한 올더스 헉슬리Aldous Huxley가 그 유산을 이어받았다. 이 작품의 주인공은 자신의 생명을 연장하고 싶어하는 미국의 억만장자 스토이트와 장수로 잘 알려진 물고기, 잉어의 장내 세균 추출물로 스토이트를 치료하려고 준비하고 있는 오비스포 박사이다. 혁명적인 이 방법은 이미 영국의 한 백작이 사용한 것이다. 18세기 말에 그 백작은 수십 년 동안 물고기의 생 내장을 게걸스럽게 먹으며 가정부와 자신을 치료했다. 결과는 놀라웠다. 81세에 회춘한 노인은 세 명의 사생아를 낳았다. 그러자 가족 스캔들이 발생했다. 그는 어쩔 수 없이 자기 집 지하실에 몸을 숨겨야 했다. 미국인들이 그곳에서 그를 발견했다. 그들은 논쟁의 여지없는 의학의 성공을 목격할 수 있었다. 200세가 넘었음에도 백작은 아주 건강했는데, 그의 여자 친구인 가정부도 마찬가지였다. 그들은 다소 난폭할 정도로 쾌락을 즐긴 것처럼 보였다. 하지만 얼마 안 있어 사태가 명확해졌다. 그 둘은 모두 이성을 잃었으며, 생물학적 사다리에서 원숭이 수준으로 내려와 있었던 것이다.

이 사례에서 보자면, 인간이란 기계 장치는 영원히 쟁존할 수 있을지 모르지만 정신은 그렇지 않은 듯하다. 장수의 대가는 지성의 퇴화였다. 이것은 우리의 불멸의 인간에게 심각한 딜레마가 아닐 수 없었다. 그는 인간의 짧은 생애 혹은 인간 원숭이의 태평한 삶 둘 중에 하나를 선택해야 했다. 아마 우리의 불멸의 인간은 최후의 순간에 후자를 선택할 것이다. '그들은 줄곧 즐기고 있는 듯하다. 물론 나름의 방식이긴 하지만 말이다!'

헉슬리나 차페크는 생물학적 계획 그 자체의 타당성을 부정하지는 않았다. 그들은 수세기로 연장되는 수명의 가능성을 인정했다. 하지만 그런 삶이 과연 어떤 모습일까? 이 두 작가들은 서로 다른 방식으로 극단적인 장수가 비인간화를 이끄는 것으로 묘사했다. 그러나 이와 반대로 버나드 쇼는 그것을 인간이 잠재력을 실현하는 유일한 방식으로 바라보았다. 이제 우리는 장수의 주제와 관련하여 두 가지 다른 갈래의 접근법, 즉 인류 운명에 대한 두 가지 상반되는 관점을 가지게 되었다.

제7장

건강이란 이름의 종교:
　　20세기 후반과 그 이후

격하된 죽음

오늘날에는 모든 것들이 빠르게 변화하고 있다. 역사적으로 다른 모든 문화들과 비교하여 서구는 완전히 새로운 문명 체계를 끊임없이 창조하고 있다.[1] 인간 수명도 눈에 띄게 증가했다. 그 결과 장수에 대한 우리의 개념에도 변화가 생겼다.

1900년경에 서구인의 수명은 45세를 조금 웃도는 수준이었다. 1950년경에는 66세로 늘어났으며, 오늘날 대다수 서구 유럽 국가들의 평균 수명은 76세에서 79세에 이르고 있다. 한 세기가 지나는 동안 수명은 30년이나 늘어났다. 이것은 주로 유아 사망률이 감소한 덕분이다(1900년경에는 특권 계급에서도 유아 사망률이 매우 높았다). 하지만 실제 수명이 늘어난 것도 주된 이유이다. 대부분의 사람들은 고령에 이를 때까지 생존하고 있다. 통계적으로 말하자면 고대 그리스–로마에서부터 1900년까지 늘어난 수명보다 1900

년부터 오늘날까지 늘어난 수명의 증가분이 훨씬 많다.

수천 년 동안 사람들은 죽음에 '익숙해져' 있었다. 죽음은 가족 생활의 큰 부분을 차지하고 있었으며, 20세기 초반까지 어린아이들과 젊은이들의 목숨을 수시로 앗아갔다. 하지만 오늘날에는 이런 현상이 거의 종적을 감추고 있다. 죽음은 드물게 발생하며, 그 결과 우리는 죽음의 습관에서 벗어나게 되었다. 예전에 친숙했던 죽음이 이제는 생경한 것이 되었다. 이런 점에서 20세기는 인류 역사의 분기점이라 해도 과언이 아니다(의학적 진보보다 개선된 위생의 혜택을 더 많이 받은 혁명이었다. 이런 관점에서 보자면, 수돗물은 가장 유명한 과학적 발견 못지않게 역사적으로 가장 위대한 성과 중 하나이다).

여기서 반드시 고려해야 할 두 가지 요소가 더 있다. 하나는 장수가 여성들에게서 두드러지게 나타난다는 것이다. 현재 선진국에서 남성과 여성의 수명 차이는 6~8년에 달한다(여성 80~82세, 남성 73~74세). 전통적으로 남성보다 장수 능력이 떨어지는 것으로 간주되었던 여성의 우수성(평균 기록과 전체 기록 모두에서)이 입증되고 있는 것이다. 다른 하나는 남녀 공히 노년이 늦게 시작되고 있다는 것이다. 이것은 생물학과 사고력이 모두 반영된 결과다. 19세기에 여성에게 폐경기가 찾아오는 평균 나이는 45세 언저리였다. 현재는 50세를 훌쩍 넘기고 있다. 오늘날 70세의 남녀는 19세기와 비교할 때 50세의 남녀와 비슷한 위치에 있다. 그들은 과거의 동년배들보다 훨씬 건강할 뿐 아니라 더 '젊게' 행동하며 다른 사람들도 더 이상 그들을 노인으로 취급하지 않는다.

현실과 우리의 생각 모두에서 격하된 죽음은 모든 긍정적인 의미를 잃어버렸다. 이것은 전적으로 새로운 경향이었다. 이전 세대들은 삶의 가치와 죽음의 의미 간의 균형을 항상 시도했다. 종교적 측면에서 특히 기독교인들에게 죽음은 단순한 새로운 시작, 즉 절대자를 향해 열려 있는 문이었다. 궁극적으로 죽음은 일종의 구원처럼 여겨졌다. 죽음에 대한 이런 '건전한' 측면은 오늘날의 사고방식에서 멀어지고 있다. 심지어 신자들 사이에서도 불확실한 내세를 위해 지상의 삶을 희생하는 사람들은 극소수가 되었다. 삶은 거의 완벽하게 세속화되었다. 그 결과 내세와 죽음이 모두 불편한 위치에 놓이게 되었다.

종교는 차치하고라도 역사적으로 죽음에 가치를 두는, 특히 생명에 더 높은 의미를 부여하기 위해 죽음을 이용하는 다른 방식들이 있었다. 괴테의 영웅 젊은 베르테르는 스스로 자살함으로써 격렬한 사랑을 표현했다. 낭만주의 세계에서 이런 '문학적인' 자살은 현실의 자살을 이끌었다. 명예와 생명 중에서 하나를 선택하라면 언제나 명예가 우선이었다(적을 죽이든지 아니면 자신이 죽든지 둘 중 하나였다). 위대한 명분, 특히 조국을 위해 피를 흘리는 것보다 더 고귀한 행동도 없었다. 세네카의 주장처럼, 생명 그 자체보다 중요한 것은 생명을 버리는 방식이었다. 죽음은 한 개인의 전기에서 인품을 결정짓는 것이었다.

하지만 이런 정신적·영웅적 시대는 이제 막을 내린 것 같다. 오늘날의 '서구인들'은 더 이상 죽음을 원하지 않는다. 과거 대학살의 원인이던 이데올로기와 민족주의는 이제 한 개인의 생명을 희생시키는 충분한 이유가 될 수 없다. 전쟁 그 자체는 전문가들이 다룰 문제가 되었다. 현재 강력한 영향을 미치는 유일한 이데올로기는 건강이다. 이는 당면한 환경이나 지구의 건강일 수도 있고, 한 개인의 건강(질병과의 전쟁, 생명과 젊음의 연장)일 수도 있다. '광우병'을 둘러싼 히스테리가 그 징후를 나타내고 있다. 여론을 환기

시키는 데 있어 가장 돋보이는 주제가 바로 질병과 죽음이다. 21세기의 새로운 미개척 분야는 생물학과 생태학이 될 것이다. 그들은 이미 일종의 새로운 종교로 부상하고 있다.

불멸에 관한 이야기들

여기서 잠시 문학을 살펴보는 것도 도움이 된다.[2] 우리는 문학적 주제로서의 장수가 언제나 죽음이라는 주제와 맞물려 있는 것에 주목하고 있다. 메어리 셸리Mary Shelley는 『인간의 불멸The Mortal Immortal』(1833년 출간)에서 불멸의 삶을 운명적으로 떠안은 한 사내의 비극을 말하고 있다. 그는 323세의 나이(불멸의 인간에게는 아직 젊은 나이)에 자신이 직면한 불멸의 공포를 실감했다. 죽음은 불가피하다. 죽음을 최대한 연장시킬 수는 있지만 그럼에도 죽음은 반드시 찾아온다. 그렇지 않으면 삶은 견디기 힘들어질 것이다. 더 나아가 모든 의미를 잃어버릴 것이다. 놀랍게도 호르헤 루이스 보르헤스Jorge Luis Borges의 『불멸의 인간들The Immortal』(1949년)을 읽은 독자들은 가장 원시적 인류로 고대 저자들이 언급했던 아프리카 혈거인穴居人들로부터 불멸을 발견하게 된다. 이들은 지하의 굴 속에 거주하면서 뱀을 먹고 살았다. 이것은 그 어디에도 안주할 수 없는, 불멸의 역설적이지만 논리적인 귀결이었다. 혈거인들은 스스로 움츠러들어 세상과의 모든 접촉, 심지어 그들 사이의 접촉도 기피했다. 그들에게 중요한 것은 아무것도 없었다. 모든 것이 똑같다. 이런 상황에서는 차라리 죽는 편이 더 나았다. 헐거인들의 땅을 가로지르는 강물을 마신 후 불멸의 인간이 되었던 호머는 수세기 동안 그에게 다시 죽음을 가져다줄 수 있는, '정반대의' 강을 찾아 헤매야 했다 (다행히도 마침내 그 강을 찾았다).

내가 보기에는 이런 점에서 일종의 진화가 이루어진 것 같다. 지난 수십 년 동안 불멸에 관한 문학 작품들은 불멸을 지지하는 쪽과 불멸을 반대하는 쪽, 두 갈래로 나뉘었다. 하지만 이 두 가지 모두에서 진전이 있었다. 순수하고 단순한 불멸은 굳이 나쁘다고 할 수 없는, 실제로 아주 바람직한 해법으로 발전했다. 미국에서 가장 영향력 있는 공상과학 작가에 속하는 로저 젤라즈니Roger Zelazny는 1966년에 출간된 『이 불멸의 인간들This Immortal』이라는 소설에서 자신의 주장을 내세웠다. 그의 영웅(잠정적으로 콘라드라 불리는 사내)은 수세기를 살아오면서 일반인들의 눈에 띄지 않기 위해 이름과 신분을 수시로 바꾸었다. 그는 분명 지루함을 느끼지 않았다. 그의 끝없는 삶은, 다양한 삶의 몽타주처럼 변화무쌍했다. 그 비결은 영원한 창조성의 기준으로 불멸을 인식하며 끊임없이 존재를 위해 동기를 부여하는 것이었다.

제임스 건James Gunn의 『불멸의 인간들The Immortals』(1968년)에서는 불멸이 어떻게 가능한지 그 단편을 보여주고 있다(일종의 죽음에 대한 면역을 얻은 한 사내는 다른 인격들을 주입하면서 생을 이어간다). 이런 일련의 시나리오들은 불멸을 그 자체로 좋거나 나쁜 것으로 제시하지 않는다. 불멸을 사용하는 데 어떤 의도를 가지고 있느냐에 모든 것이 좌우된다.

잭 밴스Jack Vance의 『영원한 삶To Live Forever』(1956년)의 결말부도 주목할 만하다. 무한한 공간을 '소유하며' 무한한 새로운 경험들을 발견할 수 있는 인간들에게 불멸은 귀중한 선물이 될 것이다.

불멸의 인간들은 오직 무한한 우주에서만 자신의 불멸의 특성과 일치하는 고차원적 상태에 도달할 수 있다. 평범한 인간들은 지상에 묶여 있고 사회적 제약을 받는다. 함께 조직하고 노력하는 것은 그들의 자연스러운 운명이다. 불멸의 인간들은 사회적 관습에, 혼란스런 지구의 외양에 결코 얽매이지 않는다. 행성과 도시와 사회, 이 모두가 그들에게 족쇄다. 이렇게 강요 받는 불멸의 인간들은 결국 무감각해지고 빈약해질 것이다. …… 불멸이 제공하는 광대한 시간의 자유는 존재의 자유와 상응해야만 한다. 오직 우주의 무한한 영역만이 영원한 삶을 위한 적절한 조건이다.[3]

물론 여기서 우리는 문학적 픽션을 다루고 있다. 오늘날 과학적 타당성을 주장하는 그 어떤 계획도 불멸 혹은 행성들의 정복을 기약할 수 없다. 하지만 밴스의 논리는 적당한 수준에서 효과적인 기능을 발휘한다. 예를 들어 300년이란 수명은 변화의 속도가 느린 전통적 사회에서 지나치게 긴 세월로 여겨졌다. 당시 사람들은 운명적으로 동일한 규칙에 따라 동일한 환경 속에서 살아가야 했다. 하지만 오늘날 혹은 미래에도 과연 그럴까? 끊임없이 변하는 세상에서 기나긴 장수는 진정 매혹적일 수 있다. 시시각각 변하는 환경 속에서 늘 새로운 경험을 할 수 있기 때문이다.

120세 혹은 그보다 더 오래 살 수 있을까

그렇다면 타당한 수명은 어느 정도일까? 수명의 한계가 정말 이동했을까? 아니면 70세나 80세 혹은 90세에 이른 사람들이 증가하면서 '장수의 민주화'는 이루어졌지만 사실상 장수의 한계에는 별다른 변화가 없는 걸까? 고대에 사람들은 100세까지 생존했다. 하지만 그 숫자는 극히 드물었다. 오늘날에는 그 수가 훨씬 더 많다. 이것은 분명한 진전이다. 하지만 생물학적 혁명이라고 말할 만한 수준은 분명 아니다.

장수에 대한 가장 최근의 기록으로는 1986년에 120세 8개월의 나이로 사망한 시게치요 이즈미Shigechiyo Izumi라는 일본인이 있다. 절대적 기록의 소유자는 1997년 8월 4일에 122세 5개월 11일의 나이로 사망한 잔 칼망Jeanne Calment이라는 프랑스 여인이다. 성인 몽고의 185세, 토머스 파의 152세 혹은 150세까지 원기왕성했던 카프카스의 유명한 노인들과 비교하면 이들의 장수는 별것 아니다. 차이라면 근거가 확실한 출생증명서를 가지고 있다는 것이다. 반면 옛 장수인들의 기록은 전적으로 '구전'이나 기적을 믿는 사람들의 성향에 의존하고 있다.

따라서 지금까지 122세 이상 장수한 사람은 없었다고 결론을 내리는 것이 타당성 있을 듯싶다. 그렇다면 이것이 과연 절대적인 한계일까, 아니면 상대적이고 잠정적인 한계일까? 여기에 두 가지 상반되는 시각이 있다. 몇몇 전문가들은 난공불락의 장벽의 존재를 믿고 있다. 10년쯤 전에는 기껏해야 115세 내지 120세에서 이런 장벽이 정해졌다. 하지만 이 기록은 잔 칼망에 의해 깨졌다. 그러자 113세부터 124세까지 범위가 좀 더 넓어졌다.

잔 칼망, 장수의 챔피언.

하지만 한계가 존재하지 않거나 그 한계가 서서히 무너지고 있다는 가정도 가능하지 않을까? 로스앤젤레스 캘리포니아 대학의 병리학 교수인 레이 월포드Ray Walford는 자신의 저서 『최대 수명Maximum Life Span』(1983년)에서 '연장 가능한' 수명의 개념을 제기했다. 오늘날 120세의 수명이 궁극적으로 300세까지 연장될 수 있다는 것이다. 프랑스('잔 칼망 효과'가 낙관주의의 바람을 일으킨 곳)에서는 보르도 대학의 핵물리학 교수인 가브리엘 시모노프Gabriel Simonoff가 자신의 저서 『새로운 불멸Nouvelle éternité』(1993년)에서 비슷한 주장을 했다. 당면한 목표는 '모든 신체 기관이 제 역할을 하는 완전히 건강한 상태로' 120세까지 생존하는 것이었다. 하지만 가까운 장래에는 다양한 과학적 연구들을 통해 600세까지 장수할 수 있다고 그는 주장했다(불의의 사고와 다른 정황을 감안하여 실제 수명은 350세쯤으로 예상했다). 이것이 새로운 삶의 단계를 가져오리라는 것은 두말할 것도 없다. 일찍 노쇠한 상태로 수세기를 생존한다는 것은 상상하기 힘든 일이다.

우리는 젊고 죽음은 타인의 문제다,

죽음과 같은 것은 존재하지 않는다.

목표는 매우 명확하다. 문제는 그것을 어떻게 달성하는가에 있다. 수명과 젊음을 모두 연장시키는 장수를 위해 우리는 어떻게 해야 할까? 우선 가장 간단하고 저렴하고 일반적인 방법으로 시작해 보자.

궁극적으로 수명의 한계를 더 늘릴 수 없다 할지라도 우리가 마음대로 사용할 수 있는 기간 내에서 시간을 재분배함으로써 생명을 '연장하는 것'이 현실적으로 불가능한 일은 아니다. 우리는 오직 하나의 삶을 사는 대신 다양한 방식으로 여러 단계의 삶을 살아갈 수 있을 뿐더러 각각의 단계에 좀 더 명확한 자율성을 부여할 수 있다.

제1단계는 아동기이다. 필립 아리에스Philippe Ariès는 18세기 이전에 아이들이 '존재하지 않았다'고 주장했다. 그들은 불완전한 존재로, 잠재적 성인 이상으로 여겨지지 않았다. 그러다가 가족들은 후손들에게 더 많은 투자를 하기 시작했다. 처음에는 상위 계급이 나중에는 하위 계급이 그러했다. 그럼에도 불구하고 20세기 초반까지 아이들은 성인의 축소판으로 남아 있었다. 당시의 그림을 보면 작은 아이들이 부모와 같은 차림새를 하고 있다. 시간의 경과와 함께 그들은 오랫동안 책임 있는 성인으로 처신하는 법을 배웠다. 비록 18세기와 19세기에도 아동기는 소중하게 여겨졌지만 아동기 그 자체가 아니라 미래를 위한 준비기로써 그 가치를 인정받았다.[4]

이런 태도는 20세기, 특히 최근 들어 급격한 변화를 일으켰다. 현재는 아동기의 고유한 가치들이 널리 인정받고 보장되고 있다. 아동기는 실제로 별개의 삶의 단계로 자리잡아가고 있다. 하지만 아동기와 성년기 사이에 잘 알려지지 않은 또 다른 단계가 존재한다. 청년기가 바로 그것이다. 비록 각각의 사회마다, 또 각각의 해석마다 다르게 설명되긴 하지만 이제 청년기는 아동기와 성년기 사이의 고유 영역에서 나름의 가치를 주장하고 있다. 실제로 청년기는 자신의 가치를 주장할 뿐 아니라 다른 삶의 단계들에 그 가치를 강요하기도 한다. 오늘날에는 청년기를 모방하는 것이 젊음을 되찾는 가장 확실한 방법처럼 보인다. 흐름이 역전되고 있다. 과거에 젊은이들은 어른들을 모방하는 데 익숙했다. 오늘날에는 어른들이 젊은이들에게서 배움으로써 시대에 뒤떨어지지 않으려 하고 있다. 패션에서부터 행동 방식에 이르기까지 도처에서 이런 상황이 목격된다. 모든 세대가 '청년기의 유입'을 통해 다시 젊어진 것처럼 보인다. 적어도 그 이면을 들여다보지 않는 한 그럴 것이다.

매일같이 우리는 거리에서 롤러스케이트를 타고 지나가는 건강한 성인들을 부러운 시선으로 바라본다. 한편 나이든 노인들은 좀 더 차분하게 스쿠터를 타고 움직인다. 불과 얼마 전만 하더라도 롤러스케이트는 청년기, 스쿠터는 아동기의 전유물이었다. 오늘날 아이들은 컴퓨터 화면을 보는 데 더 많은 시간을 보내고 있다. 아이들의 놀이는 이제 조부모들의 차지가 되었다. 삶의 각 단계들이 화합할 수 없다는 논리도 과거지사가 되었다.

아동기와 청년기, 그리고 그 이후에도 젊음의 특징을 간직한 상당 기간의 성년기가 존재한다. 점점 길어지는 삶은 훨씬 다양해진 삶의 단계와 젊음의 에너지의 보유를 가능케 하고 있다.

하지만 이런 전략의 가장 두드러진 성과는 과거의 노년층이 현재 '제3

의 연령'으로 변했다는 것이다. 제3의 연령을 고려하기 전에 이와 관련된 화제들이 현실 세계의 발전에 기인하고 있다는 사실을 주목할 필요가 있다. 장수는 차치하고라도 수명의 증가는 역사적으로 유례 없는 현상을 초래했다. 오늘날 서구 사회에서 급증한 노년층과 전체적인 인구 구조에서 점점 중요해지는 그들의 역할이 그것이다. 최장수의 발전 속도는 더 느려지고 있는지 모르지만 '평범한 장수' ―65, 70, 80세― 는 흔히 볼 수 있다. 이것은 그리 멀지 않은 장래에 은퇴 인구가 사회 활동 인구보다 더 많아질 수 있음을 경고하고 있다.

수치와는 별개로 두 번째 주요한 변화는 이 범주에 속한 사람들의 신체적 조건과 관련이 있다. 여기서는 의학과 위생, 현대의 기술적 보조 장치들 덕분에 뚜렷한 진전이 있었다. 그 결과 이론적으로는 누구든 상당한 고령에 이를 때까지 정상적이고 적극적인 삶을 이끌 수 있게 되었다.

거듭 말하지만 이것은 과거와 같은 개별적인 사례들이 아니라 대중적 현상이 되고 있는 사례들이다.

한 걸음 더 나아가면 현실은 신화와 만난다. 노년층이 증가하는 것만으로는 충분치 않다. 노년은 이제 새로운 젊음으로 변해가고 있다. 사람들이 은퇴하면 그들은 판이하게 다른 삶의 국면에 접어든다. 신화학적으로 말하자면, 이것은 더 이상 앞선 단계의 지속적인 쇠퇴로 간주되지 않는다. 오히려 성숙된 지식과 경험의 추가와 아울러 특정한 젊음의 가치들을 소생시키는 새로운 시작으로 여겨지고 있다. 힘겨운 성인 생활과 가족과 공동체를 위한 불가피한 희생 이후에 마침내 우리는 자유로워지고 모든 책임에서 벗어난다. 정복하고 탐험해야 할 새로운 세계가 있다. 우리는 잃어버린 시간을 보충할 수 있고, 또 그렇게 해야만 한다. 그렇다, 인생은 진정 60세부터 시작

이다.[5]

제3의 연령층에 속한 사람들을 표적으로 삼은 광고 전단, 특히 여행객들을 목표로 삼은 광고 전단을 한번 살펴보라. 그들과 관련된 모든 것이 삶의 기쁨, 정신과 육체의 젊음을 발산하고 있다. 몇몇 삽화들은 첫눈에 보기에 전혀 다른 독자들을 위해 만들어진 것처럼 보인다. 요트의 갑판 위에 아름다운 장면이 펼쳐져 있다. 그는 휴가중인 젊은 경영자처럼 보인다. 금발의 여자는 그의 비서일지 모른다. 하지만 자세히 들여다보면 이들이 이국적인 섬에서 항해를 즐기는 '나이 든 젊은' 부부임을 알 수 있다.

결국 문제가 풀렸다. 더 이상 노년이 존재하지 않는 것이다. 노년의 자리를 특정한 젊음의 형태가 대신하고 있다. 죽음 역시 이런 식으로 존재하지 않는다. 이쯤에서 우리는 전략의 마지막 요소에 도달한다.

제3의 연령에 속한 사람들은 너무나도 분주한 삶 때문에 마치 죽지 않을 것처럼 보인다. 죽음은 그 이후에 찾아온다. 죽음은 우리와 관계없는 특정한 한계를 초월하여 은밀하게 발생한다.

과거에는 죽음이 현실과 사람들의 마음속 모두에 항상 존재했다. 죽음의 순간에 위대한 가치가 주어졌다. 모든 상황이 교화의 방식으로 전개되었다. 사람들은 가족들의 품에서 죽음을 맞고 싶어했다. 죽음은 사회적 연대와 세대들 간의 결속 그리고 지상의 삶과 내세의 연결에서 나름의 역할을 했던 것이다.

이와 대조적으로 현대의 죽음은 숨겨져 있다. 필립 아리에스와 노버트 엘리아스Norbert Elias는 이런 현상에 대해 적절한 분석을 시도하고 있다.[6] 일단 제3의 연령의 '생기 넘치는' 국면이 끝나면 노인들은 소외의 두려움을 느끼기 시작한다. 풍요로운 사회에서 창조되는 건강하고 영원한 젊음은 치명적인 질병이나 죽음을 근처에 두고 싶어하지 않는다. 젊음의 재발견으로 시작된 제3의 연령은 양로원에서 막을 내린다. 죽어가는 사람들은 서둘러 병원으로 옮겨진다. 죽음은 추방당한다. 죽음은 엄중한 감시를 받는 밀폐된 공간에 갇힌다. 죽음은 눈에 보이지 않는다. 따라서 존재하지 않는다. 죽음은 항상 우리가 아닌 타인의 문제이다.

그런가 하면 좀 더 효과적인 의학 기술의 힘을 빌려 막연히 생명을 연장하는 방식은 기피하는 경향―특히 미국―을 보이고 있다. 허약한 자들이 건강한 자들에게 자리를 내주어야 한다고 주장하는 이들도 있다.

'우리는 젊고 죽음은 타인의 문제이며 죽음과 같은 것이 존재하지 않는다'로 간추릴 수 있는 이런 전략은 장수의 신화에 대해 새롭고 효과적인 또 다른 체계를 이끌어내고 있다. 영원한 젊음의 환상은 죽음의 배척, 죽음에 대한 상념의 거부와 맞물려 있다.

하지만 이런 모델의 순수성은 어두운 현실에 의해 가려지고 있다. 가령 1980년대에 서구 세계 한복판에 에이즈AIDS의 망령이 출현하자 고통과 죽음을 무시할 준비가 되어 있던 사회에 자신의 실재에 대한 새로운 자각이 싹트기 시작했다. 죽음의 환영이 사방에서 우리에게 밀려들고 있다. 나와 상관없는 동떨어진 세계에서 발생하는 것으로 여겨졌던 기근과 전쟁의 장면들이 우리 거실로 곧장 전달되고 있다. 이런 재난들을 근절하는 것은 그리 쉬워 보이지 않는다. 결국 어떤 신화가 그 기능을 지속한다 할지라도 그것이 불가능한 일에 대한 해법이 될 수는 없다. 신화는 기껏해야 불완전한 환상을 우리에게 제공할 수 있을 뿐이다. 그리고 우리는 이미 이런 환상을 숱하게 접해 왔다.

음식은 적게, 운동은 많이, 그리고 금연

상황 파악이 끝났으니 이제 효과적인 전략을 세워 보기로 하자. 우선 가정부터 살펴보자. 모든 사람들이 일상생활에서 부지불식간에 항상 실행에 옮기고 있는 다양한 방법들이 존재한다. 사람들은 누구나 먹고 마시며 많건 적건 간에 운동과 성 생활을 즐기고 있다. 그러면서 우리는 별 생각 없이 신체 조직의 노화 과정에 속도를 높이거나 혹은 지체하게 한다. 이런 생물학적 기능들은 동시에 고도로 사회화되어 있다. 각각의 문화적 환경은 음식과 섹스와 위생과 관련하여 나름의 관행을 가지고 있다. 옳거나 그른 것에 대해 절대적 판단을 내리는 것은 불가능하다. 과학적 결론도, 의학적 처방도 편견과 유행의 영향에서 자유롭지 않다.

건강한 몸으로 더 오래 살고 싶다면 오늘날의 슬로건은 '더 적은 음식', 즉 더 적은 칼로리다. 많은 음식과 칼로리의 소비를 권장하던 소비 사회는 변하고 있다. 물론 우리는 살기 위해 먹어야 한다. 하지만 더 오래 살려면 더 적게 먹어야 한다.

이런 상황에서 채식주의의 증가세가 나타나고 있다. 1996년에 한 무리의 영국 과학자들은 17년에 걸친 연구를 통해 채식의 가치를 확증했다. 크레타 섬 사람들의 시대가 도래했다. 그곳 사람들(일반적으로 지중해 주민들)은 과일과 채소와 흰 살코기(닭고기와 물고기)를 주로 섭취하는 반면 동물성 지방을 기피한다. 특히 크레타의 샐러드는 건강에 좋다. 어쩌면 이것이 크레타 섬 사람들의 장수를 가능케 하는지도 모른다. 그리고 이들보다 더 장수한 예로 일본 오키나와 섬 사람들이 있다. 크레타 사람들처럼 물고기와 채소를 주로 섭취하는 오키나와 사람들은 세계 최장수 기록을 가지고 있다.

어떤 과학자들은 기아를 겨우 면할 정도로 소량의 음식을 섭취하는 것이 이상적이라고 주장하고 있다. 오늘날의 과학으로 코르나로의 주장을 뒷받침하고 있는 셈이다. 하지만 달콤한 음식의 유혹을 감안하면 오늘날의 서구인들이 이런 방식을 따른다는 것은 다소 무리일 듯싶다.

현재 원숭이들을 대상으로 다양한 집단에 서로 다른 먹이를 주는 실험이 진행되고 있다. 물론 중심 개념은 음식을 가장 적게 먹은 원숭이가 가장 오래 살아남는다는 것이다. 언제나처럼 회의론자들은 부정적인 견해를 피력하고 있다. 그들은 칼로리 부족으로 인한 허기와 추위에 시달려야 하는 가련한 동물들을 애처롭게 생각하며, 수단이 과연 목적을 정당화할 수 있는지에 의구심을 나타내고 있다.

쥐를 대상으로 동일한 실험을 했을 때 쥐들은 짝짓기 할 욕구마저 잃어버렸다. 여기서 완전한 무욕의 상태에서 오랜 기간 장수한 인간을 떠올릴 수 있다. 원숭이와 쥐 실험에서 인간으로 옮겨가면 칼로리의 수치는 분명 더 높아질 것이다. 오랫동안 장수하려면 적어도 목숨은 붙어 있어야 하기 때문이다. 이상적인 음식 섭취는 비만과 기아, 그 사이 어딘가에 위치하고 있을 것이다. 하지만 인간을 대상으로 한 실험은 최근 들어서야 비로소 시작되고 있다.

알코올의 사회적 평가 역시 쇠퇴하고 있다. 미국에서부터 시작된 소프트드링크(알코올 성분이 없는 음료)의 강세(최고의 상징은 코카콜라)가 전세계로 확산되고 있다. 포도주는 직접적인 위협에 처해 있다. 이것이 프랑스와 미국 간의 작은 '문명의 전쟁'을 야기하고 있다. 프랑스 전문가들은 포도주를 다시 소생시키려고 애쓰고 있다. 그들은 포도주를 의학적으로 유익한 것으로 간주하는 한편 설탕이 함유된 소다수에 비판적이다. 그들은 북유럽인들이 애호하는 우유에 대해서도 부정적인 견해를 내비치고 있다. 우유를 즐겨 마시는 사람들은 조기 사망의 위험이 있다는 것이다. 역설적인 것은 프랑스인들 역시 우유를 즐기는데도 불구하고 그들의 수명이 길다는 것이다. 그것은 포도주 섭취로 우유의 부정적 효과를 줄일 수 있기 때문이다(근래에는 프랑스에서도 알콜 음료 소비가 감소하고 있다. 그러나 프랑스는 알콜 소비에서 여전히 1위 자리를 고수하고 있다). 때로는 장수가, 특히 음식과 음료와 관련하여 국가주의적 색채를 띤다는 사실도 주목해야 한다.[7]

육체적 운동 역시 적극적으로 권장되고 있다. 사람들의 운동량은 갈수록 감소하기 때문이다. 자동차와 컴퓨터를 갖춘 기술정보 사회에서 우리는 주로 앉아서 작업을 한다. 이런 운동 부족을 보충할 무언가가 필요하다. 서구 문화에서는 운동 하면 조깅을 떠올리지만, 많이 걷거나 승강기 대신 계단을 이용하거나 혹은 적당한 양의 스포츠를 즐기는 것이 장수에 도움이 되는 것으로 알려지고 있다.

흡연에 대한 태도에도 근본적인 변화가 나타나고 있다. 이전 세대들에서는 너그러이 허용되었던 흡연이 지금은 딱히 하소연할 권리조차 없는 상황에 처했다. 물론 자유롭게 흡연을 즐길 수는 있다. 자기 수명보다 일찍 세상을 뜨고 싶다면 굳이 금연할 필요는 없기 때문이다. 심지어 117세의 나이에 담배를 끊은 잔 칼망도 오늘날의 젊은이들에게 귀감이 되고 있다.

그런데 흡연율은 감소하고 있는 반면 섹스는 더욱 왕성해지고 있다. 오늘날에는 섹스에 대해 아무런 죄책감도 느끼지 않는다. 유일한 두려움은 전염성 성병뿐이다. 하지만 이런 성병들—특히 에이즈—이 기승을 부린다는 사실은 빅토리아 시대의 금기로부터 성적 행동이 해방된 것에서 주로 기인하고 있다. 섹스 그 자체는 모든 연령대의 건강과 정신적 안정을 위해 바람직한 것으로 여겨지고 있다. 때 이른 노화와 죽음의 원인으로 간주되던 시절은 이미 지났다. 만약 당신이 70대의 나이에 '타락'에 빠져들고 싶다면 흡연이 아닌 섹스를 찾아 나서야 할 것이다.

우리는 문명의 또 다른 특징인 '젊음을 주는 다이어트'의 유행에도 주목해야 한다. 이것은 주로 몸매를 유지하는 다이어트 열풍과 관련 있다. 예전에는 주로 여자들이 몸매 관리를 위해 다이어트를 했다. 하지만 상황이 변하고 있다. 오늘날에는 많은 남자들—특히 경영자들—도 다이어트를 실천에 옮기고 있다. 그들은 포도주와 독한 술을 적게 마시는 대신 체중 감량에 도움이 되는 다이어트 제품을 섭취하고 있다. 최근의 한 연구에 따르면,

> 레스토랑은 육체에 대한 새로운 유행과 보조를 맞추지 않으면 안 된다. 많은 양의 식사는 옛 이야기일 뿐이다. 프랑스에서 발간되는 세계적인 여행안내서 『기드 미슐랭Guide Michelin』이 별 2~3개 등급을 매긴 거의 모든 기존 레스토랑들에서는 '저칼로리' 메뉴나 요리를 제공하고 있다. …… 경영자와 실업가가 주류를 이루는 고객들은 심지어 업무상 점심 식사를 하면서도 오로지 생수만 마신다. 10년 전만 하더라도 이런 일은 상상조차 할 수 없었다.[8]

음식이 변화하는 삶의 유일한 측면은 아니다. 남자들이 여자들을 따라 체육관에 들어간다. 남자들이 여자들을 따라 성형수술을 받기 시작하고 있다. 남자들이 미용 제품을 찾는 경향도 증가하고 있다. 바야흐로 '영원한 젊음'이라는 현상이 한창 진행중이다.

이런 새로운 유형은 상상 차원의 장수와 관련된 개념들의 혼합을 이해하려고 애쓰는 모든 사람들에게 상당한 도움이 된다. 여기서 우리는 다음 세

가지 주요 요소들의 통합을 발견할 수 있다. 첫번째는 오랜 세월 음식과 수명을 연계시켰던 전형적인 관계이다. 두 번째는 세포 생물학 분야의 새로운 연구가 포함된 최근의 과학 이론이다. 세 번째는 젊고, 유연하고, 편하고, 역동적인 인간 체형을 선호하는 이 세상의 유행이다.

세포 생물학과 유전학

이쯤에서 과학자들의 실제 연구를 살펴보기로 하자. 우리는 세포 생물학과 유전학이 주도하는 죽음에 대한 전면적인 공세를 지켜보고 있다. 비교하자면 1900년의 장수 전략은 매우 원시적으로 보인다. 마침내 과학은 기대한 결과에 상응하여 우세를 확립했다. 「뉴 사이언티스트New Scientist」는 '노년의 죽음' 이라는 타이틀로 새로운 연구를 요약하고 있다. 「타임」 지의 표지는 'Forever Young영원한 젊음' 이라는 단어와 함께 매력적인 젊은 여인(혹시 미래의 젊은 장수인이 아닐까?)이 독자를 정면으로 응시하고 있다.[9]

과학자들은 노화 과정을 설명할 수 있는 세포의 메커니즘을 확인했으며, 노화에 맞서 싸우는 방법들을 제시하고 있다. 그 가운데에 산화 이론이라는 것이 있다. 이 이론에서는 노화를 '녹슬어 버리는' 과정으로 간주하고 있다. 철을 변화시키거나 발화를 일으키는 화학 반응과 동일한 과정으로 취급하는 것이다. 추적의 대상은 '유리기free radicals' 다. 유리기는 세포들이 흡수한 산소의 일부를 분해할 수 없을 때 생성되는 원자단을 일컫는다. 유리

'Forever Young영원한
젊음', 1996년 12월 9
일자 「타임」 지 표지.

기가 발생하면 디엔에이DNA와 전반적인 세포 조직에 손상을 입힐 수 있는
'산화 스트레스oxydizing stress'라는 일련의 반응이 일어난다. 이것을 해결
하기 위해 적극적으로 권장되는 방법 중 하나는 칼로리 섭취를 급격히 줄이
는 것이다. 신체 조직으로 하여금 더 적은 음식을 '연소하게' 함으로써 노화
과정을 더디게 하는 것이다. 이 연구를 통해 권장되는 과학적 방식은 적절한
음식 섭취와 육체적 운동을 결합시키는 것이다. 좀 더 직접적인 해결책으로
는 산화방지제(베타카로틴 같은 비타민제)를 함유한 의약품을 섭취하는 것
이 있다.

　또한 호르몬 연구의 진전도 주목할 만하다. 하지만 브라운 세카르의 양

실험이나 보로노프의 원숭이 실험과는 비교할 수 없을 만큼 매우 복잡하다. 현재 호르몬 요법은 마음껏 이용할 수 있는 다양한 수단을 가지고 있다. 가령 근육 조직의 기운을 회복시키기 위해 사용할 수 있는 인간 성장 호르몬 HGH이나 난소에서 분비되는 호르몬으로 폐경기에 그 수치가 떨어지는 에스트로겐이 있다. 에스트로겐 치료를 받은 여자는 젊음의 기간을 연장할 수 있다(몇몇 질병들을 억제하고, 기억력을 향상시키며, 좀 더 유연한 피부를 간직할 수 있다). 한편 남자들을 위한 호르몬 요법에는 남성 호르몬인 테스토스테론이 있다. 이 호르몬은 근육과 성욕을 증진시킨다.

하지만 그 중에서도 가장 널리 알려진 호르몬은 부신에서 분비되는 스테로이드인 디에이치이에이DHEA이다. 신체 내에서 DHEA 농도는 25세 무렵에 절정에 달한다. 그 후로는 차츰 감소하다가 70세 무렵에는 전성기의 10퍼센트만 남는다. 노년의 고통은 이 호르몬의 결핍에서 야기되는 것으로 여겨지고 있다. 만약 이 가설이 옳은 것으로 판명된다면 DHEA 요법은 각종 질병, 류머티즘, 부서지기 쉬운 뼈, 기억력 감퇴 등과 같은 노년의 문제를 경감할 수 있을 것이다. 사실상 질병의 근절도 가능할지 모른다. 1994년 이래로 스테로이드 DHEA는 의약품이 아닌 '건강보조식품food supplement' 으로 명시되어 미국에서 자유롭게 시판(알약 형태)되고 있다. 하지만 유럽에서는 좀 더 신중한 접근을 보이고 있다. 그곳 의사들은 호르몬제에 대한 '지지' 와 '반대' 로 양분되어 있다.

마지막으로 송과체에서 분비되는 호르몬인 멜라토닌이 있다. 스트레스와 불면증 치료에 종종 멜라토닌이 권장되곤 한다. 멜라토닌의 노화 방지 효과는 입증된 바가 없다(50세를 전후하여 그 수치가 떨어진다는 사실로 유추할 뿐이다). 하지만 이런 상황에도 불구하고 멜라토닌 요법은 상당한 성공을 거두고 있다. 주된 이유는 그 가격이 저렴하기 때문이다. 1995년에 미국 시장에 밀려든 이 호르몬은 전국 도처의 약국에서 구입할 수 있다. 젊음, 건강, 성욕, 웰빙과 행복을 기약하는 이 약품 가격은 단돈 11달러이다. 시대적 특징 속에서 장수의 접근은 민주화되고 있다. 이 새로운 '분말 형태의 젊음'과 함께 이제는 가난한 사람들도 젊음을 유지하고 행복해질 수 있는 기회를 맞이하고 있다.

하지만 모든 동전에는 양면이 있는 법이다. 조직을 자극하기 위한 개입이 조직의 불균형을 가져올 수 있는 것이다. 성장 호르몬은 당뇨병과 심장질환을 촉진할 수 있으며, 에스트로겐과 테스토스테론은 암의 발병률을 높일 수 있다. DHEA도 마찬가지다. 이런 위험은 종종 매우 구체적이다. 반면그 효과는 여전히 불확실하다.

아주 서두를 필요가 없다면 유전학의 발전을 기다리는 편이 더 나을지도 모른다. 유전학 덕분에 우리는 '삶의 시계'의 톱니바퀴를 탐색할 수 있게 되었다. 현재 '텔로메어'로 알려져 있는 염색체의 양쪽 끝이 특히 관심의 대상이 되고 있다. 세포 분열이 이루어질 때마다 텔로메어는 점점 더 짧아진다. 100번의 분열 후에는 거의 아무것도 남지 않으며, 세포는 더 이상 재생할 수 없다. 세포를 원래 상태로 돌아가게 하는 최선의 방안은 텔로메어를 보충하는 것인데, 이는 정액과 암 세포에서 다량으로 발견되는 '텔로머라아제'라는 효소를 통해 가능하다. 텔로머라아제를 생성하는 유전자를 가진 세포들은 일반 세포들보다 세포 분열 능력이 훨씬 더 강하다. 가령 암 세포의 비정상적인 성장도 그 때문이다. 건강한 세포들에 악성 종양의 재생력을 부여함으로써 조직의 생명을 연장할 수 있는 실마리가 여기에 있다.

1996년 초에 출간되어 엄청난 반향을 불러일으킨 작품, 『인간 노화의 역전Reversing Human Ageing』에서 이 점을 거론하고 있다. 저자인 미국인 의사 마이클 포셀Michael Fossel은 신중한 태도를 보이지 않았다. 그는 텔로 머라아제를 이용한 요법이 머지않아(최소한 2015년 이전) 완벽해질 것이며, 사람들이 수백 년을 생존하는 새로운 세상이 열리게 될 거라고 주장하고 있다. 하지만 아직은 갈 길이 멀다. 모르긴 몰라도 이 이론을 실천에 옮긴다면 이런저런 문제들이 발생할 여지가 있다. 과연 부작용을 피하면서 암 세포의 성장을 수명 연장을 위한 수단으로 이용하는 것이 가능할 수 있을까?

비록 인간을 위한 유전자 조작의 가치는 아직 입증되지 않고 있지만 인간과 멀리 떨어진 다른 동물들에게서는 구체적인 결과가 나타나고 있다. 가령 몬트리올 연구소에서 실험용으로 사용한 작은 벌레도 그 중 하나이다. 선충으로 알려진 이 생명체는 자연 상태에서 9일 이상 생존할 수 없다. 하지만 실험에 이용된 선충들은 50일이나 생존했다. 인간 수명에 그대로 적용한다면 80세에서 420세로 수명이 증가한 셈이다.

로스앤젤레스 캘리포니아대학의 마이클 로즈Michael Rose가 과일파리를 가지고 실시한 일련의 실험들도 유사한 결과를 낳았다. 이 곤충은 40일이 아닌 130일 동안 생존했다. 인간 수명으로 환산해보면 200세가 넘는 기록이었다.

물론 가장 중요한 희망은 인간 게놈 프로젝트와 연계되어 있다. 완전한 유전자 체계에 대한 탐구로 질병 메커니즘의 확인과 통제가 가능해질 것이다. 즉 유전자 요법을 통해 질병의 근절이 가능해지는 것이다. 보나마나 질병 없는 삶은 더 연장될 것이다. 몇몇 전문가들은 조만간 이런 상황이 가능해질 것으로 확신하고 있다. 유전자는 고도로 전문화되어 있는 것처럼 보이기 때문에 몇몇 전문가들은 생명 연장을 책임지는 유전자들의 존재를 언급하기도 한다. 이 분야에서의 효과적인 작업은 상상을 초월하는 결과를 낳을 지도 모른다. 불멸에 대한 접근을 비롯하여 모든 것이 가능해질 수 있는 것 이다.

실제로 놀라운 소식들이 속속 전해지고 있다. 2001년 8월에 미국의 연 구소들은 최장수인들의 유전자 특징을 가진 염색체('염색체 4')를 확인했다 고 발표한 바가 있다. 혹시 이것이 우리가 그동안 학수고대하던 위대한 발견 이 아닐까?

쓸모없는 선택

이쯤에서 실질적인 문제는 장수를 위한 처방이 지나치게 많다는 것이 다. 이런 처방은 점점 더 증가하고 있을 뿐 아니라 동일한 경우가 거의 없다. 장수 처방을 공급하는 사람들은 한결같이 자신의 요법을 적극 권장하며, 다 른 요법의 위험성을 고객들에게 경고한다. 해법은 무궁무진하다. 다만 선택 은 자신의 몫이다.

로이 월포드Roy Walford는 제로바이틀(노화방지약)을 쓸모없는 것으 로 간주했다. 그는 스위스 의사 파울 니한스Paul Niehans가 실시했던 '세포 요법'을 그리 신뢰하지 않았다. 니한스는 콘라드 아데나워, 교황 비오 12세 와 윈스턴 처칠(이들은 모두 100세 이상의 장수인들과 비교하면 일찍 죽었 다) 같은 몇몇 유명 인사들에게 신선한 양의 세포를 주입했다. 월포드는 세포 대신 인체에 유익한 일련의 화학 성분과 호르몬 물질을 주입할 것을 제안했다. 동시에 그는 다량의 채소와 소량의 소금이 포함된 '영양실조 없는 저영양' 섭취의 원리에 입각한 식생활을 권장했다. 그는 기아에 가까운 수준의 음식물을 섭취함으로써 140세까지 살 수 있다고 주장했다.

가브리엘 시모노프Gabriel Simonoff는 셀레늄—주로 물고기와 계란과 기름에 함유된 화학 원소—의 매우 놀라운 특성에 주목했다. 셀레늄은 육류와 빵에도 소량 함유되어 있다. 유감스럽게도 포도주에서는 셀레늄을 찾을 수 없다. 식수와 우유도 마찬가지다. 식탐이 덜한 사람들은 알약을 이용할 수도 있다. 시모노프는 '오랫동안 나는 매일같이 작은 셀레늄 알약을 삼켰다' 고 고백했다. 교수의 생애를 주시해 봐야 할 것이다.[10]

그런가 하면 회의론자로 제네바 게리아트릭스 병원의 주임의사인 카를 하인츠 크라우제Karl-Heinz Krause 교수의 다음과 같은 인터뷰가 있다.

당신은 환자들에게 DHEA를 처방하고 있습니까?
아닙니다. 나는 DHEA가 노화를 방지하는 데 효과가 있다고 생각하지 않습니다. 영원한 젊음에 대한 그릇된 소망만 가져다줄 뿐입니다.

그렇다면 영원한 젊음을 유지할 수 있는 실질적인 비결은 무엇입니까?
진정한 기적을 원한다면 첫째는 운동, 둘째는 금연, 셋째는 몸무게를 유지하는 겁니다. 이것이 DHEA를 비롯하여 다른 모든 기적의 세포들보다 100배는 더 효과적입니다.[11]

하지만 정신적 수단도 완전히 사라진 것은 아니다. 점점 더 세속화되고 있음에도 불구하고 종교적 신심과 윤리적 개심이 젊음의 샘을 지속적으로 제공하고 있기 때문이다. 다음은 이런 태도를 정확히 설명하고 있다.

> 사람이 늙으면……균형이 깨어지면서 노쇠가 찾아온다. 하지만 이 모든 것은 삶의 자연스러운 과정이 아니다. 사람이 늙어가는 것은 심성과 행실 때문이다. 인간은 늙기 위해 창조된 것이 아니다. 인간의 운명은 영원한 젊음의 막강한 힘을 가지고 지상에 살도록 정해져 있다. 인간은 생명의 샘, 즉 하느님으로부터 영원한 젊음을 끌어올 수 있다.[12]

단적으로 말하자면, 불멸에 이르는 서로 다른 경로들에는 오늘날 수많은 인간들 사이에서 발견되는 다양한 믿음과 계획이 반영되어 있다.

냉동과 복제와 로봇

여기서 과학이 이룰 수 있는 더 위대한 성과를 살펴보자. 과학이 진보함에 따라 야심과 희망도 동시에 늘어나고 있다. 현재의 지적 발전이 축적된 신화의 고갈을 가져오리라고 가정하는 것은 고지식한 발상이다. 이와 반대로 오늘날 과학에 기반을 둔 신화는 우리 선조들의 종교에 기반을 둔 신화보다 훨씬 더 풍부하고 다양해지고 있다. 이것은 과학이 무궁무진하고, 우리의 미래 계획이 날로 증가하고 있기 때문이다.

장수 달성이라는 주제와 관련하여 우리는 현재 전례 없는 신화 창조의 붐을 목격하고 있다. 사실 가장 극단적인 방법은 한정된 사람들, 특히 부자들이 이용하고 있다. 우리가 사는 세상에서는 비용이 들어가지 않는 것이 없다. 여기에는 불멸도 포함된다.

알다시피 냉동은 사물을 보존하는 기능을 한다. 그렇다면 생명을 보존하지 못할 이유가 있을까? 몇몇 미국 과학자들의 주장대로라면 체온을 낮추는 것이 생명 연장에 도움이 된다. 만약 37도의 체온 대신 35도를 유지할 수 있다면 우리의 수명은 140세까지 늘어날 것이다. 체온을 7도쯤 떨어뜨리면 200세까지 생존하는 것도 가능하다. 이 매력적인 원리를 적용하기 위해 한 과학자는 서늘한 밀실 같은 침실을 고안하여 체온을 31도 내지 32도로 떨어뜨릴 수 있다는 아이디어를 떠올렸다.

하지만 오늘날의 최대 소망은 절대 온도의 냉동에 고정되어 있다. 저온학cryogenics으로 알려져 있는 이런 방법은 1960년대에 미국인 물리학자 로버트 에팅거Robert Ettinger에 의해 고안되었다(이 주제와 관련된 그의 첫 작품은 『불멸의 전망The Prospect of Immortality』라는 제목으로 1962년에 출간되었다). 에팅거는 청년기에 제임슨 교수 같은 등장인물의 모험에 많은 영향을 받았다. 『제임슨 위성』은 실천 가능한 불멸의 자료를 제공했다. 죽음을 앞둔 환자가 먼 미래에 소생할 거라는 기대를 가지고 주요한 기능들을 정지시키는 것이 그것이었다(우리 기술 사회에서 과학이 공상과학의 경로를 따라간 것은 이것이 처음이 아니다).

원리는 간단하다. 초저온으로 신체를 냉동하면 수세기 혹은 영원히 신체는 변하지 않는다. 따라서 치유할 수 없는 질병으로 죽어가는 사람들은 안정된 상태로 의학이 그 질병을 해결할 때까지 기다릴 수 있다. 그날은 가까

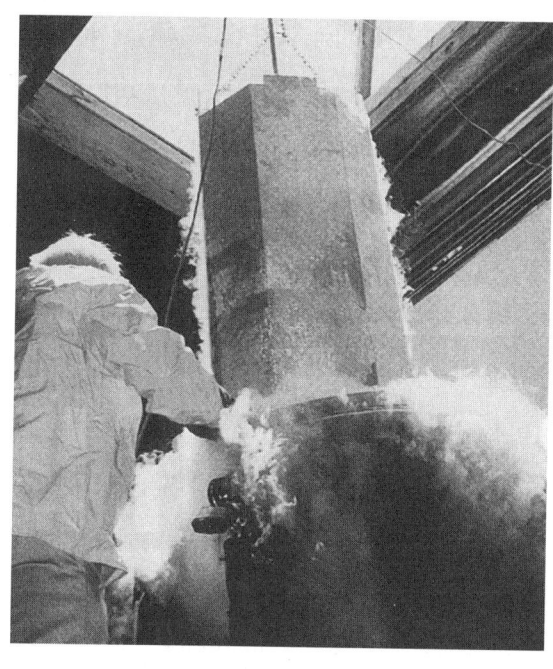

'냉동 보관', 화씨 영하 370도의 액체 질소 용기 속에서 보관되는 냉동된 고객의 시신.

운 미래일 수도 있고, 먼 미래일 수도 있다. 결국 윤리적 · 방법론적 문제가 이런 작업을 시작할 적절한 시기를 정하게 될 것이다. 물론 아직 살아 있거나 혹은 소생의 가능성이 전혀 없는 시체를 냉동하는 것은 적절치 않다. 냉동은 임상사(기기에 의존하지 않고 임상적 관찰로 판단한 죽음) 바로 직후에 결행되어야 한다. 현재는 이것이 주요 관심사이다. 나머지는 미래의 의사들의 몫으로 남겨질 것이다.

불멸의 후보자들은 영하 160도를 일정하게 유지하는 개별적인 원통에 누워 평화롭게 시간을 보낸다. 미래에는 백만장자들이 그 혜택을 누릴 것이다. 이 여행은 공짜가 아니기 때문이다. 이들보다 덜 부유한 부자들은 아마좁은 캡슐 안에 그들의 머리만을 보존할 것이다. 머리를 가지고 있는 한 몸통이 뭐 그리 중요하겠는가?(제임슨 교수의 머리만을 가져간 조로메스인들을 다시 떠올려 보라.) 이런 냉동 산업은 미국, 특히 캘리포니아에서 성황을 이루면서 환자와 기업주 모두에게 혜택을 제공하고 있다.

하지만 이런 절차는 궁극적으로 미숙한 방식일 수 있다. 실제로 단 하나의 세포 속에 유전자 암호 해독에 필요한 모든 생물학적 정보들이 들어 있기 때문이다. 이런 정보를 기반으로 전체 조직의 완벽한 재생이 가능하다. 마이클 크라이튼과 스티븐 스필버그가 공룡을 다시 걷게 만든 기술이 바로 이것이다. 이를 인간에게 적용시키면 스스로 불멸의 존재가 되기 위해 자신의 세포를 이용하는 것이 가능하지 않을까?

현재 진행중인 또 다른 혁명적인 프로젝트로는 새로운 신체 기관으로 낡은 신체 기관을 교체하는 것이 있다. 가장 간단한 방식, 가령 폴리머 기관에서 배양시킨 피부 세포 이식은 이미 실용화 단계에 있다. 인간의 귀 '제조'도 가능한 수준에 도달해 있다. 20~30년 후에는 손이나 신장 또는 심장 같은 복잡한 기관들의 제조도 가능해질 것이다. 아주 낙관적인 과학자들은 2050년경에는 두뇌를 제외한 인간의 모든 신체 기관들의 교체가 가능해질 것으로 예상하고 있다.[13]

이것은 인간 복제와 바로 연결된다. 복제 기술은 이미 완성되었다. 남아 있는 유일한 난관은 윤리적 측면이다. 누군가 자신의 복제품을 갖는다면 그것은 어디까지나 그의 관심사다. 그렇다면 복제를 하는 목적은 무엇인가? 물론 장기 은행으로서의 기능이다. 자신을 복제함으로써 자신과 완벽하게 동일한 모든 장기를 자신에게 제공할 수 있다. 질병에 걸린 신체의 일부분은 즉시 건강한 신체로 교체할 수 있다. 그럼으로써 그 신체는 영원할 수 있다. 다만, 양심의 가책을 덜기 위해 자신의 복제품은 어떤 종류의 의식도 갖지 않아야 할 것이다. 또한 신선한 장기와 조직만을 제공하도록 입력되어 있는 식물과 같은 생명체여야 할 것이다.

　만약 당신이 자신의 신체보다 정신에 더 관심을 갖는다면 당신은 컴퓨터로 자신을 이동시킬 수 있을 것이다. 인공지능 네트워크가 인간 두뇌만큼 복잡해지는 시기가 도래할 것으로 상상했던 그 속도로 인공지능은 발전하고 있다. 당신의 뇌세포 안에 있는 모든 것—기능, 지능, 감정—이 당신의 개성을 고스란히 가지고 있는 로봇의 전자 두뇌에 흡수될 수 있다. 사실 이런 기술적 해법은 신체적 불멸보다 종교의 정신적 불멸에 더 가깝다. 이것은 일종의 새로운 유형의 윤회라고 할 수 있다. 즉 죽어서 다시 로봇으로 환생하는 것이다.

중국의 최신 뉴스

　최근 중국으로부터 흥미로운 소식이 전해졌다.[14] 중국은 장수의 전통을 가지고 있어서 지속적으로 이에 대한 관심이 지대했음은 당연한 일이다. 하지만 다음 정보가 진정 중국에서 유래한 것인지, 취사 선택의 과정이 얼마나 반영되어 있는지 판단하기란 쉬운 일이 아니다. 기술로 충만한 서구에서는 종종 과거의 황금기처럼 자연이 여전히 지배하며 자연스럽게 기적이 발생하는 색다른 공간으로 도피하려는 경향을 보인다.

　중국에서 전해지는 최근 소식들은 주로 '제3의 치아' 라는 흥미로운 현상과 관련이 있다. 1982년에 상하이의 한 일간지에는 남부 시골에서 100세를 넘긴 한 농부의 사례가 실렸다. '어느 화창한 날 아침에 그는 스무 개의 이가 새로 난 것을 보고 깜짝 놀랐다.' 이 사례는 1988년에 또다시 발생했다. 중국 북서부의 한 노인은 하룻밤 새에 이가 새로 자라나는 극적인 경험을 했다. 가장 최근의 사례로는 1994년에 다소 젊은 92세의 노파의 이가 다시 돋아났다.

특히 인상적인 것은 그 속도이다. 중국에서는 하룻밤 새에 이런 기적이 발생했다. 이렇듯 빠른 속도만 아니라면 치아가 다시 돋아나는 회춘은 오랫동안 널리 알려진 현상이었다. 후펠란트의 기록에 따르면, 1791년에 120세의 나이로 사망한 한 독일인의 경우 죽기 전 4년 동안 50개 이상의 이가 새로 생겨났다.

이런 '제3의 치아'는 흔히 다른 젊음의 징표들과 함께, 때로는 거의 완전한 회춘과 함께 나타나는 듯하다. 가장 눈에 띄는 사례는 1983년에 기록된 사건이었다. 110세의 중국 여인이 갑자기 다시 젊어지기 시작했다. 8개의 치아가 새로 났고 흰머리의 일부가 검어졌으며, 주름진 피부가 유연해지면서 다시 홍조를 띠기 시작했다. 더욱 놀랍게도 '그녀의 월경 주기가 다시 돌아왔으며, 그녀의 얼굴에 여드름이 덮이기 시작했다.'

마지막 소식으로 1994년에 과거 젊음의 샘이란 주제가 다시 나타났다. 일설에 따르면, 최근에 발견된 우물을 통해 중국 북동부에 거주하는 80대의 부부가 다시 젊음을 되찾았다고 한다. 주름이 말끔히 사라졌으며, 대머리였던 노인의 머리가 다시 검어졌다.

외계인

사실 중국이나 외계인의 세상이나 별반 차이가 나지 않는다. 외계의 생명체는 상상할 수 있는 온갖 문제들에 대한 해답을 우리에게 제공하는 역할을 한다. 물론 장수와 관련된 문제도 여기에 포함된다. 지구상에 사는 인간들의 최장수는 몇몇 난관에 부딪힌 반면 외계인들은 수천 년, 심지어 불멸의 삶을 향유하더라도 거리낄 게 없었다. 시라노 드 베르주라크Cyrano de Bergerac는 자신의 저서 『달나라 이야기Histoire Comique des Etats et Empires de la Lune』(1657년 그의 사후에 출간되었다)에서 태양인들을 묘사했다. 그들은 지구와 달에서 번갈아 환생하여 3,000년 혹은 4,000년을 살았다. 이것이 바로 장수와 우주 여행의 주제를 결합시킨 최초의 사례이다.

비행접시를 처음으로 관찰했던 1947년은 중요한 분수령이 되었다. 여태까지 철학자와 작가들의 상상 속에서만 존재했던 외계인들이 인간 세상에 나타난 것이다. '제3의 종'과의 조우가 빈번해지면서 사람들은 외계인들과 '접촉하기' 시작했다. 외계 생명체들의 우주선을 방문했다고 주장하는 사람들도 나타났다. 외계인들은 또한 종교적 기원의 출처가 되면서 천상의 신과 경쟁하기 시작했다. 외계인을 믿는 사람들에게 외계인들이 구원의 방식을 제공한다는 것이다. 최근 몇 십 년 동안 확산되고 있는 '비행접시' 종파들은 그렇게 믿고 있다. 외계의 주제는 방대하다. 일례로 장수와 밀접한 관련성을 보이는 간단한 사례를 들어보자. 클로드 보리옹Claude Vorilhon이라는 한 프랑스인은 인간의 형상을 하고 있지만 지구상의 인간들보다 훨씬 더 진화된 외계의 종족과 접촉했다. 외계인에게서 계시를 받은 후 그는 '라

엘리안 무브먼트Raelian Movement' 를 설립하여 자신이 받은 메시지를 설교하기 시작했다. 다음은 장수에 관한 '그들' 의 주장이다.

우리의 육체는 성서의 최초의 인간들처럼 지구인들보다 열 배쯤 더 오래 산다. 즉 우리는 750년에서 1,200년을 생존한다. 하지만 우리의 정신, 즉 우리의 진정한 속성은 불멸에 이를 수 있다. 신체의 모든 세포들을 사용하면서 새로운 살아 있는 물질로 모든 존재를 재창조할 수 있다고 당신들에게 설명했다. 우리의 모든 신체적 기능이 온전하고, 우리의 두뇌가 그 능력과 지식에서 절정에 이르고 있을 때 우리는 신체의 극히 일부분을 외과수술로 제거하여 보존하고 있다. 실제로 우리는 죽음을 맞이하면 우리가 제거한 신체의 일부분을 가지고 과거와 동일한 우리의 신체를 완벽하게 재창조한다. 여기서 과거란 예전과 동일한 개성과 지식을 가지고 있음을 말한다. 하지만 신체는 1,000년의 수명을 가진 새로운 성분으로 창조되고 있다. 이런 식으로 불멸이 가능해지는 것이다. 하지만 적정 수준의 인구를 유지하기 위해 오직 천재들만이 불멸의 권리를 가질 것이다.

다음은 이런 '불멸의 인간들' 의 일상적인 삶에 관한 흥미로운 내용이다.

당신은 어떻게 생활하고 일하고 있습니까?
사실 우리는 오직 지적으로만 일합니다. 우리의 과학 수준에서는 로봇을 이용하여 모든 일을 행하기 때문입니다. 우리는 오직 원할 때만 두뇌로 일합니다.

하지만 그렇게 오랫동안 살면서 일하지 않는다면 따분하지 않을까요?
아니, 절대 그렇지 않습니다. 왜냐하면 우리는 모두 우리가 원하는 일을 하기 때

문입니다. 특히 사랑을 할 때 그렇습니다. 우리는 아름다운 여인을 찾아 즐깁니다.[15)]

결론적으로 그리 나쁜 생활양식은 아니다. 무엇보다 중요한 것은 이러한 우리의 먼 친척들이 우리를 위한 계획을 가지고 있다는 것이다. 그들은 언젠가 자신들의 문명의 횃불을 들어올리기 위해 지구를 원하고 있다. 그들이 죽으면 그들의 과학이 저절로 우리에게 전수될 것이다. 하지만 유감스럽게도 당분간은 그런 상황이 찾아오지 않을 듯싶다.

하지만 의외로 상황이 빠르게 진전될지도 모른다. 2002년 12월에 라엘리안들은 최초의 복제 인간 탄생을 선언했다. 그들은 외계인들에게서 전수받은 모델을 지구에 적용하기로 결심한 것처럼 보인다.

21세기 유토피아

장수에 대한 탐색은 생물학에만 초점을 맞추지 않는다. 새로운 유토피아에 대해서도 문을 열어 놓고 있기 때문이다. 우리는 이런 유토피아를 절실히 원했다. 현대에 고안된 사회적 신화들은 그 유용성에서 막바지에 이르고 있다. 공산주의의 이상이 퇴색하면서 별다른 열정 없이 자본주의가 활개치고 있다. 딱히 더 나은 대안이 없기 때문이다. 21세기에는 어쩌면 장수에 의한 문명의 재창조가 필요할지도 모른다.

현실적으로는 수명이 길어진 반면 출생률은 낮아지고 있다. 서구의 경우 사망률과 출생률이 거의 비슷한 수준이다. 아마 지구촌의 다른 지역들도 서구의 전철을 밟을 것이다. 결국 우리 사회는 노인층이 점점 증가할 것이다. 활동 인구가 그들이 부양해야 하는 은퇴 인구보다 더 적어질 수 있다. 만약 오늘날과 같은 사회적 상황에서 모든 사람들이 120세까지 생존한다면 은퇴 후 60년의 세월을 보내야 할 것이다.

만약 우리가 더 오랜 장수에 성공한다면 '노인들'은 변해야 할 것이다. 현재 노인들은 점점 젊어지고 있다. 물론 수명 연장에는 쇠약이나 질병(알츠하이머 같은 익숙한 질병)이 뒤따른다. 하지만 장수 탐색의 목적은 정력적인 노년 또는 노환이나 질병 없는 수명 연장을 꾀하는 것이다. 이상적으로 말하자면, 120세 내지 150세의 노인이 손자 못지않은 젊음을 유지하는 것이다. 이것은 생물학과 사회적 측면 모두에서 엄청난 도전이 아닐 수 없다. 하지만 이런 도전이 성공을 거둔다면 인간의 삶은 송두리째 변화될 것이다.

어느 누구도 60세에 직장 생활을 그만두지 않을 것이다. 그 대신 수명에 따라 은퇴가 정해질 것이다. 100세에도 활발한 삶을 영위할 수 있다면 두세 개의 직업을 연속적으로 갖는 것도 가능할 것이다. 개인의 삶 역시 세대간 결혼과 '복합 세대' 가족을 통해 재조정될 것이다. 물론 지금보다 훨씬 다양하고 흥미로운 세상이 될 것이며, 개인들은 자신의 잠재력을 실현하고 꿈을 현실로 바꿀 수 있을 것이다.

새로운 사회체계와 새로운 사회관계가 등장할 것이다. 이런 새로운 세상의 주요 특징을 확인하기 위해 국제적 연구에 착수했던 루이 베리오Louis Beriot는 그 결과물로 『위대한 도전: 100세를 넘긴 모든 장수인들과 건강Le Grand Défi: Tous centenaires et en bonne santé』(1991년)을 출간했다. 이 작품에 담긴 새로운 사실들은 매혹적이었다. 인류와 문명이 모두 근본적인 변화의 과정을 거치게 되기 때문이다.

서두에서 저자는 '장수와 출산율 저하가 이 세상에 새로운 기회를 제공할 것이다'라고 주장하고 있다. 나이 든 사람들이 점점 증가할 테지만 그들은 건강하고 적극적(성 생활 포함)일 것이다. 반면 젊은이들의 수는 줄어들 것이다. 그 결과 인간관계와 생활이 전반적으로 새롭게 변화할 것이다. 남자들의 공격성과 조급성은 감소할 것이다. 한편 전통적인 대가족의 고된 가사 일에서 벗어난 여자들은 사회적으로 주요한 역할을 하게 될 것이다. 삶은 더욱 풍부하고 즐거워질 것이다. 사색과 발명과 사랑이 주요 관심사가 될 것이다. 뿐만 아니라 전 세계적인 인구 과잉 문제도 과거지사가 될 것이며, 실업자 수도 감소할 것이다.

물론 이런 이점에도 불구하고 100세를 넘긴 노인들이 어린아이들과 젊은이들보다 더 많은 이런 사회의 전망에 우려하지 않을 수 없다. 하지만 이런 사회가 오늘날 전 세계적 경향—여기서 신화와 현실이 만난다—의 논리적 귀결임에는 분명해 보인다.

열광적인 지지자와 회의주의자

2001년 과일파리 전문가 마이클 로즈의 선언은 큰 반향을 불러일으켰다. '나는 불멸의 인간들이 이미 존재한다고 확신하고 있다.' 즉 우리와 동시대인들 중 일부가 생활 패턴을 바꾸지도 않고, 스스로 불멸을 자각하지도 못한 채 이미 '불멸의 인간' 이 되고 있다는 것이다. 또 다른 장수 전문가인 아이다호 대학의 스티브 어스태드Steve Austad는 현재 살고 있는 사람들 중 일부가 2150년까지 생존할 가능성이 있다고 주장했다. 만약 그가 선택 받은 소수 중 하나라면 자신의 주장이 옳았다는 사실에 만족할 뿐 아니라 많은 돈을 벌어들일 수 있을 것이다.

한쪽에서는 낙관주의가 판을 치는 반면, 다른 한쪽에서는 회의주의가 크게 대두되고 있다. 그렇다면 회의주의자들은 어떤 주장을 하고 있을까?[16] 가장 먼저 그들은 지난 세기의 수명 증가와 관련된 환상에 사로잡힐 위험이 있다고 주장한다. 45세에서 80세로 늘어난 수명은 분명 놀랄 만하다. 하지만 1900년의 통계는 높은 유아 사망률에 큰 영향을 받았다. 그 뒤로 평균 수명이 증가했다. 아이들과 젊은이들이 사망할 가능성이 줄어들었기 때문이다. 따라서 실제 늘어난 수명은 별반 차이가 없었다. 평균 수명은 이미 매우 느린 상승세를 보이고 있다. 현재 유아 사망률과 요절한 성인 사망률은 매우 낮은 수준으로 떨어졌다. 지금부터 눈에 띄는 수명의 증가는 노년층에서 나타나겠지만 한 해씩 수명을 증가시키는 것이 무척 힘든 일이 될 것이다. 가까운 장래에 120세의 수명이 가능해질 것이다. 적게 잡아도 100세의 수명은 가능할 것이다. 의약품이 오늘날 흔한 사망의 원인들을 제거할 것이기 때문이다.

둘째, 회의주의자들은 장수 요법에 즉각 반응하는 벌레나 곤충의 조직과 인간의 조직 간의 관련성을 인정하지 않는다. 이미 쥐를 통한 실험에서 이런 관련성을 확증할 수 없음이 입증되었다. 복잡한 인간 생태는 이런 상황을 더욱 난해하게 만들고 있다. 인간과 달리 선충과 과일파리는 암이나 알츠

하이머병으로 발전하지 않는다.

섭취 칼로리를 줄이고 '유리기' 수치를 낮추기 위해 소식을 권장하는 일반적인 방법도 과학적으로 입증되지 않기는 마찬가지다. 원숭이 실험을 통해 확실한 결과가 나오려면 몇 년을 더 기다려야 할 것이다(최근에는 인간 자원자들로 반복 실험을 하고 있다). 하지만 중간 실험 결과 원숭이들은 평소처럼 늙어가는 것으로 나타났다. 사실 이것은 쓸모없는 방법인지도 모른다. 배고픔과 추위로 고생하며 무감정의 상태로 늘 채식만 하면서 몇 년을 더 살아 봤자 궁극적으로 크게 득 될 것이 없기 때문이다.

호르몬의 효과 역시 불분명하다. 수많은 미국인들이 성장 호르몬으로 치료를 받고 있긴 하지만 과학자들은 호르몬의 회춘 효과에 대한 명확한 지식을 갖고 있지 않은 실정이다(아마 그들은 이런 치료와 암과의 관련성에 대해 더 많은 지식을 가지고 있을 것이다). 몇몇 사람들은 이런 호르몬이 수명을 연장하기는커녕 사실상 수명을 단축시킬 뿐이라고 목청을 높인다. 호르몬이 부족한 사람들이 정상적인 사람들보다 더 빨리 죽지 않는다는 실험 결과도 나와 있다. 결국 '생명의 영양' 혹은 '젊음의 샘' 으로서의 호르몬의 명성은 다소 부적절하다.

'반反 노화' 캠페인과 '염색체 4' 의 주창자들 역시 비판에서 자유롭지 않다. 물론 실험에 참여한 100세 이상의 장수인들 중 절반에서 이 염색체를 발견할 수 있었다. 하지만 다른 절반의 장수인들에게 이 염색체가 존재하지 않는 것도 사실이다.

생명은 매우 복잡하다. 생명을 연장하는 것은 더더욱 복잡한 일이다. 하지만 우리에겐 한 가지 좋은 소식이 있다. 장수를 위한 노력이 계속되고 있는 것이다.

결론

이 책은 장수 그 자체에 관해서가 아니라 상상의 세계에 속한 장수에 관한 책이다. 이 둘은 별개이긴 하지만 나는 사실과 허구를 굳이 구분하려 하지 않았다. 인류의 미래에 대한 예언은 꿈도 꾸지 않았다. 단지 오랜 세월 전해져 내려온 하나의 개념을 추적했을 뿐이다. 장수의 논점에서 의문은 여전히 남아 있지만 그 주제는 원형이 어떻게 기능하는지를 잘 보여주고 있다. 인간의 본성에서 죽음을 피하거나 최대한 죽음을 지연시키려는 욕망이 가장 근본적이고 본질적이지 않을까?

생명을 연장시키는 방법은 장수의 방법만큼이나 광범위하다. 하지만 이런 다양성은 단순하고 영속성 있는 구조를 기반으로 하고 있다. 다소 신중한 접근법은 가급적 질병을 제거하면서 우리의 삶을 유지하고, 신체적·정신적 능력을 보존하며, 불필요한 '생명 연장' 없이 활기찬 노년을 즐기는 데 초점을 두고 있다. 자연적인 수명의 한계에 대한 개념 역시 도전을 받고 있다. 그렇다면 그 한계는 70세나 80세여야 할까, 100세 혹은 120세여야 할까? 기대 수명은 점진적인 증가세를 보이고 있다. 좀 더 대담한 접근법은 진정한 장수(수명의 한계가 120년, 150년, 200년, 수백 년, 수천 년에 이르는 장수), 불멸, 영원한 젊음과 회춘이 포함된 서너 가지 시나리오로 구성되어 있다. 물론 이런 시나리오들은 서로 결합할 수 있다. 가령 장수는 불멸에 이를 수 있으며, 영원한 젊음이나 끊임없는 회춘의 특징을 나타내기도 한다. 그 균형 은 사례마다 차이를 보인다. 어떤 사람들은 한 세기를 살지만 다른 사람들은 불로장생한다. 또 어떤 사람들은 젊음의 요소들(성교 능력, 새로운 치아) 중 오직 하나만 보존하거나 되찾는다. 또한 장수와 관련된 순수한 신화와 현실 적인 전략 사이에서 이런 차이가 발생하기도 한다. 어떤 사람들은 단순히 근 접할 수 없는 장수(황금 시대, 먼 이국의 땅, 외계인)를 꿈꾸지만 어떤 사람 들은 자신의 꿈으로 행동으로 옮길 수 있는 방안을 모색한다(하지만 이 부류 의 차이는 유동적이다. 모든 허구는 어떤 의도를 가지고 있으며, 모든 구체 적인 행동은 어떤 이상을 그 근거로 삼고 있기 때문이다).

상상과 현실 모두에서 전개되는 수단들은 무한한 것처럼 보인다. 궁극 적으로 수명을 연장하고 향상시키는 데 무엇이든 이용할 수 있기 때문이다. 물, 혈액, 진사辰砂, 영약, 채식, 정화, 기름, 전기, 분비선과 호르몬, 영혼, 이 성, 원숭이 고환, 보고몰리츠의 혈청, 제로바이틀, 열기와 냉기, DHEA와 텔 로머라아제, 불가리아 요구르트, 어린 소녀 등등 이루 헤아릴 수 없다. 하지 만 이것들은 일관된 흐름을 가지고 있다. 다시 한 번 말하지만 생명 연장을 위해 무엇이든 이용될 수 있기 때문이다. 무수히 많은 이런 수단들은 상호교 환이나 보충이 가능하다.

현대 과학은 방법론적으로 상당한 변화를 몰고 왔다. 하지만 일련의 전 통적 상징들은 그대로 고수되고 있다. 일례로 생명의 본체인 혈액이 있다. 혈액의 재생력은 수많은 실체들—성배에 담긴 예수의 피, 핏빛의 진사, 생피를 먹고 사는 흡혈귀 등—로 구현되었는데, 오늘날에는 좀 더 기술적인 부문에서 유사한 역할을 하고 있다. 가령 젊은 피의 주입은 조직을 다시 젊게 할 수 있는 것으로 여겨지고 있다. 애초에 채식주의는 종교적·윤리적 가치의 영향을 받은 것이었다. 의학적 특징에 대한 최근의 논쟁은 채식의 재생력을 뒷받침하고 있다. 사실 이런 재생력은 머나먼 과거부터 식물의 생명력으로 상징화되었던 것이다.

간혹 새로운 방법들은 고대의 전설들과 거의 무관한 것처럼 보인다. 하지만 실상은 놀라우리만치 비슷하다. 물론 내분비선은 전통적으로 장수를 위한 기관으로 여겨지지 않았다. 하지만 그 기능은 오늘날 허구로 간주되는 과거의 수단들이 수행하던 기능과 거의 흡사하다. 현대의 신체 이식은 과거 젊음의 샘이나 영약과 상응한다. 기술들은 매우 다양하다. 하지만 예상되는 결과와 관련하여 이들은 부차적 중요성을 가지고 있을 뿐이다.

다음 사례는 사소해 보일지도 모르지만 결코 무시할 수 없는 중요성을 가지고 있다. 1950년부터 시작된 한 연재 만화(앨 펠드스타인Al Feldstein의 『반드시 죽음이 찾아온다!Death Must Come!』)는 그 무렵 막 시작되었던 이식의 가능성을 묘사하고 있다. 새롭게 자격을 획득한 두 의사 프레드릭과 헨리는 비장의 분비샘을 더 젊은 분비샘으로 교체함으로써 젊음의 연장이 가능하다는 사실을 발견한다. 헨리는 몇 년에 걸쳐 네 차례 프레드릭에게 시술을 한다. 필요한 시신은 묘지에서 파냈다. 75세의 프레드릭은 여전히 25세의 청년처럼 보인다. 하지만 그의 친구는 더 이상의 수술을 거부한다. 그들 사이에 격투가 벌어지고 헨리는 심장마비로 사망한다. 프레드릭은 자신이 직접 시술하기로 결심한다. 그는 한 소년을 살해한다. 하지만 끔찍하게도 희생자는 그의 비장 분비샘 일부를 가지고 있었다. 그것은 바로 제거해야 할

분비샘이었다. 하지만 또 다른 해결책을 강구하기엔 너무 늦고 말았다. 불과 몇 분 만에 프레드릭은 빠른 속도로 노화되다가 사망한다.

이것은 의심의 여지없이 현대적 이야기다. 만화의 형식을 빌려 말하고자 한 것은 내분비선과 이식의 재생 기능이다. 폭력과 공포 분위기는 물론 세부적인 내용들도 모두 현대적이다. 하지만 어디선가 이미 본 듯한 느낌을 지울 수 없다. 영원한 젊음을 발견한 후 고향으로 돌아온 여행자에 관한 옛이야기를 떠올려 보자. 그는 고향에 돌아오자마자 바로 늙어 순식간에 죽음을 맞는다. 이런 일화들은 운명적인 죽음의 불가피성을 우리에게 일깨워준다. 우리는 노년을 속이고, 일시적으로 세월을 속일 수 있다. 하지만 결코 죽음은 속일 수 없다.

결론적으로 무대만 바뀌었을 뿐 동일한 이야기가 끊임없이 재창조되고 있는 셈이다. 위에 언급한 사례의 음울한, 회의적 분위기는 또 다른 문제, 즉 신화의 다의성을 제기한다. 장수는 세월과 노쇠와 죽음을 극복한 승리를 나타낸다는 점에서 낙관적 메시지를 담고 있다. 하지만 동전의 다른 면도 고려해야만 한다. 장수 달성을 위한 모든 계획들은 하나의 기준처럼 죽음의 이미지를 가지고 있다. 대체로 노골적인 낙관주의는 인간이 가지고 있는 존재론적 절망과 상응한다. 우리를 둘러싸고 있는 공허를 일시적이나마 잊기 위해 우리는 장수의 방안들을 고안하고 있다. 우리의 제한적 조건, 궁극적으로 우리 자신의 죽음을 받아들여야 하는 인간의 무능력은 우리 존재의 비극적 특성을 나타낸다. 장수에 대한 탐색은 인류의 프로메테우스적 야망과 함께 근본적인 무능력을 상징하는 것이다.

역설적이면서 동시에 비극적이게도 인간 존재는 죽음과 불멸을 모두 두려워하는 것처럼 보인다. 끝없이 연속되는 삶은 더없이 무거운 짐일 수 있다. 죽을 운명의 인간들이 불멸을 꿈꾸는 것처럼 불멸의 인간들은 죽음을 꿈꿀지도 모른다.

최근의 몇몇 경향들은 정도의 차이는 있지만, 수명의 무한정 연장에 유리한 방향으로 흘러가고 있는 것처럼 보인다. 시간의 정복은 공간의 정복과 결합하기도 한다. 무궁무진한 우주에서 불멸의 인간들은 더 이상 지루함을 느낄 시간이 없다. 하지만 문제는 여전히 남아 있다. 죽음을 지연시키는 것만으로 충분치 않기 때문이다. 사람들은 영원에 가까운 삶을 '운영하는' 능력 또한 가지고 있어야 할 것이다.

이런 맥락에서 우리는 불멸에 관한 엘리트주의적 해석에 주목해야 한다. 불멸의 세상에서는 지혜와 권력을 가진 사람들이 특권을 누릴 것이다. 이는 차페크가 주장했고 라엘리안 무브먼트가 실천에 옮긴 해법이다.

장수에 관한 모델이 어떻게 변천했는지 살피는 것도 흥미로운 일이다. 장수 모델은 태초부터 시작되었지만 현대에는 미래로 옮겨가고 있다. 전통적인 사회에서는 인간의 수명이 점차 줄어드는 것으로 판단했다. 오늘날에는 정반대로 수명이 늘어나고 있다고 확신하고 있다. 예전에는 장수를 신이나 자연의 선물로 간주했다. 몇몇 사람들은 나름의 전문 지식으로 장수를 획득하려는 시도를 하긴 했지만 전반적인 흐름은 그렇지 않았다. 하지만 오늘날에는 인간만이 정복할 수 있는 대상으로 간주되고 있다. 모든 이정표들이 유보되어 있다. 모든 것이 서로 다르면서 동시에 동일하다. 황금 시대는 미래로 투사되었으며 인간이 창조자의 자리를 대신했다. 그런가 하면 장수와 불멸과 젊음은 불변하는 신화의 핵심으로 남아 있다.

100세를 넘긴 위대한 장수인들은 멀리 동떨어진 듯한 느낌이 든다. 그들은 역사의 양쪽 끝, 즉 먼 미래와 과거, 그리고 세상의 끝이나 이국적인 정서를 가진 나라들에 위치해 있다. 그리스인들은 인도와 극동과 에티오피아를 선호했다. 중세 유럽에서는 토착 민간전승과 섬이라는 지리학적 특이성에 의해 영국이 장수인들의 본거지라는 평판을 얻었다. 이런 전통은 근대까지 계속되었다. 그 즈음 기록자들은 서유럽 밖에서 전설적인 장수인들을 찾아 나섰다. 불가리아와 러시아가 아시아와 남미에 위치한 여타 국가들과 함께 장수 국가로서 영광을 누렸다. 20세기에는 카프카스와 파키스탄과 에콰도르가 장수와 관련하여 독보적인 기록을 세웠다.

탄탄한 전통은 항상 목적을 가지고 있다. 그렇다면 메치니코프와 보로노프, 보고몰리츠와 같은 여러 러시아 과학자들의 지대한 공헌을 어떻게 설명할 수 있을까? 그들의 '과학적' 주장은 집단적 상상력 속에 존재하는 100세 이상의 장수인들로부터 많은 영향을 받았음이 분명하다. 영국은 매우 특이한 전통을 가지고 있다. 수세기에 걸쳐 영국은 서구 세계에서 100세 이상 장수인들에 대한 가장 성공적인 사례들을 제공했을 뿐 아니라 최초로 장수에 대한 체계적 연구를 실시했다. 그러므로 장수에 관한 논쟁이 현대까지 지속된 것은 극히 자연스런 일이다. 중국의 사례는 더욱 전형적이다. 중국에서는 최근까지도 신화적 장수의 출현이 수천 년 동안 전해져 내려온 전통의 일부로 여겨졌다.

전통과는 별도로 장수에 관한 '과학' 역시 가장 최근의 유행과 보조를 맞추고 있는 것처럼 보인다. 이것은 사람들에게 장수하는 법을 알려주고 있다. 하지만 장수에 관한 처방은 각 시대와 문화에 따라 천차만별이다.

이런 점에서 매우 유용한 것이 바로 음식을 통한 접근법이다. 이것은 세부적으로 연구할 만한 가치가 있다. 거의 모든 주요 음식물들이 건강에 좋거나 나쁜 것으로, 혹은 생명을 연장하거나 단축시키는 것으로 알려져 있다.

그런데 이 주제와 관련하여 전혀 상반되는 의학적 논쟁이 전개되고 있다. 육류나 빵 또는 포도주를 섭취하는 것이 좋을 수도 있고, 나쁠 수도 있다고 우리는 알고 있다. 유행은 오고 가면서 변화한다. 궁극적으로 우리가 무엇을 섭취하느냐에 따라 우리의 건강이 좌우된다는 기본 개념—히포크라테스 시절만큼 지금도 뿌리 깊게 자리잡고 있는 개념—만 내내 동일한 뿐이다. 다행히도 우리는 우리의 선택을 지지하는 과학적 주장을 가지고 항상 입장을 바꿀 수 있다. 과학과 유행은 오랜 친구지간이다.

유행은 문화적 통합과 이데올로기로 우리를 곧장 이끈다. 장수와 관련된 주제는 매우 의미심장하며, 문화적·이데올로기적 암호 해독의 과정으로 우리를 초대하고 있다. 여기서 우리는 네 가지 유형의 문명에서 독특한 특징을 확인할 수 있다. 고대 그리스-로마 문명은 실용적이면서 동시에 운명에 체념적이었다. 중국 문명은 지혜를 모색하면서 '내재화된' 특정한 삶의 양식을 제시했다. 중세 서구 문명은 일종의 초월적 진보를 고안했다. 마지막으로 현대 서구 문명은 진보를 효율적·물질적 기준으로 변화시켰다.

사회적·정치적 경쟁에서 장수는 우월성 또는 생물학적·사회적 명성의 징표처럼 보인다. 장수는 오랫동안 왕족과 종교적 권위를 지지하는 논거로 사용되었으며, 르네상스와 계몽주의 시대에는 정신과 육체를 속박에서 해방시키는 수단으로 간주되었다. 또한 오랫동안 남자들은 장수를 여자들에 대한 우월성의 징표로 여겼다. 근래의 엘리트주의적·민주적 가치들도 간간이 동일한 논거에 호소하고는 했다. 야만과 문명의 생활, 맑은 시골 공기와 도시의 편의시설들도 이데올로기적 기준에 따라 가치를 인정받기도 하고 배척당하기도 했다. 부자들과 가난한 자들은 공히 상반되는 신화적 해석으로 응분의 보답을 받았다. 자주 권장되는 검소한 생활은 가난한 자들과 잘

어울리는 반면 즙이 많은 음식물은 부자들을 위한 제안이었다. 특히 근래 들어 부자들은 냉동 캡슐에서 미래로 여행할 수 있는 또 다른 혜택을 누리고 있다.

상반되는 해법의 골이 점점 깊어지는 것은 사회적 조직의 갈등이 더욱 심화되고 있음을 반증하는 것이다. 양 세계대전 사이에 이런 사례가 두드러졌다. 그 무렵 장수를 위한 탐색은 점점 더 복잡해지기 시작했다. 역사 그 자체가 더욱 복잡해졌기 때문이다. 그 주동자는 이데올로기주의자들이었다. 그들은 저마다 생물학적 완벽성에 대한 나름의 접근법을 가지고 있었다.

다른 한편 이데올로기적 색채가 점점 사라지고 있는 현대 서구에서 장수를 위한 탐색을 통해 가장 빈번하게 표출되는 것은 다름 아닌 개인주의다. 동시에 인간 조건의 재구성과 관련하여 매우 광범위한 개별적 해법들이 새로운 유토피아에 점점 개입하기 시작했다. 장수를 위한 탐색은 지금 우리가 알고 있는 것과 전혀 다른 세상으로 21세기의 인류를 밀어 넣을 것 같다. 장수가 약속을 지키지 못한 변형 이데올로기를 대신할 것이다. 이번에는 유전학의 도움으로 목적지에 도달할 수 있을 것이다.

모든 접근법이 하나같이 동등한 가치를 가지고 있다. 신화의 지속성은 인상적이다. 고대부터 현대에 이르기까지 장수는 무수히 많은 형태로 나타났지만 근본적인 변화는 없는 것으로 나타나고 있다. 심지어 장수의 수치조차 100세, 120세(모세의 나이), 150세, 200세로 변하지 않은 채 남아 있다. 다른 한편 근본적으로 변한 것은 장수를 위한 실천이다. 중세부터 현대에 이르기까지 '서구인'은 상상에 결코 만족하지 않았다. 서구인은 자신의 꿈을 행동으로 변화시켰다. 장수를 획득하는 방식들은 지속적으로 증가하고 있으며, 매 단계마다 그 야심도 커지고 있다. 사실 이런 방식들은 현대 서구 문명을 특징짓는 지식과 정보에 대한 갈증, 즉 인간을 포함한 자연을 변형시키고 정복하려는 의지와 결의를 반영한 것이다.

마지막으로 아주 미묘한 의문이 하나 남는다. 과연 최장수가 수천 년 동안 무의미하게 찾아 헤맸던 환상과 같은 신화에 지나지 않는 것일까?

이런 문제에 관한 한 따로 구분하는 것이 중요하다. 신화와 현실 세계는 독립적이며 평행 상태로 존재한다. 그들은 지속적으로 의미 있는 교류를 주고받지만 특유의 본질은 변하지 않는 관계이다. 신화가 인간 행동에 영향을 주었음은 분명하다. 장수, 사실상 불멸에 대한 고집스런 탐색은 효과적인 해법을 위한 탐색으로 표출되고 있다. 모르긴 몰라도 영원히 그렇게 지속될 것이다. 여기에는 '자연스러운' 장수로 간주되는 목표(100세에서 다음 단계인 120세로 빠르게 옮겨가고 있다)를 달성하기 위한 방안들을 물론 인간 생태의 재구성을 필요로 하는 훨씬 오랜 장수도 포함되어 있다. 동시에 평균 수명의 지속적인 증가도 이런 접근법들을 정당화할 수 있다. 이것은 어떤 장벽도 막을 수 없는 연속적인 진행으로 해석할 수 있고, 대다수 사람들이 생물학적 한계를 뛰어넘는 일종의 민주적 접근법(신장이 커지는 현상과 유사하다. 장신의 사람들의 수는 점점 증가하고 있다. 하지만 이런 진화가 3미터 내지 4미터 신장의 인간들이 사는 세상의 전조인 것 같지는 않다)으로 해석할 수도 있다.

장수에 대한 탐색에서 한 가지 불가피한 요소는 삶의 나이에 대한 '재분배'이다. 사실 늘어난 노년으로 우리의 수명을 연장하는 것은 그리 달가운 현상은 아니다. 혹시 스위프트의 생각이 옳았던 것은 아닐까? 노쇠한 상태로 불멸의 삶을 누리는 것이 대체 무슨 소용이란 말인가? 현재 그 결과는 모호한 상태로 남아 있다. 실제로 젊어지고 있음에도 불구하고 제3의 연령이 고통 받고 있는 특정 질병들은 제거될 기미를 보이고 있지 않다(고령에 이른 사람들의 증가를 감안하면 이런 질병들은 오히려 더 만연하고 있는 실정이다). 어쨌거나 스위프트의 생각이 틀렸다고 말하기에는 다소 이른 듯한 느낌이다.

실제로 장수의 성공 가능성은 신화와 무관하다. 현실이건 환상이건 이들은 전적으로 별개의 존재다. 오늘날 많은 현대인들이 외계인을 믿고 싶어 한다. 하지만 이런 신화는 은하계 거주자들의 존재 여부에 아무런 영향도 미치지 않는다. 장수의 신화에도 동일한 논리를 적용시킬 수 있다. 이 신화는 인류의 미래 발전에 관해 우리에게 말해주는 것이 아무것도 없다. 미래에 대한 상상은 미래 그 자체, 즉 아직 알려지지 않은 영역과 전혀 별개의 문제이다. 불가능한 것은 아무것도 없다. 하지만 진정한 미래가 우리의 상상과 일치할 가능성은 희박해 보인다. 그렇다면 우리는 불멸의 존재가 되는 데 성공할 것인가 아니면 실패할 것인가? 아마도 정답은 우리 후손들의 몫이 될 것이다.

한 가지 명백한 사실은 사람들이 인간 조건을 재창조하려는 계획을 결코 포기하지 않으리라는 것이다. 차별화되고자 하는 우리의 욕망은 우리의 정신 구조 속에 깊이 각인되어 있다. 이것은 원형의 지속이다. 우리는 이런 식으로 '프로그램화' 되어 있다. 신의 신성한 피조물이건 창조자건 인류는 더 높은 상태에 도달하기 위한 초월적 해법의 탐구를 지속하고 있다. 요컨대 장수는 신과 인간의 영원한 대결, 신성의 한 일면을 제 것으로 만들려는 인간의 노력, 인간을 신적인 존재로 변화시키려는 궁극적인 목표에서 과거에 그래왔듯이 앞으로도 주요한 요소가 될 것이다.

註 註

이 책은 장수라는 주제와 관련한 전문학자의 연구라기보다 간략한 개요에 가깝기 때문에 나는 가능한 한 각주를 적게 사용하려 했다. 이 책에서 인용되고 있는 대부분의 사례들은 각주에 포함시키지 않았다. 나의 유일한 목적은 꼭 필요한 정보만을 간략하게 독자들에게 제공하는 것이다.

서론

1. (18세기 말까지) 장수에 관한 개념의 개요는 『Transactions of the American Philosophical Society』(1966) 시리즈의 일부로 출간된 Gerald J. Gruman, 『A History of Ideas about the Prolongation of Life: The Evolution of Prolongevity Hypotheses to 1800』을 참조하라. 풍부한 삽화가 실린 종합본은 『Search for Immortality』(Alexandria, VA, 1992)라는 제목으로 출간되었다. 나의 예비 논문도 참조하라. Lucian Boia, 『Pour vivre deux cents ans: Essai sur le mythe de la longévité』 (Paris, 1998).

제1장 최초의 완벽한 인간:고대

1. 장수와 관련하여 므두셀라의 자료는 다음을 참조하라. J. P. Bois, 'Mathusalem,

l'homme le plus vieux', 『Bulletin de la Société archéologique de Nantes et de Loire-Atlantique』 (1994-5), pp. 17-29.

2. 일반적인 진보와 그것을 충분히 받아들이지 못한 고대에 관한 이론은 다음 두 고전을 참조하라. J. B. Bury, 『The Idea of Progress』 (London, 1920). E. R. Dodds, 『The Greeks and the Irrational』 (Berkeley, 1951). Lucian Boia, 『La Fin du monde: Une histoire sans fin』 (Paris, 1989, repr. 1999)에서 내가 진전시켰던 몇몇 논거들도 참조하라.

3. 세상의 끝에 대한 설명으로 다음을 인용했다. 『Entre l'Ange et la Bête: Le Mythe de l'Homme différent de l'Antiquité à nos jours』 (Paris, 1995), PP. 43-4. 그리스인들이 상상한 세상 구조에 대해서는 다음을 참조하라. François Hartog, 『Le Miroir d'Hérodote: Essai sur la représentation de l'autre』 (Paris, 1980).

4. Herodotus, 『Histories』 III. 20-23.

5. 같은 책, I. 216.

6. 인도에 관한 그리스의 지식은 일부만 전해지는 크테시아스Ctesias(BC 5세기)와 메가스테네스Mesgasthenes(BC 3세기 초)의 이야기에 많이 의존했다. 인도의 경이에 관한 개요는 다음을 참조하라. Lucian Boia, 『Entre l'Ange et la Bête』, pp. 49-52.

7. 히페르보레오이족의 장수에 관해서는 스트라보Strabo(『Geography』 XV. i. 57)가 언급하고 있다. 스트라보는 이 부족들에 관해 달리 언급한 메가스테네스를 비판했다.

8. 이암불로스의 일화는 Diodorus Siculus, 『Historical Library』 II. 55-60에 자세히 기록되어 있다.

9. Monique Halm-Tisserant, 『Cannibalisme et immortalité: L'Enfant dans le chaudron en Grèce ancienne』 (Paris, 1993).

10. 도교와 장수를 위한 도교의 기술에 관해서는 다음을 참조하라. Gerald J. Gruman, 『A History of Ideas about the Prolongation of life』, PP. 28-49. 나는 다음 저서도 인용했다. Max Kaltenmark, 『Lao-tseu et le Taoisme』(Paris, 1965).

11. Herodotus, 『Histories』 III. 23.

12. 고대 그리스-로마의 장수와 관련하여 다음 작품이 매우 유용하다. 『Senectus: La vecchiaia nel mondo classico』, ed. Umberto Mottioli(Bologna, 1995), I: Grecia, II: Roma

13. Umberto Mattioloi, 'Ambigua aetas', 『Senectus: La vecchiaia nel mondo classico』, I, pp. x - xiii.

14. 'Introduction' to Roger Bacon, 『De retardatione accidentium senectutis』, ed. A. G. Little and E. Withington(Oxford, 1928), p. xxxvi

15. Seneca, 『Letters to Lucilius I』, letter xii, 6.

16. 같은 책, IX, letter 77, 19.

17. Lucretius, 『De rerum natura』, end of Book III.

18. Pliny the Elder, 『Natural History』 VII. 48-9.

19. B. Baldwin, 『Studies in Lucian』(Toronto, 1973), p. 25.

20. St Augustine, 『The City of God』, XV, 12.

21. 같은 책, XV, 14.

22. 같은 책, XV, 15.

23. 같은 책, XV, 9.

24. 같은 책, xiii, 23; xxii, 15.

25. Aristotle, 『De generatione animalium』. 아리스토텔레스의 견해에 대해서는 다음 자료도 참조하라. Giordana Pisi, 'La medicina greca antica' 『Senectus: La vec-

chiaia nel mondo classico』, I, pp. 469-77.

제2장 신의 은총으로:중세

1. Jacques Le Goff, 'L'Occident médiéval et l'océan Indien: Un horizon onirique', 『Pour un autre Moyen Age』(Paris, 1977), pp. 280-98.

2. 이 기록은 다음 논문에 실려 있다. 'Longévité', 『Grand Dictionnaire universel du xixe siècle』, ed. Pierre Larousse(Paris, 1866-76), x, p. 663. 이 일대기에 대한 비판적 재구성은 다음을 참조하라. David Hugh Farmer, 『Oxford Dictionary of Saints』(Oxford, 1992).

3. Georges Minois, 『Histoire de la vieillesse en Occident: De l'Antiquité à la Renaissance』(Paris, 1987), p. 234.

4. 나는 이 일화를 Amédée Thierry, 『Histoire d'Attila et de ses successeurs』(Paris, 1856)에서 발견했다. 이 책에는 아틸라와 훈족에 관한 많은 흥미진진한 전설들이 실려 있다.

5. 다음의 자료를 참고하였다. Pseudo-Callisthenes, 『Le Roman d'Alexandre』, trans. Gilles Bounoure and Blandine Serret(Paris, 1992).

6. 맨더빌에 대해서는 다음 자료를 인용했다. Christiane Deluz, 『Le Livre de Jehan de Mandeville: Une géographie au xive siècle』(Louvain-la-Neuve, 1988). 또 맨더빌의 저서로는 다음 자료가 있다. 『Voyage autour de la terre』(Paris, 1993). 『Le Livre des merveilles du monde』(Paris, 2000).

7. 아일랜드 신화에 대한 훌륭한 소개서로는 다음을 참조하라. Daragh Smyth, 『A

Guide to Irish Mythology』(Dublin, 1988).

8. 같은 책, p. 122.

9. 이 이야기는 다음 논문에서 분석하고 있다. Jacques Le Goff, 'Aspects savants et populaires des voyages dans l'au-delà au Moyen Age', 『L'Imaginaire médiéval』 (Paris, 1985), pp. 112-14.

10. 이 루마니아 일화 'Tinerețe fără bătrînețe și viață fără de moarte' 는 다음을 참조하라. Petre Ispirescu, 『Legende sau basmele românilor』(Bucharest, 1872-6). 다음은 영역판이다. 'Youth Everlasting and Life without End', 『Tales and Stories』 (London and Bucharest, 1975).

11. 연금술과 장수의 관계에 대해서는 다음을 참조하라. Gerald J. Gruman, 'The Alchemists', 『A History of Ideas about the Prolongation of Life』, pp. 49-68. Serge Hutin, 『L'Immortalité alchimique』(Paris, 1991).

12. 베이컨의 장수 획득 시스템에 관한 상세한 설명은 다음을 참조하라. 『De retardatione accidentium senec´tutis』, II 'Characteristics. Authorities. System. Occult Remedies. Estimate', ed. A. G. Little and E. Withington(Oxford, 1928), pp. XXXI-XLIV.

제3장 육체의 부활 : 르네상스

1. 이 이야기는 다음을 참조하라. Christoph Wilhelm Hufeland, 『Makrobiotik, oder die Kunst das menshliche Leben zu verlängern』(Jena, 1796).

2. 아메리카의 경이에 대해 잘 설명한 자료로는 다음이 있다. Jorge Magasich-

Airola와 Jean-Marc de Beer, 『America Magica: Quand l'Europe de la Renaissance croyait conquéire le Paradis』(Paris, 1994), pp. 64-73.

3. 이 시의 출처는 『Dichtungen von Hans Sachs I』(Leipzig, 1870), pp. 268-70.

4. Hefeland, 『Makrobiotik』의 주해.

5. 데카르트와 장수에 관한 담론은 다음을 참조하라. Gruman, 『A History of Ideas about the Prolongation of Life』, pp. 77-80.

6. Victor Hugo, 『Les Misérables』, III('Marius'), Book 1, Chapter VI에도 이 소문이 등장한다.

7. Hufeland, 『Makrobiotik』

제4장 기적을 행하는 이성:18세기

1. 이 장에서 나는 앞서 두 작품—계몽주의 신화의 재구성에 관한 작품—에서 전개했던 논거로 되돌아갔다. 다음을 참조하라. 『Pour une histoire de l'imaginaire』(Paris, 1998), pp. 60-64. 동일한 시대의 생물학적 상상에 관해서는 다음을 참조하라. 『Entre l'Ange et la Bête』, pp. 109-72.

2. 이 세 인물의 상세한 일대기적 정보는 다음을 참조하라. 『Biographie universelle ancienne et moderne』〔Biographie Michaud〕(Paris, 1842-65): Cagliostro(VI), Mesmer(XXXVIII), Saint Germain(XXXVII).

3. 장수를 포함하여 인간 생태에 관한 뷔퐁의 개념은 'De l'homme', 『Histoire naturelle』에 실려 있다. 일반적인 생명의 역사는 그의 작품 『Les Epoques de la nature』(Paris, 1778)을 참조하라.

4. 프랭클린의 편지는 다음을 참조하라. Gruman, 『A History of Ideas about the Prolongation of Life』, p. 74.

제5장 과학적 유토피아의 세계:19세기

1. 'Longévité', 『Grand Dictionnaire』, x, p. 663.

2. 같은 책.

3. Jean-François Braustein, 'Auguste Comte, la Vierge Marie et les vaches folles: Les Utopies biomédicales du positivisme', 『L' Utopie-de la santé parfaite: Colloque de Cérisy』, ed. Lucien Sfez(Paris, 2001), pp. 298-9.

4. 파우스트에 관한 상세 자료는 다음을 참조하라. André Dabezies, 『Le Mythe de Faust』(Paris, 1972, repr. 1990).

5. 'L'Elixir de longue vie de l'empereur Guillaume', 『Revue des traditions popu-laires』, xII(1887), p. 569.

제6장 이데올로기 시대의 장수:20세기 전반기

1. 메치니코프에 대한 좋은 참고 자료로 다음을 참조하라. Paul de Kruift, 『Microbe Hunters』(New York, no date).

2. 최근의 일대기로는 다음을 참조하라. Jean Real, 『Voronoff』(Paris, 2001).

3. Henri Guillemin, 『Victor Hugo par lui-même』(Paris, 1951).

4. Hector Ghilini, 『Le Secret du Dr Voronoff』(Paris, 1926).

5. 세상을 변화시키려는 공산주의의 계획은 다음을 참조하라. Lucian Boia, 『La Mythologie scientifique du communisme』(Paris, 2000). '새로운' 소비에트 생물학의 완결판으로는 Joël과 Dan Kotek, 『L'Affaire Lyssenko』(Brussels, 1986)이 있다.

6. '제임슨 위성'은 잡지 「Amazing Stories」 1931년 7월호에 게재되었다. 전체 시리즈는 다음을 참조하라. Neil R. Jones, 『The Planet of the Double Sun』(New York, 1967).

7. 이 이야기는 Gruman, 『A History of Ideas about the Prolongation of Life』, p. 84에서 인용했다.

8. Braunstein, 『Auguste Comte』, p. 298.

제7장 건강이란 이름의 종교:20세기 후반과 그 이후

1. 이 새로운 종교는 다음을 참조하라. Lucien Sfez, 『La Santé parfaite: Critique d'une nouvelle utopie』(Paris, 1995), 『L'Utopie de la santé parfaite: Colloque de Cérisy』(Paris, 2001).

2. 불멸이 문학의 주제가 된 예는 다음을 참조하라. Carl B. Yoke와 Donald M. Hassler, eds, 『Death and the Serpent: Immortality in Science Fiction and Fantasy』(Westport, CT, and London, 1985). 다음은 내가 주로 인용한 논문들이다. Nick O'Dononhoe, 「Condemned to Life: "The Mortal Immortal" and "The Man Who Never Grew Young"」, pp. 83-90. Joseph Sanders, 「Dancing on the Tightrope: Immortality in Roger Zelazny」, pp. 135-43. Theodore Krulik, 「The Disease of

Longevity: James Gunn's *The Immortals*」, pp. 175-83. Gregory M. Shreve, 「The Jaded Eternals: Immortality and Imperfection in Jack Vance's *To Live Forever*」, pp. 185-91.

3. Shreve, 「The Jaded Eternals」, pp. 190-91.

4. Philippe Ariès, 『Histoire des populations francaises et leurs attitudes devant la vie depuis le xviiie siècle』(Paris, 1948, 2nd edn 1971); 『L'Enfant et la vie familiale sous l'Ancien Régime』(Paris, 1960, 3rd edn 1975).

5. 이 '새로운 젊음'에 대한 분석은 다음을 참조하라. Christian Lalive d'Epinay: 'La Retraite, voyage vers Cythère ou rejet dans les limbes?' , 『L'Imaginaire des âges de la vie』, ed. Danièle Chauvin(Grenoble, 1996), pp. 281-303.

6. Philippe Ariès, 『L'Homme devant la mort』(Paris, 1977); Norbert Elias, 『Über die Einsamkeit der Sterbenden in unseren Tagen』(Frankfurt am Main, 1982).

7. Yves Christen, 'Longévité: Huit recettes pour ne pas vieillir' , 「Le Figaro Magazine」, 26 December 1998, pp. 29-32. 권장 처방에는 '프랑스 음식과 음료' 도 포함되어 있다.

8. 'Les hommes en quête de look' , 「Le Figaro」, 28 November 1996, p. 12.

9. David Concar, 'Death of Old Age' , 「New Scientist」, 22 June 1996, pp. 24-9; Jeffrey Kluger, 'Can We Stay Young?' , 「Time」, 9 December 1996, pp. 57-63. 나는 이 두 기사에서 이 장에 관한 많은 정보를 얻었다.

10. Roy Walford, 『Maximum Life Span』(1983); Gabriel Simonoff, 『La Nouvelle é-ternité: Bien vivre 120 ans』(Paris, 1993).

11. 「Dimanche CH」[Lausanne], 29 April 2001, p. 2에서 발표된 인터뷰.

12. 「Le Moniteur du règne de la justice」[Paris], no. 18(1995), p. 1.

13. 신체 기관 교체(또한 장수 획득을 위한 최근의 다른 방법들)에 관해서는 다음을 참조하라. Michio Kaku, 『Visions: How Science Will Revolutionize the 21st Century』(1997).

14. 최근 중국에서 장수와 관련하여 나타난 현상은 뉴스레터 「Ombres: Réalités parallèles」(March-April 1995)에 발표되었다.

15. Claude Vorilhon, ʻRaëlʼ. 『Le Livre qui dit la vérité: Le Message donné par les extra-terrestres』(Brantôme, 1974, 2nd edn 1977), pp. 143-5.

16. 이에 관해서는 다음을 참조하라. David Concar, ʻForever Youngʼ, 「New Scientist」, 22 September 2001, pp. 26-33.

옮긴이의 말

이 책은 말 그대로 장수에 대한 문화사다. 역사적 흐름에 따라 장수의 개념이 사회 문화적으로 어떤 영향을 미쳤는지 객관적으로 조명하고 있기 때문이다. 예나 지금이나 인류는 장수와 불멸을 염원해 왔으며 이를 얻기 위해 이루 헤아릴 수 없을 정도로 많은 시도를 했다. 그리고 이 과정에서 시대의 조류로부터 영향을 받았고, 또 영향을 주었다. 이 책에서는 풍부한 사례와 함께 이런 시도를 두루 고찰하고 있다.

장수나 불멸과 관련하여 우선 떠오르는 것은 신화 속의 인물들이다. 성서에서 가장 오래 장수한 인물인 므두셀라, 스틱스 강물에 씻겨 거의 불사신이 되었던 아킬레우스, 메데이아의 미약으로 다시 회춘한 아이손, 요가를 통해 불멸을 얻는 구루 바바지 등이 그들이다. 천국과 연결된 젊음의 샘을 마시고 영생을 얻는 신화도 있다.

역사적으로 보면, 고대에 이르러 장수에 대한 개념이 체계화되었다. 고대인들은 최초의 완벽한 인간으로 다시 돌아가고픈 열망을 가지고 있었다. 그들은 신화적 접근법으로 불멸을 추구하는 한편 과학적인 접근도 시도했다. 그리고 궁극적으로 인간 상태의 변화를 추구했으며, 이 과정에서 진보의 개념이 최초로 등장했다.

중세에는 그 중심에 기독교가 자리 잡고 있었다. 신화적 담론은 신학적 담론으로 옮겨갔다. 장수는 육체가 아닌 정신 문제가 되었으며, 장수를 가능케 하는 것은 신의 은총이었다. 그러다가 중세 말기에 신학을 과학적인 탐구와 결합하려는 시도로써 연금술이 등장했다. 연금술에서는 인류 타락 이전의 선조처럼 죽음을 경험하지 않는 인간으로의 육체적 변화를 모색했다. 르네상스에는 현실주의에 입각한 실증주의적 접근이 이루어졌다. 근대 이후로는 종교를 대신하여 무오류의 과학이 득세하기 시작했다.

20세기에 접어들면서 눈부신 의학 발전과 함께 장수는 사회·생물학적 틀 속에서 정의되기 시작했다. 특히 두드러진 점은 장수가 이데올로기의 수단으로 이용되었다는 것이다. 가령 구소련에서는 유명한 카프카스 지방의 장수를 혁명 이후 새롭게 확립된 사회·정치적 풍토의 결과라고 주장했다. 공산주의 사회의 사회적 요소들이 장수와 회춘을 가능케 한다는 논리였다.

하지만 이런 이데올로기적 해석은 허구로 드러났다. 공산국가보다 서유럽국가 국민들의 수명이 더 증가했던 것이다. 그런가 하면 카렐 차페크와 올더스 헉슬리 같은 작가들은 극단적인 장수가 초래하는 비인간화의 암울한 상황을 문학적으로 묘사했다.

20세기 이후 인류의 평균 수명은 크게 증가했다. 최근 들어서는 인간 게놈 프로젝트에 의한 질병 메커니즘의 확인과 통제로 수명 연장의 가능성이 점점 구체화되고 있다. 그 결과 노년층이 날로 증가하고 있다. 장래에는 이런 노년층을 중심으로 전혀 다른 패러다임의 새로운 사회 구조가 생겨날 것이다. 그런가 하면 회의주의적 시각도 만만치 않다. 회의주의자들은 장수와 관련하여 지금까지의 연구 결과가 아직은 불확실하며 예기치 않은 결과를 낳을지 모른다고 경고하고 있다.

여기서 주목할 점은 장수라는 주제가 시대 흐름의 영향을 받으며 변화하고 있다는 것이다. 즉 장수학은 이데올로기의 발자취를 따라다녔다. 장수의 개념은 인간 정신의 진보와 궤를 같이하면서 발전을 거듭했다. 물론이 책의 전개 방식도 이런 관점을 따르고 있다.

최근 들어 장수는 새로운 화두로 우리에게 다가오고 있다. 장수와 관련된 문제들이 각종 매체에 빈번하게 등장하고 있는 것이다. 유행처럼 번지고 있는 웰빙 문화와 건강에 대한 사적인 관심이 그런 것들이다. 하지만 동전의 양면처럼 장수를 위한 시도는 인류의 궁극적인 목적이자 동시에 돌이킬 수 없는 함정이 될 수도 있다. 체세포 복제와 유전자 조작의 경우 찬반 양론이 팽팽하게 맞서는 것도 이 때문이다. 만약 이런 시도가 성공을 거둔다면 두말할 것도 없이 인류는 불멸에 성큼 다가서게 될 것이다. 하지만 지구촌의 모든 생명체에 영향을 미친 이후 전혀 예기치 않은 부작용이 발생한다면 이 세상은 종말로 치닫게 될지도 모를 일이다.

얼마 전 황우석 박사의 줄기세포 복제 성공으로 온 세상이 떠들썩해진 적이 있었다. 궁극적으로 불치병을 없애고 인간 수명을 획기적으로 증가시킬 수 있는 놀라운 성과가 아닐 수 없다. 어쩌면 과학의 힘을 빌려 인류의 오랜 숙원이었던 장수의 한계를 극복하는 혁명적인 사건이 될지도 모른다. 하지만 이 책에 기술되어 있는 것처럼 장수의 어두운 측면까지 극복할 수 있을지는 미지수다.

장수가 곧 행복일 수 있을까? 스위프트가 묘사한 것처럼 불멸의 현실이 끊임없는 고통을 야기하는 것은 아닐까? 아직은 두고 볼 일이다. 어쨌거나 인류의 역사와 함께 한 장수와 불멸의 시도는 앞으로도 끊이지 않을 것이다. 모쪼록 우리 모두가 열망하는 장수가 고통 없는 좀 더 인간적인 세상을 향해 나아가는 또 하나의 시도였으면 하는 바람이다.

영원한 젊음

Forever Young

첫판 1쇄 인쇄 2005년 11월 15일
첫판 1쇄 발행 2005년 11월 25일

지은이   루시안 보이아
옮긴이   신현승
펴낸이   장세우

펴낸곳   (주)대원사
주 소   140-901 서울시 용산구 후암동 358-17
전 화   (02)757-6717(대)
팩시밀리 (02)775-8043
등록번호 등록 제3-191호
홈페이지 www.daewonsa.co.kr

값 12,000원

ISBN 89-369-0994-0 03300